《广韵》反切今读手册

曹先擢
李青梅 编

创于1897 商務印書館
The Commercial Press

图书在版编目(CIP)数据

《广韵》反切今读手册/曹先擢，李青梅编. —北京：商务印书馆，2013(2022.12 重印)
ISBN 978-7-100-09115-2

Ⅰ.①广… Ⅱ.①曹… ②李… Ⅲ.①《广韵》—反切—手册 Ⅳ.①H113.3-62

中国版本图书馆 CIP 数据核字(2012)第 083145 号

GUĂNGYÙN FĂNQIÈ JĪNDÚ SHŎUCÈ
《广韵》反切今读手册
曹先擢 李青梅 编

商务印书馆出版
(北京王府井大街 36 号 邮政编码 100710)
商务印书馆发行
河北松源印刷有限公司印刷
ISBN 978-7-100-09115-2

2013 年 6 月第 1 版　　开本 880×1230 1/32
2022 年 12 月第 2 次印刷　　印张 13⅛
定价：88.00 元

目　录

序

书的品质取决其对研究对象结构内容表达的完整性、准确性；取决其能否认真对待前人而且超越前人，建立自己的新体系；还取决其在文化史上具有什么样的独特地位；还取决其实用价值如何。以此标准衡量《〈广韵〉反切今读手册》[1]，我给出的分数是全优。所以，在此书就要出商务版时，先擢学长命我写几句话作为序言，我当即满口答应。记不清是哪一位古人说过这样的话："序，绪也，盖有所推明作者之指意而引其端绪也。"《手册》的"指意"是什么？如何"引其端绪"？这是作者、读者对我的考问，我不求得满分，就算是说说研读此书后的一些体会吧。

从上个世纪以来，就不断有人用现代语音学的方法对古反切与今音的对照关系进行系统性研究，形成了大同而小异的不同路子。所谓"大同"是指古今音对照所遵循的规律所使用的材料基本上是一致的，对照的结果也应该是一致的；所谓"小异"是指对照的范围有相对开放与绝对封闭之别，这就是"指意"有所不同。如《〈广韵〉反切今读手册》与《古今字音对照手册》都取《广韵》反切与今音对照，这是"大同"，而二书的"指意"是有区别的。丁编《对照手册》的"指意"是什么？《例言》第1条就交代了：

---

① 语文出版社，2005年7月第1版。序中的有关信息均依据此版。

> 这本手册所收的字以今音为主，把古代的音韵地位注在后面，以供方言调查和音韵研究的参考。手册里所依据的古音是广韵所代表的中古音系统，所依据的今音是现代普通话的语音系统，也就是北京的语音系统。（丁声树编《古今字音对照手册》iii）

曹、李所编《手册》的“指意”又是什么呢？《例言》第1条也交代了：

> 本手册是为查检《广韵》反切今读而编写，依据反切注出今音。今音为现代普通话的语音系统，也就是北京话的语音系统。

丁氏的“指意”重在今音，“以今音为主”，故每一个条目都是先出今音后出反切，反切要服从今音，如不能“服从”，即不能为今音的来源提供历史依据，就要采取必要的措施，或做出必要的说明。

曹、李重在反切，故每一个条目都是先出反切后出今音。与丁编相反，今音要服从反切，而且是绝对服从。

这谁先谁后，可不是半斤与八两的关系，而是构成了“相对开放与绝对封闭”的原则性差异。

因为以今音为主，对反切的选择就具有“相对开放”的特点，即《广韵》反切如果与今音不能契合时，就可以“参考集韵”（《例言》7）或采用其他合适的反切。如：

“忿”字《广韵》匹问切，又敷粉切，与今方言不合。《集韵》有父吻切一音，与“愤”字同音，今方言多用之。（《古今字音对照手册》“忿”字注，158 页。科学出版社，1960 年）

又如“瘪”字，《广韵》《集韵》的反切均与今音不合，则用必列切（未注明来历），舍《广韵》而择取他书反切，体现的是“以今音为主”的“指意”。

《广韵》有不少又音反切，丁编《手册》根据“以今音为主”的“指意”择其所需，而曹、李《手册》则没有这样的“自由”。

曹、李研究的反切是一个有特定历史背景的语音系统，这个系统是固定的、静态的，它与今音虽有内在的密切联系，而又有种种矛盾。如何处置矛盾？今音要听反切的。于是，某些字的注音，既不同于丁编《手册》，也不同于辞书的注音。如上文说的“忿”字，现代各类辞书及丁编《手册》均音 fèn，而曹编情况如何？请看：

46 页：敷粉切　忿 fěn

129 页：匹问切　忿 pèn

又如“瘪”字，丁编音 biě。曹编：

44 页：芳灭切　瘪 piē

131 页：蒲结切　瘪 bié

我们看《辞源》这个字如何注音：

瘪 biě　蒲结切,入,屑韵,並

芳灭切,入,薛韵,滂

请再看《汉语大字典》的注音:

瘪(一)biě(旧读 bié) 蒲结切……

曹的注音与《大字典》的注音都正确。曹处理的反切是一个"绝对封闭"系统,只能跟着反切走;《大字典》的注音是一个实用系统,必须与丁编一样,以今音为主。它的高明之处是用括号加注"旧读 bié"。这样,反切(蒲结切)的"今音"就与曹书完全一致。只有《辞源》的注音比较鲁莽,它列出的两个反切均与 biě 不符,又不加"旧读",显然不可取。

曹书因为只能跟着反切走,所以某些字的"今音"与通常所说的"今音"就有性质上的差异,这是一般人所未曾注意的一个很有理论意义的问题。

一般辞书及丁书的"今音"是指口头上正在使用的"今音"。曹书的"今音"实则有两个内涵:其中绝大部分"今音"与口头上正在使用的今音是一致的;有少量的"今音"在口头上并不存在,它是按反切折合出来的"今音",是用北京语音系统对照出来的"旧音"。正因为如此,所以该书在这类"今音"下面往往加一小注:"今读某"。如:

而蜀切 辱[1] rù

注①“今读 rǔ。”(40 页)

对“今音”还要加“今读某”,因为这个字的“今音”在口头上已发生演变,实为“旧音”。“今读某”是曹书一个重要体例,可惜贯彻不彻底。但能关照到此,读者应能举一反三,从中受到启发,从而正确认识此编的“指意”、价值。

古今音对照,原本就是一个极为复杂的问题,有些问题处理起来比较棘手。如“盾”字《广韵》有两个反切,曹书的处理如下:

185 页:徒损切 盾 dùn

158 页:食尹切 盾 shùn

根据浊上变去的原则,根据今音服从反切的“指意”,这两条注音均正确无误。问题在于一切音变规律均可能发生例外。徒损切是正例,而食尹切是变例。我在《〈中州音韵〉述评》中谈到“浊上变清上”的问题,食尹切的演变也属于这种情况,故各种辞书及丁编《手册》均音 shǔn。《现代汉语词典》“盾”字已不收 shǔn 这个音,而早年的《汉语词典》(即民国年间的《国语词典》)还有 shǔn 这一读。再往前追溯,《中原音韵》“盾”字也有两读,相当于食尹切的“盾”读上声(此书已无浊声母)。曹书在食尹切下,注明了“吮、楯,今读 shǔn”,未涉及“盾”字。可能是因为“盾”字 shǔn 一读在《现代汉语词典》中已经取消,只能说是旧读不能再注为“今读”了。细微处,我似乎见到了作者斟酌思量的印痕。写到这里,我仍然不敢断然肯定 shùn 一定要改为 shǔn。清代王鵕《音韵辑要·真文》上声“盾”字注:殊允切,“中州音顺”。这不就是 shùn 吗?

一部书确立自己的“指意”之后,还要有一个符合此“指意”的完善结构,通过结构体现“指意”的具体内容。

在同类著作中,《〈广韵〉反切今读手册》的结构达到了极致,与周祖谟先生的《〈广韵〉四声韵字今音表》(中华书局,1980 年)相比,称得上是“前修未密,后出转精”。我以为后来者也难以有新的突破,叹观止矣。

此《手册》的第一个最高层级是将《广韵》中的全部反切按反切上字的音读分别归入 22 个字母之中,查检极为方便。

具有创新意义的是第二个层级,即反切的古今对照及其在古代的音韵地位。这个层级由三个部分组成。

第一部分为反切,并标注切上字和下字的读音,此为本书首创。

第二部分有两个内容:一是单独列出反切小韵的领头字,以汉语拼音标注今读,用括号标出注音字母;二是“另提行列出此韵所辖其他的字(即同音字),并按《广韵》体例标出该小韵的字数。”(《例言》1 页)这是本书最有创意最为实用的部分。为什么要将同音字组的字一一列出?我揣摩有以下三个方面的原因。

1. 反切是死的,音读是活的。于是,同一小韵的字,在漫长的历史演变过程中可能发生分化。有的是领头字的今读与反切不符,有的是小韵内的某些字与反切不符。必须把领头字与小韵内的字全列出来,才可以做出必要的说明。领头字发生音变的,如:

都了切　鸟 diǎo

在普通话中“鸟”已不读 diǎo，故加注“今读 niǎo。”(37 页)

小韵内部发生音变的例子更多。如：

博陌切　伯 bó

本小韵共计 8 个字，有 3 个字加注了今读。

迫“今读 pò。”

百“今读 bǎi，白读音。”

柏“白读 bǎi。”(6 页)

又如：胡官切，桓 huán。本小韵共收 29 个字，其下加注的有“完、丸、纨、汍、芄，今读 wán。”(71 页)

2.《广韵》中有大量的又切，这些又切字如果居于领头字的位置，《手册》自然会一一列出，如“差”有楚皆切、楚懈切、楚宜切。“差”还有楚佳切(差殊，又不齐)、初牙切(择也，又差舛也)，均非领头字，若不是将小韵内的字全部列出，“差”字这两个音读就无法呈现在读者面前，而“差”的这两个音读所反映的乃常用义。

又如“栅”字，《广韵》有楚革、测戟、所晏三切。其中作为领头字的是测戟切，可一般辞书用来注音的都是楚革切(《说文》“栅”大徐音亦如此)，《手册》将“栅”“今读 zhà”标在 29 页的楚革切下，而不标在 15 页的测戟切下，可见作者心细如发，一丝不苟。所晏切音 shàn(176 页)，这个音在现代辞书中已被淘汰[盈按：《汉语大字典》“栅”字音 zhà，括注“又读 shān”(1183 页)，这是不妥当的，因为与所晏切不符。《现代汉语词典》(第 5 版)“栅”有 shān 一读(1187 页)，但只用于“栅极”，这是现代科技词，其音晚出]，而它仍然具有一定的现实价值。张清常先生在研究“大栅栏”的读音时，就联系到所晏切。他说：

> 北京前门大街北端西侧有一条胡同叫作大栅栏，……请注意，它要读成“大煞腊儿”。因为蒙古语珊瑚，广义为珍珠宝贝，音为“沙腊”或“沙剌”。这里借用“栅”字，它在《广韵》去声三十谏韵，有所晏切一读。(《北京街巷名称史话》389 页，北京语言文化大学出版社，1997 年)

《辞源》《汉语大字典》《汉语大词典》“栅”字下都标出了《广韵》所晏切，但没有一家注明音 shàn，其对应关系是比较乱的。只有《手册》严格遵循此切标此音的原则，对今之读者按切索音，大有益处。

还有的又切，均非领头字，且今音又已合并，《手册》将其在不同小韵中的音韵地位列举出来，可为读者提供该字的历史音读知识。如：沛 pèi。《现代汉语词典》一音二义：①盛大；旺盛。②姓。此字在《广韵》为二音二义。相当于义项①的“沛”为普盖切，以“霈”为领头字；作为姓氏的义项②音博盖切，以“贝”为领头字。二者差别在声母不同。

还有的常用字在《广韵》中并无又音，也非领头字，但在后来的发展过程中产生了又音，这个又音是后起的新音。新音与旧音有一个并存阶段，经过规范，新音终于取旧音而代之，如“硕”字的音韵历史就是一例。《手册》对“硕”字的处理，很见功夫。我把整条反切资料及编著者的研究意见都列举在下面：

常隻切 chángzhī 石 shí(ㄕˊ)……

硕[3] 祏……

注③硕，《正字通》：又藥韵，音灼。《康熙字典》：常灼切，音杓。文读为 shuò，白读为 sháo。(《〈广韵〉反切今读手册》17 页)

试想如果不将“石”的同音字组全部列举出来，“硕”字的音变情况能得到如实反映吗？《手册》的学术价值、实用价值就是靠这类细节体现出来的。

“硕”由 shuò 取代 shí，历史并不长。从《广韵》到《洪武正韵》《音韵辑要》《韵学骊珠》，均与“石”同音。丁声树先生编录的《古今字音对照手册》(1958 年)，shí、shuò 兼收，均取常隻切。但《新华字典》《现代汉语词典》均不收 shí 音，以 shuò 为正音，故曹、李《手册》对“硕”字音韵地位的处理，就值得我们提出来评说。

3.《广韵》是一部韵书，也是一部字书，不同于一般字书的是，它以音统字，故将同音字组在一个平面上全面而又集中地展示出来，就有以音辨形之效。如同形字就要靠音来辨别。“谷”有三读，位于三个不同的同音字组之中，均非领头字。若不将同音字组全盘列出，仅出领头字，“谷”的音读情况就无法直接反映到《手册》中来。

我将同形字分为旧同形字与新同形字。"谷"有三音三义，属于旧同形字，而对于使用简化字的地区来说，因为繁简的原因，又造成了某些新的同形字，还以"谷"为例，"五穀"之"穀"与"山谷"之"谷"本来同音不同形，经简化二者变为同形字了。新同形字虽与《广韵》无直接关系，而对于现代读者来说，要做到以简识繁就有"直接关系"了。《现代汉语词典》分出"谷[1]""谷[2]（穀）"，甚为得当。

第二层级的第三个部分为该反切的音韵历史地位。如：

他鲁切　　土　　遇合一上姥透

"遇"为摄名，《手册》用的是 16 摄。"合"指合口，是与"开"相对的一个基本概念。"一"指"等"，共有"四等"。"上"指声调，分"平上去入"四调。"姥"为韵名，共有 206 韵。"透"为声母名，《手册》共有 40 个声母。关于《广韵》的声母系统，存在一些小的分歧，如"泥""娘"是否合一，这种分歧不影响对"今读"的判定。

段玉裁《王怀祖广雅注序》说：

> 小学有形、有音、有义，三者互相求，举一可得其二；有古形、有今形，有古音、有今音，有古义、有今义，六者互相求，举一可得其五。（《经韵楼集》卷八，187 页。上海古籍出版社，2008 年）

道理很浅显，话说得也很轻松。可我要问：当今中国有这么多文字学家，"举一可得其五"者有几人？我敢负责地回答：先擢学长算一个，是屈指而数中的一个，《手册》可证吾言不谬。

先擢学长亲炙于王力、魏建功、周祖谟、朱德熙诸师门下，得各家之真谛，成一己之风格。对汉字形音义的研究，纵贯横通，硕果累累，是当之无愧的一流国手。我从青年时代起，与之相交几十年，并有过多次合作，对其缜密的科学头脑，细致的研究作风，精湛的学术修养，知之颇深。亦深知其为人也，有君子量，长者风，严于律己，从不虚张声势。不论身居何种地位，壹以尊德性、道问学为本。斯人也，堪称学界表率。

《手册》乃必传之作，此序若能明其指意，引其端绪，则不胜欣忭。

何九盈

2011.10.12 于抱冰庐

说　明

○ 本手册是为查检《广韵》反切今读而编写，依据反切注出今音。今音为现代普通话的语音系统，也就是北京话的语音系统。

○ 《广韵》有反切小韵 3872 个，本手册相应列 3872 个条目。反切的排列以反切上字的汉语拼音为序，反切上字读音相同的，则按反切下字的汉语拼音顺序排列。每个条目首列该小韵的领头字，其下另提行列出此韵所辖其他的字（即同音字），并按《广韵》体例标出该小韵的字数。在小韵的领头字后用汉语拼音和注音字母注出反切的今读，注明此小韵的摄、开合口、等、声调、韵、声母等六个方面的内容，旨在表示被切字的音韵地位。如：

子禮切 zǐ lǐ　濟 jǐ（ㄐㄧˇ）　蟹（摄）開（口）四（等）上（声）薺（韵）精（母）

泚鱭穧𡖒(5)

反切上下字的今音，古今有特殊变化的，据今日常用的音排列。如“於”，影母字，当读 yū，阴平，而“於”又分化出阳平 yú。今音 yū 只用于姓氏，读 yú 为常用音，本手册按 yú 音排列，以方便读者。

○ 为方便应用，方便与《广韵》对照，本手册正文采用繁体字。《广韵》有的字形属篆书结构的，即为隶古定的，视情况注出通行的字形，如塝（坼）。

○ 本手册完全依照反切来注今音，大致有以下几种情况（小韵所辖字有删节）：

1. 古哀切 gǔ āi　　該 gāi（ㄍㄞ）　　蟹開一平咍見

垓陔賅餧賌

2. 徐兩切 xú liǎng　　像 xiàng（ㄒㄧㄤˋ）　宕開三上養邪

象蟓橡潒嶑

3. 丑貞切 chǒu zhēn　　檉 chēng（ㄔㄥ）　梗開三平清徹

偵[1]赬蟶蟶

4. 虞遠切 yú yuǎn　　阮（阮，今读 ruǎn）yuǎn（ㄩㄢˇ）

山合三上阮疑

黿邧

5. 陟盈切 zhì yíng　　貞（貞、楨、禎，今读 zhēn）zhēng（ㄓㄥ）

梗開三平清知

楨禎郥湞隕

6. 子孕切 zǐ yùn　　甑（今读 zèng）jìng（ㄐㄧㄥˋ）

曾開三去證精

䁈䰝襘

以上六类都是按反切来注今音的。所注反切今读与字的实际读音有吻合的，也有不吻合的。吻合的，是今天的实际读音符合语音发展的规律，这属大多数，如 1、2 两类。2 类字例中反切下字与被切字在古代声调是相同的，都是上声，今天“像”读

① 3、4、5、6 中的括注正文为脚注。

去声，因为其声母"邪"母为浊音，浊上变去。不吻合的，是因为语音发生变异，不符合规律，分四小类。a 类为小韵中有个别字不吻合（如 3 类），b 类为小韵中的领头字不吻合（如 4 类），c 类为小韵中的领头字和所辖的一些字不吻合（如 5 类），d 类为小韵中所有的字都不吻合（如 6 类）。受版面限制，这四小类不吻合的情况在正文中用脚注的形式适当标明。

○ 在考察字音时，需注意多音字、同音字、异体字、同形字。如芳滅切（piē）小韵中有瞥、憋、癟。憋、癟今实际读 biē。憋来自另一反切方结切，癟来自《集韵》的必列切，字形作"蔽"，故芳滅切下的憋、癟都不加注今日实际读音。又如巨成切（qíng）下有"頸"字，而今日读 jǐng 的頸，来自居郢切。徒冬切（tóng）下有"疼"（téng），今日的疼《广韵》作𤻲，在徒登切。普通话中的同音字，从历史上看，有的同音字在古代并不同音，例如膩、暱、匿、逆、溺均读 nì，参照本手册，可发现它们来自不同的反切；膩，至韵，女利切；暱，质韵，尼质切；匿，职韵，女力切；逆，陌韵，宜戟切；溺，锡韵，奴历切。这些字在粤语中读音是有区别的，说明普通话的韵母向简化的方向发展。

○ 来自通、江、宕、梗、曾五摄中的入声字，即屋、沃、燭、覺、藥、鐸、陌、麥、德、職诸韵的字，其中有一些字有文白异读。文白读都符合语音发展规律的，本手册原则上注文读音，白读音在今天为通行音的，如百 bǎi、粥 zhōu，作脚注标明。

○ 清入字在北京话里读阴平、阳平、上声、去声的都有，无法依据声母来定声调。手册中参照《新华字典》等标注声调。

○ 关于类隔和音和。《广韵》中有以轻唇音切重唇音、以舌头音切舌上音，被称作“类隔”。例如本手册有“房法切”“房密切”，前者今音为 fá，后者为 bì，“房”为轻唇音（即唇齿音），而“房密切”切出的是重唇音（即双唇音），到了《集韵》，“房密切”改成了“逼密切”，以重唇切重唇，音韵学上称为“音和”。又如本手册“都江切”，被切字是“桩”，“都”是舌头音，“桩”是舌上音，这是以舌头音切舌上音，也属类隔，到了《集韵》，改为“株江切”，为“音和”。

○ 关于重纽。本手册“皮”为“符羁切”，“脾”为“符支切”，二者声母相同，韵母皆为“支”韵，《韵镜》把“皮”列在三等，“脾”列在四等，音韵学上称之为“重纽”。重纽的字，字面上声纽相重，实际小有不同：介音略有不同。章太炎指出，三、四等重纽字上古来源不同。通过反切，既可察今，也可考古。

○ 本手册在编写过程中，学习和参考了王力先生的《汉语史稿》，丁声树先生、李荣先生的《古今字音对照手册》，周祖谟先生的《〈广韵〉四声韵字今音表》。本手册所标的摄、等、呼等，悉依从《古今字音对照手册》。

○ 本手册可用作检阅《广韵》的参考书。例如“瑁”，《汉语大字典》㊀mào 莫報切。㊁《广韵》莫佩切，又莫沃切。后两个反切均未注汉语拼音。本手册莫佩切读 mèi，莫沃切读 mù。

《广韵》不仅是一部韵书，也是一部重要的训诂典籍，保留了丰富的训诂资料，但需要从语音入手才能更好地利用其价值。例如“转”有两个读音 zhuǎn 和 zhuàn，《广韵》前者在上声“獮”韵，注为：“动也，运也。”后者在去声“線”韵，注为：“流转也。”流转即回转，指作 360 度的移动，而 zhuǎn 指动、移动，不是指 360 度的移动。如“向后转”的“转”，读 zhuǎn，不得读 zhuàn；“转一圈”的“转”，读 zhuàn，不得读 zhuǎn。查《广韵》，则可以明白这种区别的历史依据。“流转”为“转”的下位概念，是后起的，由 zhuǎn 发展出 zhuàn，是区别词义的需要，属音变构词。又如《后汉书・杨琁传》：“以排囊盛石灰于车上。”唐李贤注：“排囊即今囊袋也。排音蒲拜反。”本书“蒲拜切”注 bài，在《广韵》去声“怪”韵中有“韛”字，注：“同韛”，指“韋囊吹火”之具，当是“排囊”了，是一种皮做的风箱。杨琁用这种“武器”，“顺风鼓(石)灰，贼不得视”，取得了战争的胜利。

○ 本手册也可用来作查检其他书中的反切的参考。例如大徐本《说文解字》所注反切，为孙愐的《唐韵》，与《广韵》皆属《切韵》系统，反切大致相同，因此，可利用本书查《说文》反切的今读。下面随机抽样提出十个字。

《说　文》		本　书	
宀	武延切	武延切	mián
冎	古瓦切	古瓦切	guǎ
⿰缶刂	方九切	方久切	fǒu
卅	蘇沓切	蘇合切	sà
丵	士角切	士角切	zhuó
㕯	女滑切	女滑切	nà
殳	市朱切	市朱切	shú(殳，今读 shū)
㸚	力几切	力几切	lǐ
⿱目攴	火劣切	許劣切	xuè
叀	職緣切	職緣切	zhuān

可查得的七个字，不能直接查得的三个字：𠛬、𢍁、𣅟。这是因为孙愐的《唐韵》与《广韵》反切上下字用字不尽一致（九、久都是有韵字；合、沓都是合韵字；火、許都是曉母字）。

○ 竭诚欢迎对本书的缺点疏漏给予批评和指正。

反切上字汉语拼音音节索引

新旧字形对照表

（字形后圆圈内的数字表示字形的笔画数）

旧字形	新字形	新字举例	旧字形	新字形	新字举例
八②	丷②	兑益遂	耳⑧	耳⑦	敢嚴
艹④	艹③	花草	者⑨	者⑧	都著
辶④	辶③	近速	直⑧	直⑧	值植
幵⑥	开④	型形	黽⑧	黾⑧	绳鼋
丰④	丰④	蚌沣	咼⑨	咼⑧	過蝸
巨⑤	巨④	苣渠	垂⑨	垂⑧	睡郵
屯④	屯④	纯顿	飠⑨	飠⑧	飲飽
牙⑤	牙④	芽邪	郎⑨	郎⑧	廊螂
瓦⑤	瓦④	瓶瓷	彔⑧	录⑧	渌箓
反④	反④	板饭	昷⑩	昷⑨	温瘟
示⑤	礻④	祝视	骨⑩	骨⑨	滑骼
丑④	丑④	纽杻	鬼⑩	鬼⑨	槐嵬
犮⑤	犮⑤	拔茇	俞⑨	俞⑨	愉愈
印⑥	印⑤	茚	既⑪	既⑨	溉厩
耒⑥	耒⑥	耕耘	蚤⑩	蚤⑨	搔骚
呂⑦	吕⑥	侣营	敖⑪	敖⑩	傲遨
攸⑦	攸⑥	修倏	莽⑫	莽⑩	漭蟒
爭⑧	争⑥	净静	眞⑩	真⑩	慎填
产⑥	产⑥	彦産	䍃⑩	䍃⑩	摇遥
羊⑦	𦍌⑥	差养	殺⑪	殺⑩	摋鎩
幷⑧	并⑥	屏拼	黃⑫	黄⑪	廣横
羽⑥	羽⑥	翎翔	虛⑫	虚⑪	墟歔
吳⑦	吴⑦	蜈虞	異⑫	異⑪	冀戴
角⑦	角⑦	解确	象⑫	象⑪	像橡
奐⑨	奂⑦	换痪	奧⑬	奥⑫	澳懊
㡀⑧	㡀⑦	敝弊	普⑬	普⑫	谱氆

A（丫）

ai（历）

哀都切 āi dū　　烏 wū（乂）　　遇合一平模影

嗚洿污杇圬釫鰞歍鎢弙於瑦鄔盓螐惡扜蔦樢䳇(21)

愛黑切 ài hēi　　餩 è（さ）　　曾開一入德影

殕(2)

an（马）

安古切 ān gǔ　　隖 wǔ（乂）　　遇合一上姥影

塢[1] 鄔瑦䃐幠溩誣䳇𪄂(10)

安盍切 ān hé　　鰪 é（さ）　　咸開一入盍影

盦廅㿯(4)

安賀切 ān hè　　侉 è（さ）　　果合一去過影

B（ㄅ）

ba（ㄅ丫）

巴講切 bā jiǎng　　綁 bǎng（ㄅ尢）　　江開二上講幫

---

① 今读 wù,《集韵》烏故切。

bai（ㄅㄞ）

白駕切 bái jià 㿺 bà（ㄅㄚˋ） 假開二去禡並

杷鮁皅跁䎬(6)

白銜切 bái xián 䓴 pán（ㄆㄢˊ） 咸開二平銜並

百鎋切 bǎi xiá 捌 bā（ㄅㄚ） 山開二入鎋幫

𣐊(2)

bang（ㄅㄤ）

傍各切 bàng gè 泊 bó（ㄅㄛˊ） 宕開一入鐸並

亳箔薄① 礴簙𩋾鑮踄𩹹𩞀(11)

傍卦切 bàng guà 粺 bài（ㄅㄞˋ） 蟹開二去卦並

稗䵗杷(4)

傍禮切 bàng lǐ 陛 bì（ㄅㄧˋ） 蟹開四上薺並

梐髀𩩍𡋯𢈶𤙖𠈋(8)

傍陌切 bàng mò 白② bó（ㄅㄛˊ） 梗開二入陌並

帛舶鮊𦰺(5)

傍下切 bàng xià 跁 bà（ㄅㄚˋ） 假開二上馬並

䇑笆(3)

---

① 白读 báo。

② 白，今读 bái。

bei（ㄅㄟ）

陂病切 bēi bìng　柄[①] bìng（ㄅㄧㄥˋ）　梗開三去映幫

棅怲邴鈵寎(6)

陂嬌切 bēi jiāo　表 biǎo（ㄅㄧㄠˇ）　效開三上小幫

𧘝褾藨(4)

卑吉切 bēi jí　必 bì（ㄅㄧˋ）　臻開三入質幫

畢篳蓽韠𤨢𧼴蹕滭斁鷝鷩珌㓖熚𡡾彃㪤
縪鮅饆鏎華𡹤鞸襅罼(27)

卑連切 bēi lián　鞭 biān（ㄅㄧㄢ）　山開三平仙幫

鯾鯿編箯揙(6)

卑履切 bēi lǚ　匕 bǐ（ㄅㄧˇ）　止開三上旨幫

妣秕比祉沘枇朼疕髀(10)

卑義切 bēi yì　臂 bì（ㄅㄧˋ）　止開三去寘幫

北激切 běi jī　壁 bì（ㄅㄧˋ）　梗開四入錫幫

鼊繴廦綼鼜(6)

北教切 běi jiào　豹 bào（ㄅㄠˋ）　效開二去效幫

謈𢕸爆䶈(5)

北角切 běi jué　剥[②] bō（ㄅㄛ）　江開二入覺幫

駮駁䶸𦢊曝箹肑爆鸔髉𪌂𦢊趵(14)

北朗切 běi lǎng　榜 bǎng（ㄅㄤˇ）　宕開一上蕩幫

① 柄，今读 bǐng。

② 剥，白读 bāo。

	牓毰螃蒡髈(6)	
北買切 bĕi mǎi	擺 bǎi（ㄅㄞˇ）	蟹開二上蟹幫
	捭(2)	
北萌切 bĕi méng	繃 bēng（ㄅㄥ）	梗開二平耕幫
	絣皏拼艵(5)	
北孟切 bĕi mèng	榜 bèng（ㄅㄥˋ）	梗開二去映幫
	趙跰(3)	
北末切 bĕi mò	撥 bō（ㄅㄛ）	山合一入末幫
	癶袚茇鉢盋䳊鱍迏鬉襏帗怫艀驋茷(16)	
北潘切 bĕ pān	䊩 bān（ㄅㄢ）	山合一平桓幫
	般縏華(4)	
北滕切 bĕi téng	崩 bēng（ㄅㄥ）	曾開一平登幫
北諍切 bĕi zhèng	迸 bèng（ㄅㄥˋ）	梗開二去諍幫
被免切 bèi miǎn	鴘 piǎn（ㄆㄧㄢˇ）	山開三上獮滂

bi（ㄅㄧ）

彼側切 bǐ cè	逼 bī（ㄅㄧ）	曾開三入職幫
	偪皕幅楅騙湢颰圀皀(10)	
彼及切 bǐ jí	鵖 bì（ㄅㄧˋ）	深開三入緝幫
	皀(2)	
彼眷切 bǐ juàn	變 biàn（ㄅㄧㄢˋ）	山開三去線幫
彼爲切 bǐ wéi	陂 bēi（ㄅㄟ）	止開三平支幫

詖碑罷[1] 髲䥯犤鑋䈢襬藣(11)

彼役切 bǐ yì 碧 bì (ㄅㄧˋ) 梗開三入昔幫

彼義切 bǐ yì 賁 bì (ㄅㄧˋ) 止開三去寘幫

佊詖貱陂跛藣(7)

筆錦切 bǐ jǐn 稟[2] bǐn (ㄅㄧㄣˇ) 深開三上寑幫

筆陵切 bǐ líng 冫 bīng (ㄅㄧㄥ) 曾開三平蒸幫

冰掤(3)

鄙密切 bǐ mì 筆[3] bì (ㄅㄧˋ) 臻開三入質幫

潷鉍柲泌𢶍咇㻶蹕(9)

必駕切 bì jià 霸 bà (ㄅㄚˋ) 假開二去禡幫

覇弝欛靶灞垻(7)

必鄰切 bì lín 賓 bīn (ㄅㄧㄣ) 臻開三平真幫

賔濱檳覾𩕊儐鑌矉𩴢(10)

必袂切 bì mèi 蔽 bì (ㄅㄧˋ) 蟹開三去祭幫

𥂕鷩彆(4)

必刃切 bì rèn 儐 bìn (ㄅㄧㄣˋ) 臻開三去震幫

擯殯鬢娊嬪覾(7)

必益切 bì yì 辟 bì (ㄅㄧˋ) 梗開三入昔幫

璧鐴躄𧰒襞𢍍(7)

必郢切 bì yǐng 餅 bǐng (ㄅㄧㄥˇ) 梗開三上静幫

---

① 今读 pí。

② 今读 bǐng。

③ 筆，今读 bǐ。

屏鉼併䴵(5)

必至切 bì zhì　　痹 bì（ㄅㄧˋ）　　止開三去至幫

畀庇䔾祉比(6)

畀政切 bì zhèng　　摒 bìng（ㄅㄧㄥˋ）　　梗開三去勁幫

倂并(3)

婢面切 bì miàn　　便 biàn（ㄅㄧㄢˋ）　　山開三去線並

弼戟切 bì jǐ　　欂 bó（ㄅㄛˊ）　　梗開三入陌並

䕷(2)

bian（ㄅㄧㄢ）

邊孔切 biān kǒng　　琫 běng（ㄅㄥˇ）　　通合一上董幫

菶䋽俸(4)

邊兮切 biān xī　　豍 bī（ㄅㄧ）　　蟹開四平齊幫

𢄼螕椑舭蓖綼箆梐猈陛狴箄鎞𢙣䑀(16)

便俾切 biàn bǐ　　婢 bì（ㄅㄧˋ）　　止開三上紙並

庳(2)

bing（ㄅㄧㄥ）

兵媚切 bīng mèi　　祕[1] bì（ㄅㄧˋ）　　止開三去至幫

毖閟轡柲鉍泌鄪費䀣䪐邲枈粊㚰(15)

兵永切 bīng yǒng　　丙 bǐng（ㄅㄧㄥˇ）　　梗開三上梗幫

昞怲邴炳秉寎苪蛃(9)

---

① 祕、泌，今又读 mì。

并列切 bìng liè	鷩 biē（ㄅㄧㄝ）	山開三入薛幫
	鼈龞鱉𡐘憋鷩(7)	
并弭切 bìng mǐ	俾 bǐ（ㄅㄧˇ）	止開三上紙幫
	俾鞞箄䵗髀崥庳[illegible][illegible](10)	

bo（ㄅㄛ）

伯加切 bó jiā	巴 bā（ㄅㄚ）	假開二平麻幫
	鈀笆豝芭疤蚆吧(8)	
博拔切 bó bá	八 bā（ㄅㄚ）	山開二入黠幫
	𩡧朳捌扒[illegible][illegible]哵玐釟(10)	
博抱切 bó bào	寶 bǎo（ㄅㄠˇ）	效開一上晧幫
	珤保𥝖堢堡褓緥鴇葆鳵[illegible]宲賲[illegible](15)	
博厄切 bó è	檗 bò（ㄅㄛˋ）	梗開二入麥幫
	擘薜澼檗(5)	
博蓋切 bó gài	貝 bèi（ㄅㄟˋ）	蟹開一去泰幫
	沛郥鋇芾䟺狽犻伂𩵚茷[illegible][illegible][illegible](14)	
博孤切 bó gū	逋 bū（ㄅㄨ）	遇合一平模幫
	餔[illegible]晡庯陠鵏䞓峬誧秿鯆抪(13)	
博古切 bó gǔ	補 bǔ（ㄅㄨˇ）	遇合一上姥幫
	譜① 圃(3)	
博故切 bó gù	布 bù（ㄅㄨˋ）	遇合一去暮幫
	圃佈抪[illegible][illegible](6)	

① 譜、圃，今读 pǔ。

博怪切 bó guài	𢷎 bài（ㄅㄞˋ）	蟹合二去怪幫
	拜扒(3)	
博管切 bó guǎn	粄 bǎn（ㄅㄢˇ）	山合一上緩幫
	𥹸䬳瓪眅(5)	
博耗切 bó hào	報 bào（ㄅㄠˋ）	效開一去号幫
博禾切 bó hé	波 bō（ㄅㄛ）	果合一平戈幫
	皤紴嶓番碆(6)	
博計切 bó jì	閉 bì（ㄅㄧˋ）	蟹開四去霽幫
	閇嬖箅軙(5)	
博江切 bó jiāng	邦 bāng（ㄅㄤ）	江開二平江幫
	峀梆垹(4)	
博昆切 bó kūn	奔 bēn（ㄅㄣ）	臻合一平魂幫
	賁鷝犇(4)	
博慢切 bó màn	半 bàn（ㄅㄢˋ）	山合一去換幫
	絆靽姅𩣡料㕊(7)	
博毛切 bó máo	褒 bāo（ㄅㄠ）	效開一平豪幫
	襃𦸦𨚔(4)	
博陌切 bó mò	伯 bó（ㄅㄛˊ）	梗開二入陌幫
	迫① 敀百② 柏③ 洦䒰瓸(8)	
博墨切 bó mò	北④ bò（ㄅㄛˋ）	曾開一入德幫

① 今读 pò。
② 今读 bǎi，白读音。
③ 白读 bǎi。
④ 北，今读 běi，白读音。

	蚻(2)	
博木切 bó mù	卜 bǔ（ㄅㄨˇ）	通合一入屋幫
	濮① 䗱轐䑑樸獛蹼纀襆鬏䑧䳰鸔(14)	
博旁切 bó páng	幫 bāng（ㄅㄤ）	宕開一平唐幫
	縍搫䧛鞤(5)	
博巧切 bó qiǎo	飽 bǎo（ㄅㄠˇ）	效開二上巧幫
	餜䍍(3)	
博沃切 bó wò	襮 bú（ㄅㄨˊ）	通合一入沃幫
	犦䴐(3)	
博下切 bó xià	把 bǎ（ㄅㄚˇ）	假開二上馬幫
薄半切 bó bàn	叛 pàn（ㄆㄢˋ）	山合一去換並
	㚲畔伴(4)	
薄褒切 bó bāo	袍 páo（ㄆㄠˊ）	效開一平豪並
	裒軳(3)	
薄報切 bó bào	暴 bào（ㄅㄠˋ）	效開一去号並
	虣曝瀑勹萢褒㬥鸔(9)	
薄波切 bó bō	婆 pó（ㄆㄛˊ）	果合一平戈並
	媻鄱皤䪻繁搫蔢磻(9)	
薄庚切 bó gēng	彭 péng（ㄆㄥˊ）	梗開二平庚並
	澎膨蟚鬅棚榜𧝒搒蒡篣艕騯憉𣂰輣䡙(17)	
薄故切 bó gù	捕② bù（ㄅㄨˋ）	遇合一去暮並

① 今读 pú。

② 捕、哺，今读 bǔ。

哺步鞴餔鮬𩣡𦨖邩鵏𤸱荹𩢰(13)

薄官切 bó guān　槃 pán（ㄆㄢˊ）　山合一平桓並

盤鎜柈瘢磻幋磐𩭝般蹣搫鞶縏鵥𥈟媻槃

蟠蠜䈲𤢐(22)

薄亥切 bó hài　倍 bèi（ㄅㄟˋ）　蟹開一上海並

菩蓓(3)

薄浩切 bó hào　抱 bào（ㄅㄠˋ）　效開一上晧並

薄紅切 bó hóng　蓬 péng（ㄆㄥˊ）　通合一平東並

篷篷髼蜂芃䄬韸驡颿(10)

薄侯切 bó hóu　裒 póu（ㄆㄡˊ）　流開一平侯並

䯽捊抔掊脴餢錇箁(9)

薄胡切 bú hú　酺 pú（ㄆㄨˊ）　遇合一平模並

匍蜅荹樸菩𦺡蒲蒱䈬(10)

薄回切 bó huí　裴 péi（ㄆㄟˊ）　蟹合一平灰並

徘培陪蓓鄁婄棓毰䏽䫊輫(12)

薄佳切 bó jiā　牌 pái（ㄆㄞˊ）　蟹開二平佳並

𩶛簰郫䴠棑犤(7)

薄江切 bó jiāng　龐 páng（ㄆㄤˊ）　江開二平江並

逄胮䜶舽(5)

薄交切 bó jiāo　庖 páo（ㄆㄠˊ）　效開二平肴並

咆匏炮炰鉋𦢊麃掊颮鞄狍跑捊𡯨泡麭(17)

薄經切 bó jīng　瓶 píng（ㄆㄧㄥˊ）　梗開四平青並

鉼蛢𪕃屏荓䈂輧萍蓱𡠹郱𥆩洴箳(15)

薄邁切 bó mài　敗 bài（ㄅㄞˋ）　蟹開二去夬並

	㪍退唄(4)	
薄萌切 bó méng	輣 péng（ㄆㄥˊ）	梗開二平耕並
	棚弸倗庄(5)	
薄巧切 bó qiǎo	鮑 bào（ㄅㄠˋ）	效開二上巧並
	骲鞄靤(4)	
薄蟹切 bó xiè	罷 bà（ㄅㄚˋ）	蟹開二上蟹並
	爸猈䎱犕勓(6)	
薄泫切 bó xuàn	辮 biàn（ㄅㄧㄢˋ）	山開四上銑並
	艑鶣扁𢇗㾫髍(7)	

bu（ㄅㄨ）

晡幻切 bū huàn	扮 bàn（ㄅㄢˋ）	山開二去襉幫
捕可切 bǔ kě	爸 bà（ㄅㄚˋ）	果合一上果並
補鼎切 bǔ dǐng	鞞 bǐng（ㄅㄧㄥˇ）	梗開四上迥幫
補各切 bǔ gè	博 bó（ㄅㄛˊ）	宕開一入鐸幫
	髆搏爆鎛嚩䶈襮鑮簙䗚猼䪙欂䡡溥䰊餺 𧛞簙(20)	
補過切 bǔ guò	播[①] bò（ㄅㄛˋ）	果合一去過幫
	𢿋簸番譒(5)	
補曠切 bǔ kuàng	螃 bàng（ㄅㄤˋ）	宕開一去宕幫
	搒舫謗(4)	
補邁切 bǔ mài	敗 bài（ㄅㄞˋ）	蟹開二去夬幫

① 今读 bō,《集韵》逋禾切。

補妹切 bǔ mèi　背 bèi（ㄅㄟˋ）　蟹合一去隊幫
輩誖(3)

補米切 bǔ mǐ　粺 bǐ（ㄅㄧˇ）　蟹開四上薺幫
妣(2)

布忖切 bù cǔn　本 běn（ㄅㄣˇ）　臻合一上混幫
畚畬笨体苯(6)

布耕切 bù gēng　浜 bēng（ㄅㄥ）　梗開二平耕幫
拼(2)

布梗切 bù gěng　浜 běng（ㄅㄥˇ）　梗開二上梗幫
倂絣(3)

布還切 bù huán　班 bān（ㄅㄢ）　山開二平刪幫
頒鳻盼盤斑辬鬜般媥鯿扳螌(13)

布回切 bù huí　桮 bēi（ㄅㄟ）　蟹合一平灰幫
杯盃(3)

布火切 bù huǒ　跛 bǒ（ㄅㄛˇ）　果合一上果幫
簸駊越(4)

布交切 bù jiāo　包 bāo（ㄅㄠ）　效開二平肴幫
胞枹苞勹(5)

布綰切 bù wǎn　版 bǎn（ㄅㄢˇ）　山開二上潸幫
板蝂瓪昄鈑(6)

布玄切 bù xuán　邊 biān（ㄅㄧㄢ）　山開四平先幫
籩濞甂蝙猵櫋編萹躒邊牑趨蹁(14)

步崩切 bù bēng　朋 péng（ㄆㄥˊ）　曾開一平登並
堋鵬棚倗鬅(6)

步光切 bù guāng　傍 páng（ㄆㄤˊ）　宕開一平唐並

彷膀髈蹸趽房旁篣郣螃磅騯(13)

步皆切 bù jiē　排 pái（ㄆㄞˊ）　蟹開二平皆並

俳輫牌猈碩(6)

步項切 bù xiàng　棒 bàng（ㄅㄤˋ）　江開二上講並

棒棓琫㛬蚌蜯䎂(8)

部迷切 bù mí　鼙 pí（ㄆㄧˊ）　蟹開四平齊並

鞞椑膍崥甈䡟(7)

部田切 bù tián　蹁 pián（ㄆㄧㄢˊ）　山開四平先並

蠙骿軿駢瓶胼跰楄賆玭瑼(12)

C（ㄘ）

cai（ㄘㄞ）

才本切 cái běn　鱒 zùn（ㄗㄨㄣˋ）　臻合一上混從

才棰切 cái chuí　惢 zuì（ㄗㄨㄟˋ）　止合三上紙從

才敢切 cái gǎn　槧 zàn（ㄗㄢˋ）　咸開一上敢從

鏨嵌揝(4)

才割切 cái gē　巀 zá（ㄗㄚˊ）　山開一入曷從

囋囐巘(4)

才盍切 cái hé　雜 zá（ㄗㄚˊ）　咸開一入盍從

擸(2)

才句切 cái jù　堅 jù（ㄐㄩˋ）　遇合三去遇從

	聚(2)	
才六切 cái liù	歜 zú（ㄗㄨˊ）	通合三入屋從
才外切 cái wài	蕞 zuì（ㄗㄨㄟˋ）	蟹合一去泰從
	𥴦(2)	
才線切 cái xiàn	賤 jiàn（ㄐㄧㄢˋ）	山開三去線從
	諓餞(3)	
才笑切 cái xiào	噍 jiào（ㄐㄧㄠˋ）	效開三去笑從
	誚劁趭(4)	
才邪切 cái xié	𡘋 qié（ㄑㄧㄝˊ）	假開三平麻從
才奏切 cái zòu	𠞊 zòu（ㄗㄡˋ）	流開一去候從
	楱躁(3)	
采古切 cǎi gǔ	蔖 cǔ（ㄘㄨˇ）	遇合一上姥清
	䕺(2)	
采老切 cǎi lǎo	草 cǎo（ㄘㄠˇ）	效開一上晧清
	艸懆慅騲𠹍愺(7)	

cang（ㄘㄤ）

倉本切 cāng běn	忖 cǔn（ㄘㄨㄣˇ）	臻合一上混清
	𢫔刌(3)	
倉才切 cāng cái	猜 cāi（ㄘㄞ）	蟹開一平咍清
	偲䁈𧺆(4)	
倉大切 cāng dài	蔡 cài（ㄘㄞˋ）	蟹開一去泰清
	𦶏𪇴(3)	
倉代切 cāng dài	菜 cài（ㄘㄞˋ）	蟹開一去代清

	埰棌䰂䐆(5)	
倉甸切 cāng diàn	蒨 qiàn（ㄑㄧㄢˋ）	山開四去霰清
	茜輤綪倩芊諑棈帢䙧鑓䑶篟(13)	
倉敢切 cāng gǎn	黲 cǎn（ㄘㄢˇ）	咸開一上敢清
倉各切 cāng gè	错 cuò（ㄘㄨㄛˋ）	宕開一入鐸清
	厝䱜逪剒縒莡(7)	
倉苟切 cāng gǒu	趣 cǒu（ㄘㄡˇ）	流開一上厚清
	取棷(3)	
倉故切 cāng gù	厝[1] cù（ㄘㄨˋ）	遇合一去暮清
	措醋錯㳻(5)	
倉夬切 cāng guài	啐 cuì（ㄘㄨㄟˋ）	蟹合二去夬清
倉果切 cāng guǒ	脞 cuǒ（ㄘㄨㄛˇ）	果合一上果清
	䂳(2)	
倉含切 cāng hán	参 cān（ㄘㄢ）	咸開一平覃清
	驂𧽍傪嫪(5)	
倉紅切 cāng hóng	怱 cōng（ㄘㄨㄥ）	通合一平東清
	忩葱檧𨎖聰繱璁驄蟌囪[2]醦鍯熜𢋈(15)	
倉胡切 cāng hú	麤 cū（ㄘㄨ）	遇合一平模清
	麄䴫糲犆䀛(6)	
倉回切 cāng huí	崔 cuī（ㄘㄨㄟ）	蟹合一平灰清
	催縗陮𢓜趡(6)	

① 厝、措、錯，今读 cuò。

② 囪的变体有匆→怱，故衍生出一系列字。囪亦有变体公、㕣，故有忩、悤等。

倉經切 cāng jīng	青 qīng（ㄑㄧㄥ）	梗開四平青清
	鶄鯖蜻艶(5)	
倉困切 cāng kùn	寸 cùn（ㄘㄨㄣˋ）	臻合一去慁清
	鑇(2)	
倉括切 cāng kuò	撮 cuō（ㄘㄨㄛ）	山合一入末清
	襊(2)	
倉歷切 cāng lì	戚 qī（ㄑㄧ）	梗開四入錫清
	慼踧蘴鏚黷梘慽蠺蔵磩(11)	
倉没切 cāng mò	猝 cù（ㄘㄨˋ）	臻合一入没清
	卒殚拗絢(5)	
倉聿切 cāng yù	焌 cù（ㄘㄨˋ）	臻合三入術清
倉雜切 cāng zá	囃 cà（ㄘㄚˋ）	咸開一入盍清
	磼礱(3)	
倉宰切 cāng zǎi	采 cǎi（ㄘㄞˇ）	蟹開一上海清
	採綵寀彩髼倸(7)	
倉奏切 cāng zòu	輳 còu（ㄘㄡˋ）	流開一去候清
	腠湊嗾艬蔟榛簇(8)	
蒼案切 cāng àn	粲 càn（ㄘㄢˋ）	山開一去翰清
	錖燦璨薒鵴(6)	
蒼先切 cāng xiān	千 qiān（ㄑㄧㄢ）	山開四平先清
	仟阡汘仟芊䅚迁杄(9)	
藏旱切 cáng hàn	瓚 zàn（ㄗㄢˋ）	山開一上旱從
	趲禶(3)	
藏活切 cáng huó	柮 zuó（ㄗㄨㄛˊ）	山合一入末從

藏濫切 cáng làn　暫 zàn（ㄗㄢˋ）　咸開一去闞從

塹鏨(3)

藏宗切 cáng zōng　賨 cóng（ㄘㄨㄥˊ）　通合一平冬從

琮悰潨淙慒鬃賨琮誴悰(11)

ce（ㄘㄜ）

厠列切 cè liè　㔍 chè（ㄔㄜˋ）　山開三入薛初

側八切 cè bā　札 zhá（ㄓㄚˊ）　山開二入黠莊

𣧄蚻紮鳰扎(6)

側板切 cè bǎn　醆 zhǎn（ㄓㄢˇ）　山開二上潸莊

拃𤠎(3)

側迸切 cè bèng　諍 zhèng（ㄓㄥˋ）　梗開二去諍莊

側伯切 cè bó　嘖 zé（ㄗㄜˊ）　梗開二入陌莊

迮窄[①] 笮溎諎舴蚱(8)

側持切 cè chí　菑 zī（ㄗ）　止開三平之莊

甾葘淄嬙荎輜錙鶅緇紂椔鯔糦鄑(15)

側革切 cè gé　責 zé（ㄗㄜˊ）　梗開二入麥莊

賾簀幘嘖謮債蟦膭嫧咋(11)

側加切 cè jiā　樝 zhā（ㄓㄚ）　假開二平麻莊

柤菹皻齇皻抯溠渣瘡穑洓(12)

側駕切 cè jià　詐 zhà（ㄓㄚˋ）　假開二去禡莊

溠咋笮醡榨(6)

---

① 今读 zhǎi，白读音。

側減切 cè jiǎn　斬 zhǎn（ㄓㄢˇ）　咸開二上豏莊

側交切 cè jiāo　䍜 zhāo（ㄓㄠ）　效開二平肴莊

罺抓[①] 嘮摷(5)

側絞切 cè jiǎo　爪 zhǎo（ㄓㄠˇ）　效開二上巧莊

叉狐瑵笊帆抓芁(8)

側教切 cè jiào　抓 zhào（ㄓㄠˋ）　效開二去效莊

瘷笊(3)

側皆切 cè jiē　齋 zhāi（ㄓㄞ）　蟹開二平皆莊

側界切 cè jiè　瘵 zhài（ㄓㄞˋ）　蟹開二去怪莊

祭鄒(3)

側莖切 cè jīng　争 zhēng（ㄓㄥ）　梗開二平耕莊

箏埩綪絣狰鯖(7)

側鳩切 cè jiū　鄒 zōu（ㄗㄡ）　流開三平尤莊

鄹郰騶鄹陬緅艒蹃菆棷篍嘮䮴(14)

側九切 cè jiǔ　掫 zǒu（ㄗㄡˇ）　流開三上有莊

搊蝌(3)

側救切 cè jiù　皺 zhòu（ㄓㄡˋ）　流開三去宥莊

㾭㲍縐膈(5)

側角切 cè jué　捉 zhuō（ㄓㄨㄛ）　江開二入覺莊

穛糕穱斮篧蘸(7)

側吏切 cè lì　胾 zì（ㄗˋ）　止開三去志莊

椔事剚倳鶅(6)

---

① 今读 zhuā。

側亮切 cè liàng	壯 zhuàng（ㄓㄨㄤˋ）	宕開三去漾莊
	裝𣶒(3)	
側劣切 cè liè	茁 zhuó（ㄓㄨㄛˊ）	山合三入薛莊
	蠿(2)	
側鄰切 cè lín	真 zhēn（ㄓㄣ）	臻開三平真莊
	甄振禛稹磌眕籈侲桭蒖唇㖘帪薽殿(16)	
側六切 cè liù	䋭 zhú（ㄓㄨˊ）	通合三入屋莊
	埱(2)	
側呂切 cè lǚ	阻 zǔ（ㄗㄨˇ）	遇合三上語莊
	俎(2)	
側律切 cè lǜ	[illegible] zhú（ㄓㄨˊ）	臻合三入術莊
	[illegible](2)	
側略切 cè lüè	斮 zhuó（ㄓㄨㄛˊ）	宕開三入藥莊
側賣切 cè mài	債 zhài（ㄓㄞˋ）	蟹開二去卦莊
側洽切 cè qià	眨 zhǎ（ㄓㄚˇ）	咸開二入洽莊
	㞚偛䙄䤳諞(6)	
側詵切 cè shēn	臻 zhēn（ㄓㄣ）	臻開三平臻莊
	蓁搸溱潧業榛槼瀙鐏轃(11)	
側氏切 cè shì	批 zǐ（ㄗˇ）	止開三上紙莊
	跐(2)	
側下切 cè xià	鮓 zhǎ（ㄓㄚˇ）	假開二上馬莊
	厏謯筰痄(5)	
側羊切 cè yáng	莊 zhuāng（ㄓㄨㄤ）	宕開三平陽莊
	庄妝裝粧(5)	

側宜切 cè yí　齜 zī（ㄗ）　止開三平支莊

側吟切 cè yín　兂 zēn（ㄗㄣ）　深開三平侵莊

簪⿰王朁撍(4)

側魚切 cè yú　菹 jū（ㄐㄩ）　遇合三平魚莊

⿰禾虘齇沮(4)

測戟切 cè jǐ　柵 cè（ㄘㄜˋ）　梗開二入陌初

踖簎(3)

測角切 cè jué　娖 chuò（ㄔㄨㄛˋ）　江開二入覺初

⿰石剝⿰足齒娕擉齱箹齪(8)

測隅切 cè yú　芻 chú（ㄔㄨˊ）　遇合三平虞初

犓(2)

cha（ㄔㄚ）

叉瓦切 chā wǎ　⿰石坐 chuǎ（ㄔㄨㄚˇ）　假合二上馬初

叉万切 chā wàn　⿱竹段 chuàn（ㄔㄨㄢˋ）　山合三去願初

查獲切 chá huò　⿺走乍 zuó（ㄗㄨㄛˊ）　梗合二入麥崇

⿺走責(2)

查鎋切 chá xiá　⿰金斬 zhá（ㄓㄚˊ）　山開二入鎋崇

⿰米責⿰氵北(3)

chai（ㄔㄞ）

犲夬切 chái guài　寨 zhài（ㄓㄞˋ）　蟹開二去夬崇

砦(2)

chang（ㄔㄤ）

昌垂切 chāng chuí	吹 chuī（ㄔㄨㄟ）	止合三平支昌
	炊籥(3)	
昌脣切 chāng chún	春 chūn（ㄔㄨㄣ）	臻合三平諄昌
昌紿切 chāng dài	茝 chǎi（ㄔㄞˇ）	蟹開一上海昌
昌九切 chāng jiǔ	醜 chǒu（ㄔㄡˇ）	流開三上有昌
	醜[illegible](3)	
昌據切 chāng jù	處 chù（ㄔㄨˋ）	遇合三去御昌
	[illegible](2)	
昌來切 chāng lái	犙 chāi（ㄔㄞ）	蟹開一平咍昌
昌里切 chāng lǐ	齒 chǐ（ㄔˇ）	止開三上止昌
	紕(2)	
昌力切 chāng lì	瀷 chì（ㄔˋ）	曾開三入職昌
	[illegible](2)	
昌栗切 chāng lì	叱 chì（ㄔˋ）	臻開三入質昌
昌兩切 chāng liǎng	敞 chǎng（ㄔㄤˇ）	宕開三上養昌
	[illegible]氅[illegible]廠[illegible]僘(7)	
昌列切 chāng liè	掣 chè（ㄔㄜˋ）	山開三入薛昌
	瘛(2)	
昌六切 chāng liù	俶 chù（ㄔㄨˋ）	通合三入屋昌
	柷琡[illegible]埱(5)	
昌善切 chāng shàn	闡 chǎn（ㄔㄢˇ）	山開三上獮昌
	燀繟[illegible]幝[illegible]灛嘽[illegible](9)	

昌石切 chāng shí	尺[①] chì（ㄔˋ） **赤𡋯蚇㡿斥臭郝滷卤臭(11)**	梗開三入昔昌
昌兖切 chāng yǎn	舛 chuǎn（ㄔㄨㄢˇ） **喘荈歂(4)**	山合三上獮昌
昌豔切 chāng yàn	䠨 chàn（ㄔㄢˋ） **幨襜裧韂韂𡒄闍(8)**	咸開三去豔昌
昌與切 chāng yǔ	杵 chǔ（ㄔㄨˇ） **處(2)**	遇合三上語昌
昌緣切 chāng yuán	穿 chuān（ㄔㄨㄢ） **川𡿧(3)**	山合三平仙昌
昌約切 chāng yuē	綽 chuò（ㄔㄨㄛˋ） **繛婥𥗪(4)**	宕開三入藥昌
昌悦切 chāng yuè	歠 chuò（ㄔㄨㄛˋ） **啜(2)**	山合三入薛昌
昌孕切 chāng yùn	稱[②] chèng（ㄔㄥˋ） **秤(2)**	曾開三去證昌
昌戰切 chāng zhàn	硟 chàn（ㄔㄢˋ）	山開三去線昌
昌者切 chāng zhě	奲 chě（ㄔㄜˇ） **捨魏哆撦(5)**	假開三上馬昌
昌真切 chāng zhēn	瞋 chēn（ㄔㄣ） **嗔謓䐜顛縝(6)**	臻開三平真昌

① 尺，今读 chǐ。

② 稱，又读 chèn。

昌枕切 chāng zhěn	瀋 shěn（ㄕㄣˇ）	深開三上寑昌
昌汁切 chāng zhī	斟 chì（ㄔˋ）	深開三入緝昌
昌志切 chāng zhì	熾 chì（ㄔˋ）	止開三去志昌
	饎鉹糦幟戠哆埴(8)	
昌終切 chāng zhōng	充 chōng（ㄔㄨㄥ）	通合三平東昌
	珫茺㤝䘪甋浺(7)	
昌朱切 chāng zhū	樞[①] chū（ㄔㄨ）	遇合三平虞昌
	姝軀袾筞(5)	
常句切 cháng jù	樹 shù（ㄕㄨˋ）	遇合三去遇禪
	豎澍尌侸(5)	
常利切 cháng lì	嗜 shì（ㄕˋ）	止開三去至禪
	䭱䣛視眎眡(6)	
常列切 cháng liè	折 shé（ㄕㄜˊ）	山開三入薛禪
常倫切 cháng lún	純 chún（ㄔㄨㄣˊ）	臻合三平諄禪
	蓴蒓醇鶉䭭陙忳錞淳奄焞䣞(13)	
常恕切 cháng shù	署[②] shù（ㄕㄨˋ）	遇合三去御禪
	藷薯曙(4)	
常演切 cháng yǎn	善 shàn（ㄕㄢˋ）	山開三上獮禪
	譱墠鱓蟺單僐鄯墡磰䵛(11)	
常者切 cháng zhě	社 shè（ㄕㄜˋ）	假開三上馬禪
	𥁕𣏢(3)	

① 今读 shū。
② 今读 shǔ。

常枕切 cháng zhěn	甚 shèn（ㄕㄣˋ） 諶(2)	深開三上寑禪
常證切 cháng zhèng	丞 shèng（ㄕㄥˋ）	曾開三去證禪
常隻切 cháng zhī	石 shí（ㄕˊ） 碩① 祏鉐柘鼫碣(7)	梗開三入昔禪
常職切 cháng zhí	寔 shí（ㄕˊ） 湜殖② 植埴戠搷遈(8)	曾開三入職禪
嘗芮切 cháng ruì	啜 shuì（ㄕㄨㄟˋ）	蟹合三去祭禪
場伯切 chǎng bó	宅③ zhé（ㄓㄜˊ） 厇擇④ 澤鸅翟⑤ 蘀檡鸅驛蠌襗澤(13)	梗開二入陌澄

chen（ㄔㄣ）

臣庾切 chén yǔ	豎 shù（ㄕㄨˋ） 竪樹裋(4)	遇合三上麌禪

cheng（ㄔㄥ）

成臡切 chéng ní	移 shí（ㄕˊ）	蟹開四平齊禪
承矢切 chéng shǐ	視 shì（ㄕˋ）	止開三上旨禪

① 碩,《正字通》:又藥韵,音灼。《康熙字典》:常灼切,音杓。文读为 shuò,白读为 sháo。

② 殖、植,今读 zhí。

③ 宅,今读 zhái,白读音。

④ 擇、澤,今读 zé。

⑤ 今读 zhái。

	眡眎(3)	
承與切 chéng yǔ	野 shù（ㄕㄨˋ）	遇合三上語禪
	墅(2)	
承正切 chéng zhèng	盛 shèng（ㄕㄥˋ）	梗開三去勁禪
	墭晟(3)	
承紙切 chéng zhǐ	是 shì（ㄕˋ）	止開三上紙禪
	氏媞諟恀徥狏禔姼跃(10)	
承呪切 chéng zhòu	授 shòu（ㄕㄡˋ）	流開三去宥禪
	詶唼壽售綬(6)	
乘力切 chéng lì	食 shí（ㄕˊ）	曾開三入職船
	蝕(2)	

chi（ㄔ）

癡準切 chī zhǔn	偆 chǔn（ㄔㄨㄣˇ）	臻合三上準徹
池爾切 chí ěr	豸 zhì（ㄓˋ）	止開三上紙澄
	褫陊粚踶傂杝阤鯱廌禔徥(12)	
持碾切 chí niǎn	邅 zhàn（ㄓㄢˋ）	山開三去線澄
	纏(2)	
持兗切 chí yǎn	篆 zhuàn（ㄓㄨㄢˋ）	山合三上獮澄
持遇切 chí yù	住 zhù（ㄓㄨˋ）	遇合三去遇澄
	腧逗(3)	
馳僞切 chí wěi	縋 zhuì（ㄓㄨㄟˋ）	止合三去寘澄
	膇槌錘腄甀硾(7)	
遲倨切 chí jù	箸 zhù（ㄓㄨˋ）	遇合三去御澄

	筯瘯除(4)	
尺救切 chǐ jiù	臭[1] chòu（ㄔㄡˋ）	流開三去宥昌
	殠(2)	
尺絹切 chǐ juàn	釧 chuàn（ㄔㄨㄢˋ）	山合三去線昌
	竄穿諯(4)	
尺類切 chǐ lèi	出 chuì（ㄔㄨㄟˋ）	止合三去至昌
尺良切 chǐ liáng	昌 chāng（ㄔㄤ）	宕開三平陽昌
	裮倡猖閶琩鯧菖(8)	
尺亮切 chǐ liàng	唱 chàng（ㄔㄤˋ）	宕開三去漾昌
	鯧敞倡(4)	
尺容切 chǐ róng	衝 chōng（ㄔㄨㄥ）	通合三平鍾昌
	衝罿憧幢艟潼褈衝衝穜(11)	
尺氏切 chǐ shì	侈 chǐ（ㄔˇ）	止開三上紙昌
	姼衹鉹誃庈庈垑灑烙袳袲豙恀哆(15)	
尺僞切 chǐ wěi	吹 chuì（ㄔㄨㄟˋ）	止合三去寘昌
	籥䅜(3)	
尺延切 chǐ yán	燀 chān（ㄔㄢ）	山開三平仙昌
尺尹切 chǐ yǐn	蠢 chǔn（ㄔㄨㄣˇ）	臻合三上準昌
	蠢膥踳惷朐偆僢敼(9)	
尺玉切 chǐ yù	觸 chù（ㄔㄨˋ）	通合三入燭昌

① 《广韵》："許救切（xiù）。齅，以鼻取气。"即用鼻子闻，这个字今作嗅。"尺救切（chòu）。臭，凡氣之總名；殠，腐殠。"今臭分出二音，读 xiù，为气之总名；读 chòu，指腐臭。

犞歠𦢊(4)

尺招切 chǐ zhāo　怊 chāo（ㄔㄠ）　效開三平宵昌

弨(2)

尺沼切 chǐ zhǎo　䵅 chǎo（ㄔㄠˇ）　效開三上小昌

麨弨樔昭(5)

尺遮切 chǐ zhē　車 chē（ㄔㄜ）　假開三平麻昌

硨(2)

尺制切 chǐ zhì　掣 chì（ㄔˋ）　蟹開三去祭昌

瘛瀄瘈𤺺懘製猘(8)

尺隹切 chǐ zhuī　推 chuī（ㄔㄨㄟ）　止合三平脂昌

蓷(2)

恥力切 chǐ lì　敕 chì（ㄔˋ）　曾開三入職徹

勅飭淔趩栻侙鷘鶒忯慗遫堇㞚(14)

恥孟切 chǐ mèng　牚 chèng（ㄔㄥˋ）　梗開二去映徹

叱涉切 chì shè　謵 chè（ㄔㄜˋ）　咸開三入葉昌

㔭姑詀陵哂慨泜胝(9)

叱支切 chì zhī　眵 chī（ㄔ）　止開三平支昌

纏(2)

赤律切 chì lǜ　出 chū（ㄔㄨ）　臻合三入術昌

赤之切 chì zhī　蚩 chī（ㄔ）　止開三平之昌

嗤妛媸䗑䞓瞝(7)

赤周切 chì zhōu　犨 chōu（ㄔㄡ）　流開三平尤昌

犫(2)

敕加切 chì jiā　侘 chā（ㄔㄚ）　假開二平麻徹

	哆痓謍(4)	
敕交切 chì jiāo	颲 chāo（ㄔㄠ）	效開二平肴徹
	嘮(2)	
敕久切 chì jiǔ	丑 chǒu（ㄔㄡˇ）	流開三上有徹
	杻杽(3)	
敕俱切 chì jù	貙 chū（ㄔㄨ）	遇合三平虞徹
	獗(2)	
敕角切 chì jué	逴 chuò（ㄔㄨㄛˋ）	江開二入覺徹
	趠踔踔戳(5)	
敕里切 chì lǐ	恥 chǐ（ㄔˇ）	止開三上止徹
	祉褫(3)	
敕宵切 chì xiāo	超 chāo（ㄔㄠ）	效開三平宵徹
	怊欩幍唱颾(6)	
敕豸切 chì zhì	褫 chǐ（ㄔˇ）	止開三上紙徹
敕中切 chì zhōng	忡 chōng（ㄔㄨㄥ）	通合三平東徹
	沖盅(3)	

chong（ㄔㄨㄥ）

充豉切 chōng chǐ	㢁 chì（ㄔˋ）	止開三去寘昌
充隴切 chōng lǒng	𪏊 chǒng（ㄔㄨㄥˇ）	通合三上腫昌
	嗵(2)	
充山切 chōng shān	獑 chān（ㄔㄢ）	山開二平山昌
充夜切 chōng yè	趌 chè（ㄔㄜˋ）	假開三去禡昌
	斥(2)	

充針切 chōng zhēn 覘 chēn（ㄔㄣ） 深開三平侵昌
充仲切 chōng zhòng 銃 chòng（ㄔㄨㄥˋ） 通合三去送昌
充自切 chōng zì 瘈 chì（ㄔˋ） 止開三去至昌
崇玄切 chóng xuán 狗 chuán（ㄔㄨㄢˊ） 山合四平先崇

chou（ㄔㄡ）

抽據切 chōu jù 絮 chù（ㄔㄨˋ） 遇合三去御徹
悇瘵(3)
丑法切 chǒu fǎ 猛 chà（ㄔㄚˋ） 咸開三入乏徹
丑犯切 chǒu fàn 僴 chǎn（ㄔㄢˇ） 咸合三上范徹
躝(2)
丑格切 chǒu gé 坼（坼）chè（ㄔㄜˋ） 梗開二入陌徹
趚頙腋牓𣂁(6)
丑庚切 chǒu gēng 瞠 chēng（ㄔㄥ） 梗開二平庚徹
橕橖瞠𥨍(5)
丑刮切 chǒu guā 頢 chuà（ㄔㄨㄚˋ） 山合二入鎋徹
濈(2)
丑寡切 chǒu guǎ 檏 chuǎ（ㄔㄨㄚˇ） 假合二上馬徹
丑飢切 chǒu jī 絺 chī（ㄔ） 止開三平脂徹
䟷郗篘脪瓻誀(7)
丑佳切 chǒu jiā 扠 chāi（ㄔㄞ） 蟹開二平佳徹
丑減切 chǒu jiǎn 僴 chǎn（ㄔㄢˇ） 咸開二上豏徹
昰(2)
丑江切 chǒu jiāng 惷 chuāng（ㄔㄨㄤ） 江開二平江徹

觰䅟𥜥𥜥(5)

丑絳切 chǒu jiàng 𧼜 chuàng（ㄔㄨㄤˋ） 江開二去絳徹

觰(2)

丑教切 chǒu jiào 趠 chào（ㄔㄠˋ） 效開二去效徹

踔(2)

丑皆切 chǒu jiē 搋 chuāi（ㄔㄨㄞ） 蟹合二平皆徹

丑犗切 chǒu jiè 蠆 chài（ㄔㄞˋ） 蟹開二去夬徹

𢡱(2)

丑禁切 chǒu jìn 闖 chèn（ㄔㄣˋ） 深開三去沁徹

覘(2)

丑鳩切 chǒu jiū 抽 chōu（ㄔㄡ） 流開三平尤徹

搊搊㛬䀡惆瘳妯(8)

丑救切 chǒu jiù 畜 chù（ㄔㄨˋ） 流開三去宥徹

俞(2)

丑居切 chǒu jū 攄 shū（ㄕㄨ） 遇合三平魚徹

樗橴攄(4)

丑吏切 chǒu lì 眙 chì（ㄔˋ） 止開三去志徹

佁𪐰𡑞誺(5)

丑利切 chǒu lì 屎 chì（ㄔˋ） 止開三去至徹

𡲾誺𡑞訵䝟跮𧩼(8)

丑例切 chǒu lì 跇 chì（ㄔˋ） 蟹開三去祭徹

𧼛傺㥉𢡱㣷晢䗖𢷺𨁂𨂑𥈽(12)

丑戾切 chǒu lì 遾 chì（ㄔˋ） 蟹開四去霽徹

丑栗切 chǒu lì 抶 chì（ㄔˋ） 臻開三入質徹

	咥眣跮(4)	
丑歷切 chǒu lì	**歗** chì（ㄔˋ）	梗開四入錫徹
	谲(2)	
丑廉切 chǒu lián	覘 chān（ㄔㄢ）	咸開三平鹽徹
	㜆(2)	
丑戀切 chǒu liàn	**猭** chuàn（ㄔㄨㄢˋ）	山合三去線徹
	䲨(2)	
丑兩切 chǒu liǎng	昶 chǎng（ㄔㄤˇ）	宕開三上養徹
	鋹(2)	
丑亮切 chǒu liàng	悵 chàng（ㄔㄤˋ）	宕開三去漾徹
	暢韔韔韔蕩裮暘韔瞋(10)	
丑列切 chǒu liè	屮 chè（ㄔㄜˋ）	山開三入薛徹
	撤硩徹䗊联䮕(7)	
丑林切 chǒu lín	琛 chēn（ㄔㄣ）	深開三平侵徹
	棽彤䀼綝郴睬(7)	
丑六切 chǒu liù	蓄 chù（ㄔㄨˋ）	通合三入屋徹
	稸滀苗堇蓫敊傗鄐矗(10)	
丑隴切 chǒu lǒng	寵 chǒng（ㄔㄨㄥˇ）	通合三上腫徹
	䟞埫(3)	
丑吕切 chǒu lǚ	楮 chǔ（ㄔㄨˇ）	遇合三上語徹
	柠褚(3)	
丑律切 chǒu lǜ	黜 chù（ㄔㄨˋ）	臻合三入術徹
	怵䢺炪䟣怞狘欪(8)	
丑略切 chǒu lüè	**臭** chuò（ㄔㄨㄛˋ）	宕開三入藥徹

	臭婼逴辵蠚(6)	
丑倫切 chǒu lún	椿 chūn（ㄔㄨㄣ）	臻合三平諄徹
	楯輴䡅鶞杶櫄瑃(8)	
丑図切 chǒu nà	𥁞 chà（ㄔㄚˋ）	咸開二入洽徹
丑人切 chǒu rén	𤢄 chēn（ㄔㄣ）	臻開三平真徹
	胂縝(3)	
丑忍切 chǒu rěn	𩊱 chěn（ㄔㄣˇ）	臻開三上軫徹
丑刃切 chǒu rèn	疢 chèn（ㄔㄣˋ）	臻開三去震徹
	趻(2)	
丑入切 chǒu rù	湁 chì（ㄔˋ）	深開三入緝徹
	雴槷(3)	
丑善切 chǒu shàn	搌 chǎn（ㄔㄢˇ）	山開三上獮徹
	𨨨於蒇蚩延𩊳(7)	
丑甚切 chǒu shèn	踸 chěn（ㄔㄣˇ）	深開三上寑徹
	鍖䫖(3)	
丑升切 chǒu shēng	僜 chēng（ㄔㄥ）	曾開三平蒸徹
	庱睖(3)	
丑下切 chǒu xià	奼① chǎ（ㄔㄚˇ）	假開二上馬徹
丑小切 chǒu xiǎo	巐 chǎo（ㄔㄠˇ）	效開三上小徹
丑凶切 chǒu xiōng	蹱 chōng（ㄔㄨㄥ）	通合三平鍾徹
	傭𦡨𨘙獞𡦼黷(7)	
丑亞切 chǒu yà	詫 chà（ㄔㄚˋ）	假開二去禡徹

① 今读 chà。

	侘諜(3)	
丑延切 chǒu yán	脠 chān（ㄔㄢ）	山開三平仙徹
	梴鏈㢟(4)	
丑琰切 chǒu yǎn	諂 chǎn（ㄔㄢˇ）	咸開三上琰徹
	讇(2)	
丑晏切 chǒu yàn	羼 chàn（ㄔㄢˋ）	山開二去諫徹
	㾆(2)	
丑豔切 chǒu yàn	覘 chàn（ㄔㄢˋ）	咸開三去豔徹
	貼(2)	
丑亦切 chǒu yì	彳 chì（ㄔˋ）	梗開三入昔徹
	䟓(2)	
丑郢切 chǒu yǐng	逞 chěng（ㄔㄥˇ）	梗開三上静徹
	騁裎悜鞓睈(6)	
丑用切 chǒu yòng	蹖 chòng（ㄔㄨㄥˋ）	通合三去用徹
	惷(2)	
丑玉切 chǒu yù	楝 chù（ㄔㄨˋ）	通合三入燭徹
	亍楝趚豩塚豖(7)	
丑緣切 chǒu yuán	猭 chuān（ㄔㄨㄢ）	山合三平仙徹
	剶(2)	
丑悦切 chǒu yuè	敓 chuò（ㄔㄨㄛˋ）	山合三入薛徹
丑召切 chǒu zhào	朓 chào（ㄔㄠˋ）	效開三去笑徹
丑輒切 chǒu zhé	鍤 chè（ㄔㄜˋ）	咸開三入葉徹
	煠惵霅箑箚(6)	
丑貞切 chǒu zhēn	檉 chēng（ㄔㄥ）	梗開三平清徹

	偵[①] 赬桱䟓竀蟶虰(8)	
丑拯切 chǒu zhěng	庱 chěng（ㄔㄥˇ）	曾開三上拯徹
丑鄭切 chǒu zhèng	逍 chèng（ㄔㄥˋ）	梗開三去勁徹
	偵靗(3)	
丑證切 chǒu zhèng	覴 chèng（ㄔㄥˋ）	曾開三去證徹
丑之切 chǒu zhī	癡 chī（ㄔ）	止開三平之徹
	齝笞痴(4)	
丑知切 chǒu zhī	摛 chī（ㄔ）	止開三平支徹
	螭誺魑黐㷰离嵩彲(9)	
丑注切 chǒu zhù	閆 chù（ㄔㄨˋ）	遇合三去遇徹
	庢(2)	

chu（ㄔㄨ）

初八切 chū bā	齾 chá（ㄔㄚˊ）	山開二入黠初
	蔡察詧檫䁟魕(7)	
初板切 chū bǎn	㹌 chǎn（ㄔㄢˇ）	山開二上潸初
初刮切 chū guā	簒 chuà（ㄔㄨㄚˋ）	山合二入鎋初
	剶(2)	
初患切 chū huàn	篡 cuàn（ㄘㄨㄢˋ）	山合二去諫初
初戢切 chū jí	屆 qì（ㄑㄧˋ）	深開三入緝初
	埴褔徢(4)	
初紀切 chū jì	刹 chǐ（ㄔˇ）	止開三上止初

---

① 今读 zhēn。

	敠歠(3)	
初減切 chū jiǎn	䐮 chǎn（ㄔㄢˇ）	咸開二上豏初
	醶(2)	
初檻切 chū jiàn	醶 chǎn（ㄔㄢˇ）	咸開二上檻初
初教切 chū jiào	抄 chào（ㄔㄠˋ）	效開二去效初
	鈔䋭杪仯觘觘罺(8)	
初謹切 chū jǐn	齔 chěn（ㄔㄣˇ）	臻開三上隱初
初覲切 chū jìn	櫬 chèn（ㄔㄣˋ）	臻開三去震初
	瀙嚫䞋襯儭齔(7)	
初九切 chū jiǔ	𩋄 chǒu（ㄔㄡˇ）	流開三上有初
	𩌊(2)	
初救切 chū jiù	簉 chòu（ㄔㄡˋ）	流開三去宥初
	蓪遚(3)	
初力切 chū lì	測 cè（ㄘㄜˋ）	曾開三入職初
	惻畟稄𡑉𢿁(6)	
初吏切 chū lì	廁 cì（ㄘˋ）	止開三去志初
初栗切 chū lì	剎 chì（ㄔˋ）	臻開三入質初
	剎齚誎(4)	
初良切 chū liáng	創 chuāng（ㄔㄨㄤ）	宕開三平陽初
	瘡刅(3)	
初兩切 chū liǎng	磢 chuǎng（ㄔㄨㄤˇ）	宕開三上養初
	甐剩搶漺愴(6)	
初亮切 chū liàng	刱 chuàng（ㄔㄨㄤˋ）	宕開三去漾初
	創愴滄(4)	

初六切 chū liù	珿 chù（ㄔㄨˋ） **矗𪘂閦䟉琡(6)**	通合三入屋初
初綰切 chū wǎn	㦃 chǎn（ㄔㄢˇ） **𩌏(2)**	山開二上産初
初委切 chū wěi	揣 chuǎi（ㄔㄨㄞˇ） **𢾂(2)**	止合三上紙初
初鎋切 chū xiá	剎 chà（ㄔㄚˋ） **䓭(2)**	山開二入鎋初
初限切 chū xiàn	剗 chǎn（ㄔㄢˇ） **鏟弗羼㦃𦢊(6)**	山開二上産初
初牙切 chū yá	叉 chā（ㄔㄚ） **杈差靫鎈䐤𠟄𦨷艖(9)**	假開二平麻初
初鴈切 chū yàn	羼 chàn（ㄔㄢˋ） **鏟𩌲(3)**	山開二去諫初
初丈切 chū zhàng	頫 chǎng（ㄔㄤˇ） **傸(2)**	宕開三上養初
初爪切 chū zhǎo	煼 chǎo（ㄔㄠˇ） **鬻𤎒炒謅𩱲吵(7)**	效開二上巧初
初朕切 chū zhèn	墋 chěn（ㄔㄣˇ） **醦磣(3)**	深開三上寑初
除更切 chú gèng	鋥[1] zhèng（ㄓㄥˋ） **瞠䂻(3)**	梗開二去映澄

① 鋥，今读 zèng。

除駕切 chú jià	蛇 zhà（ㄓㄚˋ）	假開二去禡澄
	秅(2)	
除力切 chú lì	直 zhí（ㄓˊ）	曾開三入職澄
	犆䐈⿰山直(4)	
除柳切 chú liǔ	紂 zhòu（ㄓㄡˋ）	流開三上有澄
	⿱竹紂鮦葤聚⿰月壽(6)	
除邁切 chú mài	鰶 zhài（ㄓㄞˋ）	蟹開二去夬澄
除芮切 chú ruì	鏑 zhuì（ㄓㄨㄟˋ）	蟹合三去祭澄
除善切 chú shàn	邅 zhàn（ㄓㄢˋ）	山開三上獮澄
芻注切 chú zhù	菆 chù（ㄔㄨˋ）	遇合三去遇初
	致臅(3)	
鉏加切 chú jiā	楂 chá（ㄔㄚˊ）	假開二平麻崇
	查槎⿰齒虘⿸广查苴(6)	
鉏交切 chú jiāo	巢 cháo（ㄔㄠˊ）	效開二平肴崇
	轈勦⿺辶巢繅樔⿰土巢鄛(8)	
鉏里切 chú lǐ	士 shì（ㄕˋ）	止開三上止崇
	仕柹戺⿸尸巳(5)	
鉏吏切 chú lì	事 shì（ㄕˋ）	止開三去志崇
	餕(2)	
鉏紖切 chú zhèn	濜 zhùn（ㄓㄨㄣˋ）	臻合三上準崇
鋤弓切 chú gōng	崇 chóng（ㄔㄨㄥˊ）	通合三平東崇
	⿱宀出⿰崇刂⿰飠宗(4)	
鋤駕切 chú jià	乍 zhà（ㄓㄚˋ）	假開二去禡崇
	⿰衤昔蜡齰詐(5)	

鋤亮切 chú liàng	狀 zhuàng（ㄓㄨㄤˋ）	宕開三去漾崇
鋤陌切 chú mò	齚 zé（ㄗㄜˊ）	梗開二入陌崇
	齰咋泎岝(5)	
鋤銜切 chú xián	巉 chán（ㄔㄢˊ）	咸開二平銜崇
	嶃劖艬鑱獑毚嚵(8)	
鋤祐切 chú yòu	驟 zhòu（ㄓㄡˋ）	流開三去宥崇
	㑳僽(3)	
鋤針切 chú zhēn	岑 cén（ㄘㄣˊ）	深開三平侵崇
	涔𤆬梣橬䨩𩸬䅾笒(9)	
雛鯇切 chú huàn	撰 zhuàn（ㄓㄨㄢˋ）	山合二上潸崇
	饌(2)	
鶵禹切 chú yǔ	𧳏 zhù（ㄓㄨˋ）	遇合三上麌崇
	𤝔(2)	
楮几切 chǔ jǐ	𣜝 chǐ（ㄔˇ）	止開三上旨徹
楚持切 chǔ chí	輜 cī（ㄘ）	止開三平之初
	䬵(2)	
楚革切 chǔ gé	策 cè（ㄘㄜˋ）	梗開二入麥初
	冊䇥嫧齚筴𣍘䅊憡嘖幘蹟捵柵[1] (14)	
楚庚切 chǔ gēng	鎗 chēng（ㄔㄥ）	梗開二平庚初
	鐺槍琤(4)	
楚耕切 chǔ gēng	琤 chēng（ㄔㄥ）	梗開二平耕初
	錚凈棦噌(5)	

① 今读 zhà。

楚夬切 chǔ guài	嘬 chuài（ㄔㄨㄞˋ）	蟹合二去夬初
	䶑歠𡁏(4)	
楚佳切 chǔ jiā	釵 chāi（ㄔㄞ）	蟹開二平佳初
	靫䫅叉芆䐤𤭢差𠝔(9)	
楚鑒切 chǔ jiàn	懺 chàn（ㄔㄢˋ）	咸開二去鑑初
	儳摲𤮮獑嚵(6)	
楚交切 chǔ jiāo	䜈 chāo（ㄔㄠ）	效開二平肴初
	抄鈔摷訬𩴵(6)	
楚江切 chǔ jiāng	囪 chuāng（ㄔㄨㄤ）	江開二平江初
	窻牕窓稯𡋯摐鏦𥠤(9)	
楚絳切 chǔ jiàng	稄 chuàng（ㄔㄨㄤˋ）	江開二去絳初
楚皆切 chǔ jiē	差 chāi（ㄔㄞ）	蟹開二平皆初
	𧺆(2)	
楚敬切 chǔ jìng	瀙 chèng（ㄔㄥˋ）	梗開三去映初
楚鳩切 chǔ jiū	搊 chōu（ㄔㄡ）	流開三平尤初
	扭篘𨢐𣘻𥼢謅(7)	
楚居切 chǔ jū	初 chū（ㄔㄨ）	遇合三平魚初
	𡃈(2)	
楚愧切 chǔ kuì	𣥜 chuì（ㄔㄨㄟˋ）	止合三去至初
楚洽切 chǔ qià	插 chā（ㄔㄚ）	咸開二入洽初
	臿𪗨鍤扱笈𡝗䵘喢㹺(10)	
楚稅切 chǔ shuì	毳 cuì（ㄘㄨㄟˋ）	蟹合三去祭初
	𣂵竁𣯛(4)	
楚危切 chǔ wēi	衰 cuī（ㄘㄨㄟ）	止合三平支初

夂(2)

楚銜切 chǔ xián　攙 chān（ㄔㄢ）　咸開二平銜初

楚懈切 chǔ xiè　差 chài（ㄔㄞˋ）　蟹開二去卦初

瘥衩杈溠訍謎(7)

楚宜切 chǔ yí　差 cī（ㄘ）　止開三平支初

嵯髊縒(4)

楚簪切 chǔ zān　篸 cēn（ㄘㄣ）　深開三平侵初

參椮穇鬖槮(6)

楚譖切 chǔ zèn　讖 chèn（ㄔㄣˋ）　深開三去沁初

褚羊切 chǔ yáng　募 chāng（ㄔㄤ）　宕開三平陽徹

倀韔(3)

處陵切 chù líng　稱 chēng（ㄔㄥ）　曾開三平蒸昌

再偁(3)

處占切 chù zhān　韂 chān（ㄔㄢ）　咸開三平鹽昌

姑幨襜裧䫲痈緂姈惉帴(11)

處脂切 chù zhī　鴟 chī（ㄔ）　止開三平脂昌

鴡鵄胵鴲謘迟(7)

chuang（ㄔㄨㄤ）

瘡據切 chuāng jù　楚 chù（ㄔㄨˋ）　遇合三去御初

憷(2)

牀據切 chuáng jù　助 zhù（ㄓㄨˋ）　遇合三去御崇

耡麆(3)

牀呂切 chuáng lǚ　龃 zù（ㄗㄨˋ）　遇合三上語崇

	鉏(2)	
牀史切 chuáng shǐ	俟 sì（ㄙˋ）	止開三上止崇
	竢涘騃𠪚糇㑃(7)	
創舉切 chuàng jǔ	楚 chǔ（ㄔㄨˇ）	遇合三上語初
	礎齭齼𪓐𧜁憷濋(8)	

ci（ㄘ）

辝戀切 cí liàn	淀 xuàn（ㄒㄩㄢˋ）	山合三去線邪
	鏇縼㨤旋嫙䙋𧾩䁢(9)	
辝夜切 cí yè	謝 xiè（ㄒㄧㄝˋ）	假開三去禡邪
	榭澥(3)	
辝纂切 cí zuǎn	鄹 suàn（ㄙㄨㄢˋ）	山合一上緩邪
慈吕切 cí lǚ	咀 jù（ㄐㄩˋ）	遇合三上語從
	沮怚祖跙趦(6)	
慈染切 cí rǎn	漸 jiàn（ㄐㄧㄢˋ）	咸開三上琰從
	磛蔪漸䟅嚵䤔鏨螹槧(10)	
慈忍切 cí rěn	盡 jìn（ㄐㄧㄣˋ）	臻開三上軫從
	濜(2)	
慈荏切 cí rěn	蕈 xìn（ㄒㄧㄣˋ）	深開三上寑從
慈邺切 cí xù	崒 zú（ㄗㄨˊ）	臻合三入術從
	踤誶捽(4)	
慈演切 cí yǎn	踐 jiàn（ㄐㄧㄢˋ）	山開三上獮從
	諓餞俴㥧衠後(7)	
慈豔切 cí yàn	潛 jiàn（ㄐㄧㄢˋ）	咸開三去豔從

慈夜切 cí yè	褯 jiè（ㄐㄧㄝˋ）	假開三去禡從
	藉蹦鍇鄐(5)	
慈庾切 cí yǔ	聚 jù（ㄐㄩˋ）	遇合三上麌從
	鄹(2)	
雌氏切 cí shì	此 cǐ（ㄘˇ）	止開三上紙清
	跐佌玼泚嶋囟趑柴(9)	
辭閏切 cí rùn	殉 xùn（ㄒㄩㄣˋ）	臻合三去稕邪
	徇侚袀(4)	
此芮切 cǐ ruì	毳 cuì（ㄘㄨㄟˋ）	蟹合三去祭清
	韢脃膬脆帨竁斷鬊脟橇濢(12)	
此移切 cǐ yí	雌[①] cī（ㄘ）	止開三平支清
	骴姕鴜茈(5)	
此緣切 cǐ yuán	詮[②] quān（ㄑㄩㄢ）	山合三平仙清
	銓硂痊佺悛駩筌絟譔謜縓恮荃刟峑匷鐉拴(19)	
此尊切 cǐ zūn	村 cūn（ㄘㄨㄣ）	臻合一平魂清

cu（ㄘㄨ）

麁朗切 cū lǎng	蒼 cǎng（ㄘㄤˇ）	宕開一上蕩清
麤臥切 cū wò	剉 cuò（ㄘㄨㄛˋ）	果合一去過清
	莝銼(3)	

① 雌，今读 cí。

② 詮、銓、痊、筌、絟，今读 quán。

麤最切 cū zuì	襊 cuì（ㄘㄨㄟˋ）	蟹合一去泰清
	䠤𥨎(3)	
徂感切 cú gǎn	歜 zàn（ㄗㄢˋ）	咸開一上感從
	殩齡𦢊(4)	
徂鉤切 cú gōu	𠠑 cóu（ㄘㄡˊ）	流開一平侯從
	鯫(2)	
徂古切 cú gǔ	粗 zù（ㄗㄨˋ）	遇合一上姥從
	麆駔伹觕(5)	
徂果切 cú guǒ	坐 zuò（ㄗㄨㄛˋ）	果合一上果從
	堊(2)	
徂合切 cú hé	雜 zá（ㄗㄚˊ）	咸開一入合從
	𧥷磼𧒒䕹蹐𨞑(7)	
徂紅切 cú hóng	叢 cóng（ㄘㄨㄥˊ）	通合一平東從
	藂藂潨𥳍(5)	
徂賄切 cú huì	辠 zuì（ㄗㄨㄟˋ）	蟹合一上賄從
	罪嶉(3)	
徂朗切 cú lǎng	奘 zàng（ㄗㄤˋ）	宕開一上蕩從
徂浪切 cú làng	藏 zàng（ㄗㄤˋ）	宕開一去宕從
	奘輂(3)	
徂累切 cú lěi	嶵 zuì（ㄗㄨㄟˋ）	止合三上旨從
徂禮切 cú lǐ	薺 jì（ㄐㄧˋ）	蟹開四上薺從
	鮆鱭𤸷呰(5)	
徂悶切 cú mèn	鐏 zùn（ㄗㄨㄣˋ）	臻合一去慁從
	𤦭栫艠鱒(5)	

徂送切 cú sòng 　 敥 zòng（ㄗㄨㄥˋ） 　 通合一去送從

傱(2)

徂卧切 cú wò 　 座 zuò（ㄗㄨㄛˋ） 　 果合一去過從

坐(2)

徂奚切 cú xī 　 齊 qí（ㄑㄧˊ） 　 蟹開四平齊從

臍麡蠐齏懠齎癠鈰(9)

徂醒切 cú xǐng 　 汫 jìng（ㄐㄧㄥˋ） 　 梗開四上迥從

徂兗切 cú yǎn 　 雋 juàn（ㄐㄩㄢˋ） 　 山合三上獮從

隽臇吮嶲(5)

徂尊切 cú zūn 　 存 cún（ㄘㄨㄣˊ） 　 臻合一平魂從

蹲拵郙袸(5)

醋伽切 cù jiā 　 脞 qiē（ㄑㄧㄝ） 　 果開三平戈清

姕(2)

D（ㄉ）

dang（ㄉㄤ）

當蓋切 dāng gài 　 帶 dài（ㄉㄞˋ） 　 蟹開一去泰端

蹛癉蹛蔕艜槠(7)

當割切 dāng gē 　 怛 dá（ㄉㄚˊ） 　 山開一入曷端

觛妲呾炟黵狚笪苴靼(10)

當孤切 dāng gū 　 都 dū（ㄉㄨ） 　 遇合一平模端

闍闍肞䣝醏韇(7)

當古切 dāng gǔ　覩 dǔ（ㄉㄨˇ）　遇合一上姥端

睹睹賭堵肚帾居楮覩闍(11)

當故切 dāng gù　妒 dù（ㄉㄨˋ）　遇合一去暮端

妬秅秺奼肔疟託蠹螙殬斁(12)

當侯切 dāng hóu　兜 dōu（ㄉㄡ）　流開一平侯端

侸吺篼脰剅闘䬦郖䰩(10)

當經切 dāng jīng　丁 dīng（ㄉㄧㄥ）　梗開四平青端

釘玎𨸓靪虰仃叮(8)

當口切 dāng kǒu　斗 dǒu（ㄉㄡˇ）　流開一上厚端

𧯷枓蚪阧陡抖襡(8)

當没切 dāng mò　咄 duò（ㄉㄨㄛˋ）　臻合一入没端

柮䮞䯧(4)

de（ㄉㄜ）

得按切 dé àn　旦 dàn（ㄉㄢˋ）　山開一去翰端

疸鴠𦨣狚怛笪𠩺(8)

得何切 dé hé　多 duō（ㄉㄨㄛ）　果開一平歌端

𦳝𠋫(3)

德紅切 dé hóng　東 dōng（ㄉㄨㄥ）　通合一平東端

菄鶇揀𠊎倲餗悚涷蝀凍鯟徚崠埬蠨䰤
(17)

德冷切 dé lěng　打[1] děng（ㄉㄥˇ）　梗開二上梗端

① 今读 dǎ，与《六书故》都假切反切合。

dìng（ㄉㄧㄥ）

丁定切 dīng dìng　矴 dìng（ㄉㄧㄥˋ）　梗開四去徑端
釘訂定飣奠朾頲錠(9)

丁紺切 dīng gàn　駳 dàn（ㄉㄢˋ）　咸開一去勘端
酖鴅(3)

丁戈切 dīng gē　哚 duō（ㄉㄨㄛ）　果合一平戈端
桗(2)

丁刮切 dīng guā　鵽 zhuá（ㄓㄨㄚˊ）　山合二入鎋知
窡鵽(3)

丁貫切 dīng guàn　鍛 duàn（ㄉㄨㄢˋ）　山合一去換端
腶碫斷瑖踹(6)

丁果切 dīng guǒ　埵 duǒ（ㄉㄨㄛˇ）　果合一上果端
鬌挅綵朵朶綞揣鍺哚錗椯敠鞢褍(15)

丁含切 dīng hán　耽 dān（ㄉㄢ）　咸開一平覃端
湛眈酖妉甔媅覘翃(9)

丁滑切 dīng huá　窡 zhuó（ㄓㄨㄛˊ）　山合二入黠知
窶娺鵽聉(5)

丁兼切 dīng jiān　髫 diān（ㄉㄧㄢ）　咸開四平添端
战佔詁惦袩聑貼(8)

丁結切 dīng jié　窒 dié（ㄉㄧㄝˊ）　山開四入屑端
眰蛭嗟咥闍圔(7)

丁可切 dīng kě　彈 duǒ（ㄉㄨㄛˇ）　果開一上哿端
鞸哆癉頦(5)

丁括切 dīng kuò　掇 duō（ㄉㄨㄛ）　山合一入末端

剟鵽腏祋咄裰敪(8)

丁來切 dīng lái　𪒹 dāi（ㄉㄞ）　蟹開一平咍端

懛(2)

丁浪切 dīng làng　讜 dàng（ㄉㄤˋ）　宕開一去宕端

儅簹當擋闣(6)

丁力切 dīng lì　靮 dí（ㄉㄧˊ）　曾開三入職端

馰䙷(3)

丁吕切 dīng lǚ　貯 zhǔ（ㄓㄨˇ）　遇合三上語知

猪㡩褚齡鉒著詝䘢(9)

丁木切 dīng mù　豛 dù（ㄉㄨˋ）　通合一入屋端

啄豚启𧝕斀竺剢(8)

丁尼切 dīng ní　胝 zhī（ㄓ）　止開三平脂知

疷秪氐(4)

丁愜切 dīng qiè　聑 dié（ㄉㄧㄝˊ）　咸開四入帖端

呱抓笘喋𥧌跕鞊褫佤迣涉(12)

丁全切 dīng quán　𪋑 zhuān（ㄓㄨㄢ）　山合三平仙知

丁外切 dīng wài　祋 duì（ㄉㄨㄟˋ）　蟹合一去泰端

丁悉切 dīng xī　蛭 zhì（ㄓˋ）　臻開三入質知

丁佐切 dīng zuǒ　跢 duò（ㄉㄨㄛˋ）　果開一去箇端

癉痑哆(4)

dong（ㄉㄨㄥ）

冬毒切 dōng dú 篤[①] dū（ㄉㄨ） 通合一入沃端

竺督褶裻襩錖涿䂒裻启(11)

du（ㄉㄨ）

都代切 dū dài 戴 dài（ㄉㄞˋ） 蟹開一去代端

都導切 dū dǎo 到 dào（ㄉㄠˋ） 效開一去号端

檮倒受禱菿(6)

都鄧切 dū dèng 嶝 dèng（ㄉㄥˋ） 曾開一去嶝端

鐙隥橙凳䒭鐙磴(8)

都甸切 dū diàn 殿 diàn（ㄉㄧㄢˋ） 山開四去霰端

唸㗻(3)

都豆切 dū dòu 鬥 dòu（ㄉㄡˋ） 流開一去候端

鬭鬪噣脰豛斣襡餖(9)

都隊切 dū duì 對 duì（ㄉㄨㄟˋ） 蟹合一去隊端

對碓樹轛懟(6)

都甘切 dū gān 擔 dān（ㄉㄢ） 咸開一平談端

儋聸頕甔(5)

都敢切 dū gǎn 膽 dǎn（ㄉㄢˇ） 咸開一上敢端

紞礑黵芜鴠(6)

都感切 dū gǎn 黕 dǎn（ㄉㄢˇ） 咸開一上感端

---

① 篤，今读 dǔ。

耽𣶫衴煩冄瓭抌𢡺𥳑(10)

都管切 dū guǎn 短 duǎn（ㄉㄨㄢˇ） 山合一上緩端

拞斷攟(4)

都寒切 dū hán 單 dān（ㄉㄢ） 山開一平寒端

襌鄲丹殫簞匰嚲癉膻(10)

都晧切 dū hào 倒 dǎo（ㄉㄠˇ） 效開一上晧端

擣搗㠀裯騳檮禱㿒壔懤(11)

都合切 dū hé 答 dá（ㄉㄚˊ） 咸開一入合端

畣踏搭荅褡媨瘩嗒狢㞘榙(12)

都回切 dū huí 磓 duī（ㄉㄨㄟ） 蟹合一平灰端

塠頧鎚堆鴭厓鎚搥墜崔䭔𠂤敦䭔(15)

都計切 dū jì 帝 dì（ㄉㄧˋ） 蟹開四去霽端

諦嚔啑柢蒂螮蝃揥觝䗖疐骶偙蔕䟡瓻偙

腣趆蝭䩚渧(23)

都賈切 dū jiǎ 觰 zhǎ（ㄓㄚˇ） 假開二上馬知

都江切 dū jiāng 樁 zhuāng（ㄓㄨㄤ） 江開二平江知

涍(2)

都搕切 dū kē 皶 dā（ㄉㄚ） 咸開一入盍端

耷搨搗砳剻笚蒼褡鎉䶀(11)

都昆切 dū kūn 敦 dūn（ㄉㄨㄣ） 臻合一平魂端

惇弴弤驐墩甎(7)

都困切 dū kùn 頓 dùn（ㄉㄨㄣˋ） 臻合一去慁端

扽敦(3)

都濫切 dū làn 擔 dàn（ㄉㄢˋ） 咸開一去闞端

甂(2)

都郎切 dū láng　當 dāng（ㄉㄤ）　宕開一平唐端

鐺簹襠璫轌欓儅艡瓽蟷(11)

都牢切 dū láo　刀 dāo（ㄉㄠ）　效開一平豪端

魛忉裯舠虭釖(7)

都禮切 dū lǐ　邸 dǐ（ㄉㄧˇ）　蟹開四上薺端

底詆䑛坻抵牴觝柢弤𢼄堤軧(13)

都歷切 dū lì　的 dí（ㄉㄧˊ）　梗開四入錫端

適嫡甋靮鏑馰滴肑弔芍蹢鰟玓樀鸐罗碻

矿扚斛啇魡竹逓杓(26)

都聊切 dū liáo　貂 diāo（ㄉㄧㄠ）　效開四平蕭端

鬝刁刁琱凋鯛貂雕鵰蛁彫鳭裒芀蔫船鳭

錭奝弴䳂(22)

都了切 dū liǎo　鳥[①] diǎo（ㄉㄧㄠˇ）　效開四上篠端

帍竹蔦釕扚鳭杓𠄏(9)

都䠉切 dū měng　湩 dǒng（ㄉㄨㄥˇ）　通合三上腫端

都年切 dū nián　顛 diān（ㄉㄧㄢ）　山開四平先端

顛巔驒槙瘨癲滇趙巔驒傎偵蹎厧(15)

都念切 dū niàn　店 diàn（ㄉㄧㄢˋ）　咸開四去㮇端

坫沾痁墊霸唸執埝者貼(11)

都滕切 dū téng　登 dēng（ㄉㄥ）　曾開一平登端

璒燈簦毿蕶甑鵽(8)

---

① 鳥，今读 niǎo。

都挺切 dū tǐng　頂 dǐng（ㄉㄧㄥˇ）　梗開四上迥端

頂顁奵耵鼎薡酊濎葶靪打𠩺(13)

都唾切 dū tuò　桗 duò（ㄉㄨㄛˋ）　果合一去過端

㛆刴挅(4)

都奚切 dū xī　低 dī（ㄉㄧ）　蟹開四平齊端

氐衹磾鞮腣羝眡隄堤岻阺衼趆𡾊鍉柢䏿

艇紙揥匙䣭(23)

都宗切 dū zōng　冬 dōng（ㄉㄨㄥ）　通合一平冬端

㚵苳鴤笗零𧱛(7)

都罪切 dū zuì　膇 duǐ（ㄉㄨㄟˇ）　蟹合一上賄端

錞䭾頧䫀(5)

杜懷切 dù huái　𩔰 tuái（ㄊㄨㄞˊ）　蟹合二平皆定

頹(2)

杜回切 dù huí　穨 tuí（ㄊㄨㄟˊ）　蟹合一平灰定

頹㿉隤墤㢈魋𩔰蘈𩅠䃶蹪㿗(13)

杜外切 dù wài　兑 duì（ㄉㄨㄟˋ）　蟹合一去泰定

鞔䅡鋭𡷌(5)

杜奚切 dù xī　嗁 tí（ㄊㄧˊ）　蟹開四平齊定

啼咈蹏蹄䶑提詆瑅隄桋題媞趧綈罤渧榒

締䔶稊苐銻醍褆鵜荑禔鮷崹緹鶗𧇺騠折

䨑銻鮷鶗䬾䣢艍㣘謕䚤㡪騠鵜𧻓蝭鎕鵜

㡗銻鮷趧蝬鮧鯷腣(60)

度官切 dù guān　團 tuán（ㄊㄨㄢˊ）　山合一平桓定

慱簿剸鄟蟳敦漙䵎鷻摶霥(12)

度侯切 dù hóu　頭 tóu（ㄊㄡˊ）　流開一平侯定

剾投鑿骰毀坄牏酳廍揄竇緰歈豉(15)

duo（ㄉㄨㄛ）

多動切 duō dòng　董 dǒng（ㄉㄨㄥˇ）　通合一上董端

蝀箽懂董蕫蕫(7)

多改切 duō gǎi　等 dǎi（ㄉㄞˇ）　蟹開一上海端

多貢切 duō gòng　涷 dòng（ㄉㄨㄥˋ）　通合一去送端

凍棟湩甋鬞辣(7)

多官切 duō guān　端 duān（ㄉㄨㄢ）　山合一平桓端

褍剬觽耑鍴籓竱蒍稿偳(11)

多旱切 duō hàn　亶 dǎn（ㄉㄢˇ）　山開一上旱端

癉嬗笪疸觛狚担(8)

多肯切 duō kěn　等 děng（ㄉㄥˇ）　曾開一上等端

多朗切 duō lǎng　黨 dǎng（ㄉㄤˇ）　宕開一上蕩端

讜欓鄺藁(5)

多忝切 duō tiǎn　點 diǎn（ㄉㄧㄢˇ）　咸開四上忝端

玷者刮鉆(5)

多殄切 duō tiǎn　典 diǎn（ㄉㄧㄢˇ）　山開四上銑端

蕇琠錪簟(5)

多嘯切 duō xiào　弔 diào（ㄉㄧㄠˋ）　效開四去嘯端

伄瘹釣窵蔦逓(7)

多則切 duō zé　德 dé（ㄉㄜˊ）　曾開一入德端

悳悳㝵得淂碍䝯䟣(9)

E（ㄜ）

e（ㄜ）

俄寒切 é hán　豻 án（ㄢˊ）　山開一平寒疑

狦雁䧼(4)

er（ㄦ）

而隴切 ér lǒng　宂 rǒng（ㄖㄨㄥˇ）　通合三上腫日

內𣝗媷𣯍氄軵𤘣𩨜𢧐鞲搑(12)

而容切 ér róng　茸 róng（ㄖㄨㄥˊ）　通合三平鍾日

䩸髶䈶襛穠搑𥟪𣝗𥝥(10)

而瑞切 ér ruì　枘 ruì（ㄖㄨㄟˋ）　止合三去寘日

而銳切 ér ruì　芮 ruì（ㄖㄨㄟˋ）　蟹合三去祭日

汭枘蜹笍鈉(6)

而涉切 ér shè　讘 niè（ㄋㄧㄝˋ）　咸開三入葉日

顳喦囁𦢊(5)

而蜀切 ér shǔ　辱[1] rù（ㄖㄨˋ）　通合三入燭日

蓐褥鄏縟溽𢨥媷嗕𪑚䰰(11)

而轄切 ér xiá　䰑 rà（ㄖㄚˋ）　山開二入鎋日

而兗切 ér yǎn　輭 ruǎn（ㄖㄨㄢˇ）　山合三上獮日

---

① 辱，今读 rǔ。

	輭蝡㮕䓴碝瑌愞腝䞂耎恨艮偄㼱㬉緛(17)	
而琰切 ér yǎn	冉 rǎn（ㄖㄢˇ）	咸開三上琰日
	姌苒染䨲䑙柟䍇䇦媣(10)	
而豔切 ér yàn	染 ràn（ㄖㄢˋ）	咸開三去豔日
	髥(2)	
而尹切 ér yǐn	毴 rǔn（ㄖㄨㄣˇ）	臻合三上準日
而用切 ér yòng	䩸 ròng（ㄖㄨㄥˋ）	通合三去用日
	䩞䰭(3)	
而遇切 ér yù	孺① rù（ㄖㄨˋ）	遇合三去遇日
	獳擩犪(4)	
而緣切 ér yuán	堧 ruán（ㄖㄨㄢˊ）	山合三平仙日
	䙇䐈瑌撋繎(6)	
而允切 ér yǔn	蝡 rǔn（ㄖㄨㄣˇ）	臻合三上準日
而沼切 ér zhǎo	擾 rǎo（ㄖㄠˇ）	效開三上小日
	擾繞遶嬈㹛獿(7)	
而軫切 ér zhěn	忍 rěn（ㄖㄣˇ）	臻開三上軫日
	荵涊(3)	
而振切 ér zhèn	刃 rèn（ㄖㄣˋ）	臻開三去震日
	認肕韌仞軔牣杒訒㠆䀼(11)	
而證切 ér zhèng	認 rèng（ㄖㄥˋ）	曾開三去證日
	扔芿㭁(4)	
而止切 ér zhǐ	耳 ěr（ㄦˇ）	止開三上止日

① 孺，今读 rú，《集韵》汝朱切。

	洱駬緝鬬(5)	
而至切 ér zhì	二 èr（ㄦˋ）	止開三去至日
	弍貳樲髶(5)	
而主切 ér zhǔ	乳 rǔ（ㄖㄨˇ）	遇合三上麌日
	擩醹(3)	
而灼切 ér zhuó	若 ruò（ㄖㄨㄛˋ）	宕開三入藥日
	弱鄀箬蒻楉溺蹃惹叒蹃(11)	
兒氏切 ér shì	爾 ěr（ㄦˇ）	止開三上紙日
	尒邇迩(4)	
耳由切 ěr yóu	柔 róu（ㄖㄡˊ）	流開三平尤日
	鍒睬騥蝚蹂葇韖鰇瑈脜鶔揉鬏鄾腬(16)	

F（ㄈ）

fang（ㄈㄤ）

方别切 fāng bié	簫 bié（ㄅㄧㄝˊ）	山開三入薛幫
	諯莂扒别(5)	
方隥切 fāng dèng	崩 bèng（ㄅㄥˋ）	曾開一去嶝幫
	堋(2)	
方典切 fāng diǎn	編 biǎn（ㄅㄧㄢˇ）	山開四上銑幫
	匾緶編萹稨穆惼碥扁鯿(11)	
方乏切 fāng fá	法 fǎ（ㄈㄚˇ）	咸合三入乏非
	灋(2)	

方伐切 fāng fá	髮 fà（ㄈㄚˋ）	山合三入月非
	𩭹頒發① 颰沷(6)	
方肺切 fāng fèi	廢 fèi（ㄈㄟˋ）	蟹合三去廢非
	癈䕠橃袚䟲䕾䉬砩(9)	
方鳳切 fāng fèng	諷② fèng（ㄈㄥˋ）	通合三去送非
	風(2)	
方副切 fāng fù	富 fù（ㄈㄨˋ）	流開三去宥非
	輻鍑藌(4)	
方垢切 fāng gòu	掊 bǔ（ㄅㄨˇ）	流開一上厚幫
	棓(2)	
方卦切 fāng guà	庍 bài（ㄅㄞˋ）	蟹合二去卦幫
方見切 fāng jiàn	徧 biàn（ㄅㄧㄢˋ）	山開三去線幫
	遍(2)	
方結切 fāng jié	䟤 biē（ㄅㄧㄝ）	山開四入屑幫
	𥜥閉③ 鞴𥙊繁㭰𥜥𠠝(9)	
方久切 fāng jiǔ	缶④ fǔ（ㄈㄨˇ）	流開三上有非
	炰否不䳕痞殕𡜊(8)	
方矩切 fāng jǔ	甫 fǔ（ㄈㄨˇ）	遇合三上麌非
	脯斧頫俯府腑簠黼蜅莆釜俌㕮父硧蚥鯆郙(19)	

① 今读 fā。
② 諷，今读 fěng。
③ 后作憋。
④ 缶、否，今读 fǒu。

方斂切 fāng liǎn　貶 biǎn（ㄅㄧㄢˇ）　咸開三上琰幫

导[1] (2)

方六切 fāng liù　福 fú（ㄈㄨˊ）　通合三入屋非

腹[2] 複幅輻復菖蝠箙鍑鶝踾輹業偪楅葍(17)

方賣切 fāng mài　粺 bài（ㄅㄞˋ）　蟹開二去卦幫

方美切 fāng měi　鄙 bǐ（ㄅㄧˇ）　止開三上旨幫

啚娝痞(4)

方免切 fāng miǎn　辡 biǎn（ㄅㄧㄢˇ）　山開三上獮幫

䁵覵鴘(4)

方緬切 fāng miǎn　褊 biǎn（ㄅㄧㄢˇ）　山開三上獮幫

辯(2)

方廟切 fāng miào　裱 biào（ㄅㄧㄠˋ）　效開三去笑幫

俵(2)

方戎切 fāng róng　風 fēng（ㄈㄥ）　通合三平東非

飌楓猦偑蘴檒(7)

方味切 fāng wèi　沸 fèi（ㄈㄟˋ）　止合三去未非

疿芾茀誹鯡芾鬻祓誹跡(11)

方吻切 fāng wěn　粉 fěn（ㄈㄣˇ）　臻合三上吻非

黺扮(3)

方問切 fāng wèn　糞 fèn（ㄈㄣˋ）　臻合三去問非

---

① 据《说文》此字当作甹。

② 腹、複，今读 fù。

	𤛛坌拚僨奮瀵殯(8)	
方閑切 fāng xián	斒 bān（ㄅㄢ）	山開二平山幫
	彪(2)	
方小切 fāng xiǎo	褾 biǎo（ㄅㄧㄠˇ）	效開三上小幫
	覕標𡾰(4)	
方驗切 fāng yàn	窆 biǎn（ㄅㄧㄢˇ）	咸開三去豔幫
	砭(2)	
方勇切 fāng yǒng	覂 fěng（ㄈㄥˇ）	通合三上腫非
	庋(2)	
方用切 fāng yòng	葑 fèng（ㄈㄥˋ）	通合三去用非
	封(2)	
方遇切 fāng yù	付 fù（ㄈㄨˋ）	遇合三去遇非
	賦傅𩬅陚搏(6)	
方願切 fāng yuàn	販 fàn（ㄈㄢˋ）	山合三去願非
	畈(2)	
芳杯切 fāng bēi	肧 pēi（ㄆㄟ）	蟹合一平灰滂
	坯痞醅衃𩵦瓿抔(8)	
芳逼切 fāng bī	堛 pì（ㄆㄧˋ）	曾開三入職滂
	愊踾煏䭆揊稫副畐䦹𢼄畐畐鶝(13)	
芳辟切 fāng bì	僻 pì（ㄆㄧˋ）	梗開三入昔滂
	辟癖廦(4)	
芳非切 fāng fēi	霏 fēi（ㄈㄟ）	止合三平微敷
	䨽妃菲蜚婓騑裶背(9)	
芳廢切 fāng fèi	肺 fèi（ㄈㄟˋ）	蟹合三去廢敷

柹伂昁(4)

芳否切 fāng fǒu　恒 fǒu（ㄈㄡˇ）　流開三上有敷

紑雬(3)

芳福切 fāng fú　蝮 fù（ㄈㄨˋ）　通合三入屋敷

覆蕧鬢副堛覆蕾(8)

芳婦切 fāng fù　秠 fǒu（ㄈㄡˇ）　流開三上有敷

芳連切 fāng lián　篇 piān（ㄆㄧㄢ）　山開三平仙滂

偏翩媥瘺扁萹(7)

芳滅切 fāng miè　瞥 piē（ㄆㄧㄝ）　山開三入薛滂

潎憋瘪(4)

芳万切 fāng wàn　嬎 fàn（ㄈㄢˋ）　山合三去願敷

疲畚奔嬔怄娩尯孌汳(10)

芳未切 fāng wèi　費 fèi（ㄈㄟˋ）　止合三去未敷

髴䝛樻昲蘭(6)

芳無切 fāng wú　敷 fū（ㄈㄨ）　遇合三平虞敷

麩麱孚櫢郛鄜鋪筟俘痡殍怤䮒藪孵豧尃

鮃罦稃柎莩泭郙庯桴艀擻娐荂紨葍毦䓱

稨(36)

芳武切 fāng wǔ　撫 fǔ（ㄈㄨˇ）　遇合三上麌敷

攴弣釘拊殕綹俌剖橅髻剻趣(13)

芳遇切 fāng yù　赴 fù（ㄈㄨˋ）　遇合三去遇敷

䮀趋聑豧簠訃趠仆趴娩(11)

防教切 fáng jiào　皰 bào（ㄅㄠˋ）　效開二去效並

匏鞄鉋骲(5)

防鋄切 fáng wǎn　范 fàn（ㄈㄢˋ）　咸合三上范奉

範帆笵犯蓲(6)

防無切 fáng wú　扶 fú（ㄈㄨˊ）　遇合三平虞奉

敷芙符颫鳧榑苻蚨夫鳧鳧枹瓿詃枎坿泭

溤鈇柎涪帽翮肤玸(26)

防正切 fáng zhèng　偋 bìng（ㄅㄧㄥˋ）　梗開三去勁並

庰(2)

房法切 fáng fǎ　乏 fá（ㄈㄚˊ）　咸合三入乏奉

泛姂(3)

房久切 fáng jiǔ　婦 fù（ㄈㄨˋ）　流開三上有奉

蝜負萯蝜阜自鴭偩萆障隝焯菩蝂(15)

房連切 fáng lián　便 pián（ㄆㄧㄢˊ）　山開三平仙並

緶楩平諞姬篇蝙楄(9)

房六切 fáng liù　伏 fú（ㄈㄨˊ）　通合三入屋奉

復虙服舤茯馥鵩犕蕧輹軑澓榎洑箙鞎琗

瘦鵦馱褑棴复畐鞦絥猷菔匐鰒逯栿(33)

房密切 fáng mì　弼 bì（ㄅㄧˋ）　臻開三入質並

弻弼𦘔秭悲駜胇邲佖(10)

房戎切 fáng róng　馮 féng（ㄈㄥˊ）　通合三平東奉

堸汎芃鄷渢梵(7)

房吻切 fáng wěn　憤 fèn（ㄈㄣˋ）　臻合三上吻奉

憤扮癀豶蚡墳鼢鱝弅轒膹幩坋(14)

房益切 fáng yì　擗 pì（ㄆㄧˋ）　梗開三入昔並

椑躃闢辟殲髀萆毬(9)

房玉切 fáng yù　　幞 fú（ㄈㄨˊ）　　通合三入燭奉

襆(2)

房越切 fáng yuè　　伐 fá（ㄈㄚˊ）　　山合三入月奉

筏栰罰閥垡橃皡瞂拔茷藅坺黻(14)

房脂切 fáng zhī　　魮 pí（ㄆㄧˊ）　　止開三平脂並

毗比琵棍芘沘貔豼膍肶蚍蠯枇仳舭魮鈚

蓖毘阰螕鵧(23)

fei（ㄈㄟ）

妃兩切 fēi liǎng　　髣 fǎng（ㄈㄤˇ）　　宕合三上養敷

彷仿紡鶭鲂(6)

fen（ㄈㄣ）

分网切 fēn wǎng　　昉 fǎng（ㄈㄤˇ）　　宕合三上養非

倣放瓬(4)

分勿切 fēn wù　　弗 fú（ㄈㄨˊ）　　臻合三入物非

紱黻紼綍芾市韍不[1] 郙翇柫㳕髴汥岪颰

笰威由(20)

feng（ㄈㄥ）

封曲切 fēng qū　　鞢 fú（ㄈㄨˊ）　　通合三入燭非

---

① 今读 bù，《切韵指掌图》列没韵帮母，与今音较近。没韵的字，舌音、齿音、喉音今音读 u；“不”为唇音，读“u”也不合一般规律。

峯犯切 fēng fàn　釩 fǎn（ㄈㄢˇ）　咸合三上范敷

馮貢切 féng gòng　鳳 fèng（ㄈㄥˋ）　通合三去送奉

䎙(2)

fu（ㄈㄨ）

敷悲切 fū bēi　丕 pī（ㄆㄧ）　止開三平脂滂

㔻伾秠䪹駓怌䫊豾髬魾鉟(12)

敷方切 fū fāng　芳 fāng（ㄈㄤ）　宕合三平陽敷

妨汸(3)

敷粉切 fū fěn　忿 fěn（ㄈㄣˇ）　臻合三上吻敷

魵(2)

敷奉切 fū fèng　捧① fěng（ㄈㄥˇ）　通合三上腫滂

敷羈切 fū jī　鈹 pī（ㄆㄧ）　止開三平支滂

帔鮍披䀔耚狓𧲰旇秛岥𣨁(12)

敷救切 fū jiù　副 fù（ㄈㄨˋ）　流開三去宥敷

仆𩭤覆𤸬愊福(7)

敷空切 fū kōng　豐 fēng（ㄈㄥ）　通合三平東敷

酆蘴灃寷麷僼𡾰(8)

敷亮切 fū liàng　訪② fàng（ㄈㄤˋ）　宕合三去漾敷

妨邡(3)

敷容切 fū róng　峯 fēng（ㄈㄥ）　通合三平鍾敷

---

① 今读 pěng。

② 訪，今读 fǎng。

鋒丰丯夆妦蠭蜂螽蘴桻漨烽莑伴犎(16)

敷尾切 fū wěi　斐 fěi（ㄈㄟˇ）　止合三上尾敷

菲朏悱騑棐琵(7)

敷勿切 fū wù　拂 fú（ㄈㄨˊ）　臻合三入物敷

怫岪茀袚艴刜乀髴鬅佛跸(12)

敷沼切 fū zhǎo　縹 piǎo（ㄆㄧㄠˇ）　效開三上小滂

醥犥顠皫篻瞟膘(8)

扶板切 fú bǎn　阪 bàn（ㄅㄢˋ）　山開二上潸並

昄魬(3)

扶冰切 fú bīng　凭 píng（ㄆㄧㄥˊ）　曾開三平蒸並

馮憑淜淜(5)

扶泛切 fú fàn　梵 fàn（ㄈㄢˋ）　咸合三去梵奉

帆颿(3)

扶沸切 fú fèi　䨽 fèi（ㄈㄟˋ）　止合三去未奉

䍨狒濆腓佛菲屝蜚蠹厞翡茾蕜芾疿跳勣

穳費蟹眥癈蟦(24)

扶富切 fú fù　復 fù（ㄈㄨˋ）　流開三去宥奉

復瘦伏椱餢覆複(8)

扶來切 fú lái　焙 péi（ㄆㄟˊ）　蟹開一平咍並

棓(2)

扶歷切 fú lì　甓 bì（ㄅㄧˋ）　梗開四入錫並

鷿椑璧(4)

扶隴切 fú lǒng　奉 fèng（ㄈㄥˋ）　通合三上腫奉

唪(2)

扶履切 fú lǚ	牝 bì（ㄅㄧˋ）	止開三上旨並
扶晚切 fú wǎn	飯 fàn（ㄈㄢˋ）	山合三上阮奉
	軬笲頩(4)	
扶問切 fú wèn	分 fèn（ㄈㄣˋ）	臻合三去問奉
	⿸疒賁⿰巾奮秎坋(5)	
扶用切 fú yòng	俸 fèng（ㄈㄥˋ）	通合三去用奉
	⿰巾逢縫摓(4)	
扶雨切 fú yǔ	父 fù（ㄈㄨˋ）	遇合三上麌奉
	輔[①] 酺⿰甫頁腐⿰父鳥滏⿰馬父㕮蚥⿸疒府秿鬴釜䩉(15)	
孚法切 fú fǎ	鍅 fǎ（ㄈㄚˇ）	咸合三入乏敷
孚梵切 fú fàn	汎 fàn（ㄈㄢˋ）	咸合三去梵敷
	泛⿰亻凡⿱泛皿⿰⻊乏氾⿱艹乏姂(8)	
孚縛切 fú fù	⿱雨溥 fò（ㄈㄛˋ）	宕合三入藥敷
孚袁切 fú yuán	飜 fān（ㄈㄢ）	山合三平元敷
	翻旛番幡⿰氵旛⿰氵繙轐繙反(10)	
拂伐切 fú fá	怖 fà（ㄈㄚˋ）	山合三入月敷
苻少切 fú shǎo	摽 biào（ㄅㄧㄠˋ）	效開三上小並
	⿰扌熛鰾慓顠⿱髟票膘芰(8)	
浮鬼切 fú guǐ	膹 fèi（ㄈㄟˋ）	止合三上尾奉
	⿰禾蕡⿰木賁蟦陫⿰舟賁(6)	
符悲切 fú bēi	邳 péi（ㄆㄟˊ）	止開三平脂並
	鉟⿰丕鳥岯魾⿰丕頁(6)	

① 輔、腐、釜，今读 fǔ。

符逼切 fú bī	愎 bì（ㄅㄧˋ）	曾開三入職並
	腷稫粭愊馥踾鶝(8)	
符鄙切 fú bǐ	否[1] bì（ㄅㄧˋ）	止開三上旨並
	痞圮仳殍帔䤈岥(8)	
符兵切 fú bīng	平 píng（ㄆㄧㄥˊ）	梗開三平庚並
	評苹枰泙坪胓蚲(8)	
符方切 fú fāng	房 fáng（ㄈㄤˊ）	宕合三平陽奉
	防坊魴方肪鴋(7)	
符非切 fú fēi	肥 féi（ㄈㄟˊ）	止合三平微奉
	腓萉淝痱痱蜰甚蟦賁裴(11)	
符廢切 fú fèi	吠 fèi（ㄈㄟˋ）	蟹合三去廢奉
	茷鈇猷(4)	
符分切 fú fēn	汾 fén（ㄈㄣˊ）	臻合三平文奉
	墳氛盆蕡轒鼖濆焚燌羒豶頒豮鼢枌鳻蕡蒶櫝棼賁葐魵蚡妢棻棼朌黂鐼馩豮弅鼢蚡轒(37)	
符弗切 fú fú	佛[2] fú（ㄈㄨˊ）	臻合三入物奉
	怫坲岪咈趙刜黻炥(9)	
符羈切 fú jī	皮 pí（ㄆㄧˊ）	止開三平支並
	疲郫罷椑犤(6)	
符蹇切 fú jiǎn	辯 biàn（ㄅㄧㄢˋ）	山開三上獮並

① 否、痞、圮，今读 pǐ。

② 佛，今读 fó。

	𧨑辩辨諞(5)	
符巾切 fú jīn	貧 pín（ㄆㄧㄣˊ）	臻開三平真並
	穷(2)	
符钁切 fú jué	縛 fù（ㄈㄨˋ）	宕合三入藥奉
符况切 fú kuàng	防 fàng（ㄈㄤˋ）	宕合三去漾奉
符容切 fú róng	逢 féng（ㄈㄥˊ）	通合三平鍾奉
	縫漨韄䡫夆䙬摓(8)	
符善切 fú shàn	楩 biàn（ㄅㄧㄢˋ）	山開三上獮並
	㦚諞扁(4)	
符万切 fú wàn	飯 fàn（ㄈㄢˋ）	山合三去願奉
	餅閞粅䪻蛢(6)	
符卧切 fú wò	縛 bò（ㄅㄛˋ）	果合一去過並
符咸切 fú xián	凡 fán（ㄈㄢˊ）	咸合三平凡奉
	帆仉舤氾颿柉(7)	
符霄切 fú xiāo	瓢 piáo（ㄆㄧㄠˊ）	效開三平宵並
	飄剽薸藳螵(6)	
符遇切 fú yù	附 fù（ㄈㄨˋ）	遇合三去遇奉
	坿祔賻駙鮒射蚹跗䞯胕(11)	
符真切 fú zhēn	頻 pín（ㄆㄧㄣˊ）	臻開三平真並
	蘋薲嬪櫇玭蠙獱矉嚬嚬顮𦅾嬪(14)	
符支切 fú zhī	陴 pí（ㄆㄧˊ）	止開三平支並
	鞞焷脾䴽埤裨蜱螷䗄蠯椑郫麲紕(15)	
甫烋切 fǔ biāo	彪 biāo（ㄅㄧㄠ）	流開三平幽幫
	髟𩨂(3)	

甫煩切 fǔ fán	蕃 fān（ㄈㄢ）	山合三平元非
	藩轓鐇籓鐇(6)	
甫嬌切 fǔ jiāo	鏕 biāo（ㄅㄧㄠ）	效開三平宵幫
	鰾臕儦瀌穮藨(7)	
甫鳩切 fǔ jiū	不 fōu（ㄈㄡ）	流開三平尤非
	罘紑豰鴀(5)	
甫盲切 fǔ máng	閍 bēng（ㄅㄥ）	梗開二平庚幫
	祊鬃騯嗙搒(6)	
甫悶切 fǔ mèn	奔 bèn（ㄅㄣˋ）	臻合一去慁幫
甫明切 fǔ míng	兵 bīng（ㄅㄧㄥ）	梗開三平庚幫
甫妄切 fǔ wàng	放 fàng（ㄈㄤˋ）	宕合三去漾非
	舫趽旊(4)	
甫微切 fǔ wēi	婓 fēi（ㄈㄟ）	止合三平微非
	飛扉緋犻非騑䬠騛騑誹餥(12)	
甫委切 fǔ wěi	彼 bǐ（ㄅㄧˇ）	止開三上紙幫
	貏柀佊罷(5)	
甫無切 fǔ wú	跗 fū（ㄈㄨ）	遇合三平虞非
	趺膚肤邦鈇袪帗玞鳺蘮簠夫鴂柎扶𦚖鉄秩袂妋(21)	
甫遙切 fǔ yáo	飆 biāo（ㄅㄧㄠ）	效開三平宵幫
	標猋杓瘭幖熛嘌趮蔈飍膘旚驃髟(15)	
府犯切 fǔ fàn	腇 fǎn（ㄈㄢˇ）	咸合三上范非
府巾切 fǔ jīn	彬 bīn（ㄅㄧㄣ）	臻開三平真幫
	斌份玢豳邠汃霦瑸砏攽虨砏(13)	

府廉切 fǔ lián	砭 biān（ㄅㄧㄢ）	咸開三平鹽幫
	祀(2)	
府良切 fǔ liáng	方 fāng（ㄈㄤ）	宕合三平陽非
	汸坊蚄肪邡鴋枋鈁牥趽秎匚(13)	
府眉切 fǔ méi	悲 bēi（ㄅㄟ）	止開三平脂幫
府容切 fǔ róng	封 fēng（ㄈㄥ）	通合三平鍾非
	峯犎葑對(5)	
府尾切 fǔ wěi	匪 fěi（ㄈㄟˇ）	止合三上尾非
	篚棐餥榧蜰蕜蜚(8)	
府文切 fǔ wén	分 fēn（ㄈㄣ）	臻合三平文非
	饙餴扮坌毰(6)	
府移切 fǔ yí	卑 bēi（ㄅㄟ）	止開三平支幫
	鵯椑箄裨鞞顐痺渒錍椑(11)	
府盈切 fǔ yíng	并 bīng（ㄅㄧㄥ）	梗開三平清幫
	栟箳屏(4)	
府遠切 fǔ yuǎn	反 fǎn（ㄈㄢˇ）	山合三上阮非
	軬阪坂返橎(6)	
撫鳳切 fǔ fèng	賵 fèng（ㄈㄥˋ）	通合三去送敷
	豐(2)	
撫庚切 fǔ gēng	磅 pēng（ㄆㄥ）	梗開二平庚滂
	怦亨澎(4)	
撫文切 fǔ wén	芬 fēn（ㄈㄣ）	臻合三平文敷
	紛帉衯粉翁棻砏岎氛雰鼖鈖(13)	
撫招切 fǔ zhāo	嘌(票) piāo（ㄆㄧㄠ）	效開三平宵滂

漂杓飄嫖旚犥鏢僄鶓飄慓彯摽趧蹕翲瞟
螵嘌膘(21)

父鄧切 fù dèng　　倗 bèng（ㄅㄥˋ）　　曾開一去嶝並

附袁切 fù yuán　　煩 fán（ㄈㄢˊ）　　山合三平元奉

番蹯蹯繁蘩蕃樊播繙燔膰瀿羳䪛鷭蟠蕃
蠜蠜鱕蠜鐇璠笲䆺獢襎袢楙緐絣墦䉒騷
膰䪻藩(38)

縛謀切 fù móu　　浮 fú（ㄈㄨˊ）　　流開三平尤奉

呼桴枹箵罦罥琈粰鶞罘艀涪芣蜉烰鉜豧
巷艀棓掊錇雬(24)

G（ㄍ）

ge（ㄍㄜ）

格懺切 gé chàn　　鑑 jiàn（ㄐㄧㄢˋ）　　咸開二去鑑見

鑒監瞷�(5)

各朗切 gè lǎng　　魧 gǎng（ㄍㄤˇ）　　宕開一上蕩見

酐䀪䟘(4)

gong（ㄍㄨㄥ）

公户切 gōng hù　　古 gǔ（ㄍㄨˇ）　　遇合一上姥見

皷鼓瞽股䀦罟蠱估鹽鈷羖羖詁牯賈夃沽
㽽兒盬(21)

公回切 gōng huí　傀 guī（ㄍㄨㄟ）　蟹合一平灰見

瓌𠐨瑰瓌鞼櫰膭䐔𧂇(10)

公陷切 gōng xiàn　鹻 jiàn（ㄐㄧㄢˋ）　咸開二去陷見

䵖(2)

gu（ㄍㄨ）

姑泫切 gū xuàn　𡿨 quǎn（ㄑㄩㄢˇ）　山合四上銑見

畎𤰝詃埍羂䌯㳄(8)

古哀切 gǔ āi　該 gāi（ㄍㄞ）　蟹開一平咍見

豥垓荄郂殪剴陔姟絯晐峐祴侅賅㨟胲餩

䶣䐔(20)

古隘切 gǔ ài　懈 jiè（ㄐㄧㄝˋ）　蟹開二去卦見

解繲廨薢痎(6)

古案切 gǔ àn　旰 gàn（ㄍㄢˋ）　山開一去翰見

榦䡕幹杆䯎盰骭㵎忓矸(11)

古暗切 gǔ àn　紺 gàn（ㄍㄢˋ）　咸開一去勘見

淦灨灨贛(5)

古拜切 gǔ bài　誡 jiè（ㄐㄧㄝˋ）　蟹開二去怪見

戒界介屆疥玠㐂㠏砎魪尬价髺悈鶡艐暚

芥衸丯𠩄駴(23)

古本切 gǔ běn　䯆 gǔn（ㄍㄨㄣˇ）　臻合一上混見

橐衮緄鯀輥緷蓘惃丨硍錕(12)

古伯切 gǔ bó　格 gé（ㄍㄜˊ）　梗開二入陌見

挌茖骼觡鬲鵅挌㕆蛒貉敋鮥鉻(14)

古伯切 gǔ bó　　虢 guó（ㄍㄨㄛˊ）　　梗合二入陌見

絬漷譢唬(5)

古博切 gǔ bó　　郭 guō（ㄍㄨㄛ）　　宕合一入鐸見

𩫏鞹崞椁槨彍彉埻曠(10)

古頒切 gǔ chuà　　刮 guā（ㄍㄨㄚ）　　山合二入鎋見

鴰劀祮趏(5)

古達切 gǔ dá　　葛 gě（ㄍㄜˇ）　　山開一入曷見

蔼獦割騔鴚轕鄬穒滆(10)

古代切 gǔ dài　　漑 gài（ㄍㄞˋ）　　蟹開一去代見

槩摡嘅慨扢(6)

古禫切 gǔ dàn　　感 gǎn（ㄍㄢˇ）　　咸開一上感見

贛鱤灨贑韽贑贛灨磡灨(11)

古到切 gǔ dào　　誥 gào（ㄍㄠˋ）　　效開一去号見

郜告縞膏槁烄(7)

古得切 gǔ dé　　祴 gé（ㄍㄜˊ）　　曾開一入德見

輔嬄(3)

古鄧切 gǔ dèng　　亘[①] gèng（ㄍㄥˋ）　　曾開一去嶝見

堩揯緪䱍砽(6)

古典切 gǔ diǎn　　繭 jiǎn（ㄐㄧㄢˇ）　　山開四上銑見

絸蠒皽趼蕳蠒垷筧虇擶挸攓(13)

古電切 gǔ diàn　　見 jiàn（ㄐㄧㄢˋ）　　山開四去霰見

豎(2)

---

① 亘，今读 gèn。

古弔切 gǔ diào　叫 jiào（ㄐㄧㄠˋ）　效開四去嘯見
訆徼噭警激噭謈獥敫驚轎(12)

古定切 gǔ dìng　徑 jìng（ㄐㄧㄥˋ）　梗開四去徑見
經逕脛俓鼮桱(7)

古冬切 gǔ dōng　攻 gōng（ㄍㄨㄥ）　通合一平冬見
釭(2)

古對切 gǔ duì　憒 guì（ㄍㄨㄟˋ）　蟹合一去隊見
幗氕慖蔮瞶簂筷驖繢(10)

古俄切 gǔ é　歌 gē（ㄍㄜ）　果開一平歌見
謌柯犌恕菏舸戕滒哥駉(11)

古亥切 gǔ hài　改 gǎi（ㄍㄞˇ）　蟹開一上海見
頦絠(3)

古寒切 gǔ hán　干 gān（ㄍㄢ）　山開一平寒見
乾瀧竿肝奸鳱玕邗汗迁盂戰忓鄿尪(16)

古旱切 gǔ hàn　笴 gǎn（ㄍㄢˇ）　山開一上旱見
簳皯皯䵟皷稈秆仠蘚矸衦紆(12)

古禾切 gǔ hé　戈[①] guō（ㄍㄨㄛ）　果合一平戈見
過渦鍋輠楇瘑疝融鬲嗰緺堝鴳蝸(15)

古盍切 gǔ hé　顝 gé（ㄍㄜˊ）　咸開一入盍見
謚嗑蓋閘鉀蠟郃(8)

古核切 gǔ hé　隔 gé（ㄍㄜˊ）　梗開二入麥見
膈搹鬲槅革鞷偪謹鞹虩霍膈翮鰏嗝(16)

① 戈，今读 gē。

古賀切 gǔ hè　箇 gè（ㄍㄜˋ）　果開一去箇見
个個(3)

古痕切 gǔ hén　根 gēn（ㄍㄣ）　臻開一平痕見
跟哏珢(4)

古很切 gǔ hěn　頣 gěn（ㄍㄣˇ）　臻開一上很見
詪(2)

古恨切 gǔ hèn　艮 gèn（ㄍㄣˋ）　臻開一去恨見
茛珢詪(4)

古恒切 gǔ héng　搄 gēng（ㄍㄥ）　曾開一平登見
緪絚(3)

古橫切 gǔ héng　觵 gōng（ㄍㄨㄥ）　梗合二平庚見
觥侊貫宖橐(6)

古弘切 gǔ hóng　肱 gōng（ㄍㄨㄥ）　曾合一平登見
鞃(2)

古紅切 gǔ hóng　公 gōng（ㄍㄨㄥ）　通合一平東見
功工疘蚣玒釭魟攻刌愩碽篢(13)

古侯切 gǔ hóu　鉤 gōu（ㄍㄡ）　流開一平侯見
佝溝褠韝緱篝篘鼁嘝瓯舼篝枸句軥夠鴝(18)

古厚切 gǔ hòu　苟 gǒu（ㄍㄡˇ）　流開一上厚見
玽狗垢笱罚耇詬枸茩峋皰豿(13)

古候切 gǔ hòu　遘 gòu（ㄍㄡˋ）　流開一去候見
構媾覯姤購眗雊詬訽句軥簹搆怐煹磚冓
彀朐(20)

古忽切 gǔ hū　骨 gǔ（ㄍㄨˇ）　臻合一入没見
縎鶻滑螖啒淈汩愲蓇尳痻榾蓇扢缶(16)

古胡切 gǔ hú　孤 gū（ㄍㄨ）　遇合一平模見
苽菰胍夳姑辜呱泒酤觚蛄箛鴣橭軱沽柧
鎑篐䩦盬嫴罛軱箍胯瓠(28)

古華切 gǔ huá　瓜 guā（ㄍㄨㄚ）　假合二平麻見
騧緺媧蝸媧抓(7)

古滑切 gǔ huá　劀 guā（ㄍㄨㄚ）　山合二入黠見
劀鱊(3)

古懷切 gǔ huái　乖 guāi（ㄍㄨㄞ）　蟹合二平皆見
菲乖痱(4)

古壞切 gǔ huài　怪 guài（ㄍㄨㄞˋ）　蟹合二去怪見
恠硁蒯敳壞錗拭(8)

古還切 gǔ huán　關 guān（ㄍㄨㄢ）　山合二平刪見
閑瘝擐喧鉼(6)

古幻切 gǔ huàn　鰥 guàn（ㄍㄨㄢˋ）　山合二去襉見

古患切 gǔ huàn　慣 guàn（ㄍㄨㄢˋ）　山合二去諫見
丱摜倌串① 矔(6)

古黄切 gǔ huáng　光 guāng（ㄍㄨㄤ）　宕合一平唐見
犹洸桄胱垙輄輄横驨恍茪僙侊(14)

古晃切 gǔ huǎng　廣 guǎng（ㄍㄨㄤˇ）　宕合一上蕩見
鄺(2)

① 今读 chuàn。

古惠切 gǔ huì　桂 guì（ㄍㄨㄟˋ）　蟹合四去霽見
昋炅炔筀罣眏𣧑鴂(9)

古渾切 gǔ hún　昆[1] gūn（ㄍㄨㄣ）　臻合一平魂見
晜罤菎幝褌崐琨鵾鶤鯤䖵蜫惃䵪錕瑻麘
猑騉(20)

古活切 gǔ huó　括 guò（ㄍㄨㄛˋ）　山合一入末見
活𣿅髺檜栝[2] 聒苦菰鴰萿适銛佸頢劊秳
䯏鬠鞨筈(21)

古火切 gǔ huǒ　果 guǒ（ㄍㄨㄛˇ）　果合一上果見
菓猓輠鐹划裹蜾惈䴹粿(11)

古或切 gǔ huò　國 guó（ㄍㄨㄛˊ）　曾合一入德見

古獲切 gǔ huò　蟈 guó（ㄍㄨㄛˊ）　梗合二入麥見
馘聝幗膕𩩲埻摑漍𢿡䂸慖嘓颳譪䤰(16)

古莖切 gǔ jīng　耕 gēng（ㄍㄥ）　梗開二平耕見

古迥切 gǔ jiǒng　熲 jiǒng（ㄐㄩㄥˇ）　梗合四上迥見
炅炯泂穎餇䁍蝙(8)

古曠切 gǔ kuàng　桄 guàng（ㄍㄨㄤˋ）　宕合一去宕見
光(2)

古困切 gǔ kùn　睔 gùn（ㄍㄨㄣˋ）　臻合一去慁見
睴琯璭鄆諢䜗(7)

古覽切 gǔ lǎn　敢 gǎn（ㄍㄢˇ）　咸開一上敢見

---

① 昆，今读 kūn。
② 括、栝等，今读 kuò。

敔設鼓橄澉筸(7)

古郎切 gǔ láng　　岡 gāng（ㄍㄤ）　　宕開一平唐見

崗剛㓻掆笐鋼綱亢犅堈甌犺芃魧迒(16)

古浪切 gǔ làng　　鋼 gàng（ㄍㄤˋ）　　宕開一去宕見

掆(2)

古勞切 gǔ láo　　高 gāo（ㄍㄠ）　　效開一平豪見

膏皋臯羔餻嵲櫜咎睾鶾篙槔覩菒㑃䆁榕

偺䓘郼(21)

古老切 gǔ lǎo　　暠 gǎo（ㄍㄠˇ）　　效開一上晧見

檺杲槀藁夰縞稾臭菒碻(11)

古歷切 gǔ lì　　激 jī（ㄐㄧ）　　梗開四入錫見

擊墼毄獥敫蘮竅鷩(9)

古了切 gǔ liǎo　　皎 jiǎo（ㄐㄧㄠˇ）　　效開四上篠見

璬皦鐐皛曒恔繳闄晈袎儌(12)

古靈切 gǔ líng　　經 jīng（ㄐㄧㄥ）　　梗開四平青見

涇鵛坙(4)

古祿切 gǔ lù　　穀 gǔ（ㄍㄨˇ）　　通合一入屋見

穀轂穀瀔谷瑴鷇殉觳瑴殗散豰睔睔啝

(17)

古落切 gǔ luò　　各 gè（ㄍㄜˋ）　　宕開一入鐸見

閣[1] 格胳[2] 袼(5)

---

① 閣、格，今读 gé。

② 今读 gē。

古罵切 gǔ mà　坬 guà（ㄍㄨㄚˋ）　假合二去禡見
課(2)

古賣切 gǔ mài　卦 guà（ㄍㄨㄚˋ）　蟹合二去卦見
挂掛詿罣罫(6)

古邁切 gǔ mài　夬 guài（ㄍㄨㄞˋ）　蟹合二去夬見
獪簕(3)

古滿切 gǔ mǎn　管 guǎn（ㄍㄨㄢˇ）　山合一上緩見
筦脘輨盥琯痯悹輨錧蜫棺(12)

古猛切 gǔ měng　礦[1] gǒng（ㄍㄨㄥˇ）　梗合二上梗見
鑛鈝𪎊𪌗獷穬(7)

古孟切 gǔ mèng　更 gèng（ㄍㄥˋ）　梗開二去映見

古暮切 gǔ mù　顧 gù（ㄍㄨˋ）　遇合一去暮見
頋雇稒故酤沽痼固錮痁鯝崮棝涸(15)

古南切 gǔ nán　弇 gān（ㄍㄢ）　咸開一平覃見
黔淦緪蜬(5)

古念切 gǔ niàn　兼 jiàn（ㄐㄧㄢˋ）　咸開四去桥見
鮯(2)

古洽切 gǔ qià　夾 jiā（ㄐㄧㄚ）　咸開二入洽見
郟筴韐帢跲袷裌眲餄㾑鹹鵊鞅鞈(15)

古巧切 gǔ qiǎo　絞 jiǎo（ㄐㄧㄠˇ）　效開二上巧見
狡佼攪蔽筊挍鉸蠚姣烄敎譥骹疝(15)

古闃切 gǔ qù　郹 jú（ㄐㄩˊ）　梗合四入錫見

① 礦，今读 kuàng。

	昃鶪淏䙳椇俱(7)	
古三切 gǔ sān	甘 gān（ㄍㄢ）	咸開一平談見
	柑笴苷泔㽍㜈(7)	
古雙切 gǔ shuāng	江 jiāng（ㄐㄧㄤ）	江開二平江見
	扛杠茳釭矼豇肛玒舡谾(11)	
古送切 gǔ sòng	貢 gòng（ㄍㄨㄥˋ）	通合一去送見
	贛湏虹玒㺬筝㔶樻𧄍(10)	
古沓切 gǔ tà	閤 gē（ㄍㄜ）	咸開一入合見
	鴿合敆鉿魿蛤郃浩匌頜佮庈毼柗㰱鞈韐帢(19)	
古太切 gǔ tài	蓋 gài（ㄍㄞˋ）	蟹開一去泰見
	匃丐(3)	
古甜切 gǔ tián	兼 jiān（ㄐㄧㄢ）	咸開四平添見
	縑鶼糠蒹䍐鰜(7)	
古挺切 gǔ tǐng	剄 jǐng（ㄐㄧㄥˇ）	梗開四上迥見
	烴(2)	
古蛙切 gǔ wā	媧[1] guāi（ㄍㄨㄞ）	蟹合二平佳見
	緺譎腡蝸騧咼欠(7)	
古瓦切 gǔ wǎ	寡 guǎ（ㄍㄨㄚˇ）	假合二上馬見
	冎剮㭘㽘丫簻䯄(8)	
古外切 gǔ wài	儈[2] guì（ㄍㄨㄟˋ）	蟹合一去泰見

① 媧，今读 wā。

② 儈、會（會計）、澮、膾、獪、劊等，变读 kuài。

膾鱠襘禬檜旝巜澮鄶廥䯤鬠劊會臂擓獪(18)

古丸切 gǔ wán　　官 guān（ㄍㄨㄢ）　　山合一平桓見

悹莞棺觀貫冠涫倌毌(10)

古玩切 gǔ wán　　貫 guàn（ㄍㄨㄢˋ）　　山合一去換見

矔祼館瓘鑵𤺄痯灌雚鸛樌鏆𬉼懽錧爟遦冠觀涫悹悺盥棺毌婠𧚉(28)

古頑切 gǔ wán　　鰥 guān（ㄍㄨㄢ）　　山合二平山見

鱞綸(3)

古我切 gǔ wǒ　　哿 gě（ㄍㄜˇ）　　果開一上哿見

舸笴箇(4)

古沃切 gǔ wò　　梏 gù（ㄍㄨˋ）　　通合一入沃見

牿誰糕告郜祰陪䶜(9)

古卧切 gǔ wò　　過 guò（ㄍㄨㄛˋ）　　果合一去過見

裹鍋划蝸涹䭕(7)

古奚切 gǔ xī　　雞 jī（ㄐㄧ）　　蟹開四平齊見

鷄稽枅笄榰蛢卟禾鍇(10)

古狎切 gǔ xiá　　甲 jiǎ（ㄐㄧㄚˇ）　　咸開二入狎見

胛梜押𥐥鉀𤤰迊㕅鞈(10)

古黠切 gǔ xiá　　戛 jiá（ㄐㄧㄚˊ）　　山開二入黠見

扴圿稭鴶楔秸骱鞂砎忦嘎契鵊袺樺硈頡(18)

古鎋切 gǔ xiá　　鶷 jiá（ㄐㄧㄚˊ）　　山開二入鎋見

擖鬝猰(4)

古弦切 gǔ xián　涓 juān（ㄐㄩㄢ）　山合四平先見
睊䌸䓘稍䳆焆鞙(8)

古咸切 gǔ xián　緘 jiān（ㄐㄧㄢ）　咸開二平咸見
縅瑊玪㨔黬黷(7)

古閑切 gǔ xián　間 jiān（ㄐㄧㄢ）　山開二平山見
艱囏靬蕑覵(6)

古銜切 gǔ xián　監 jiān（ㄐㄧㄢ）　咸開二平銜見
礛瞷鑑劗(5)

古賢切 gǔ xián　堅 jiān（ㄐㄧㄢ）　山開四平先見
豎搃幋幵肩鳽豜豣狷蒨麉蘢鵳鰹蘢縏
(17)

古限切 gǔ xiàn　簡 jiǎn（ㄐㄧㄢˇ）　山開二上産見
瀾僩襉柬暕揀(7)

古莧切 gǔ xiàn　襇 jiàn（ㄐㄧㄢˋ）　山開二去襇見
犴間覵瞯䙺(6)

古縣切 gǔ xiàn　睊 juàn（ㄐㄩㄢˋ）　山合四去霰見
讂甂䣺羂罥懁衕獧狷琄(11)

古巷切 gǔ xiàng　絳 jiàng（ㄐㄧㄤˋ）　江開二去絳見
虹降屛洚(5)

古項切 gǔ xiàng　講 jiǎng（ㄐㄧㄤˇ）　江開二上講見
港[①] 傋耩(4)

古孝切 gǔ xiào　教 jiào（ㄐㄧㄠˋ）　效開二去效見

---

① 今读 gǎng。

效窖校鉸酵覺膠較孝珓(11)

古協切 gǔ xié 頰 jiá（ㄐㄧㄚˊ） 咸開四入帖見

鞨鋏筴梜莢蛺唊秧(9)

古膎切 gǔ xié 佳 jiā（ㄐㄧㄚ） 蟹開二平佳見

街(2)

古諧切 gǔ xié 皆 jiē（ㄐㄧㄝ） 蟹開二平皆見

偕藒稭喈階腊薢荄痎堦楷鶛湝街甑䫥蝔

鍇(19)

古攜切 gǔ xié 圭 guī（ㄍㄨㄟ） 蟹合四平齊見

珪邽閨袿窐鮭麈洼罣竘胿桂扻茥(15)

古屑切 gǔ xiè 結 jié（ㄐㄧㄝˊ） 山開四入屑見

絜潔鐅鍥桔檕趌鶡袺拮狤劼莄蛣(15)

古行切 gǔ xíng 庚 gēng（ㄍㄥ） 梗開二平庚見

鶊更逕杭秔粳賡羹鶊埂浭(12)

古杏切 gǔ xìng 梗 gěng（ㄍㄥˇ） 梗開二上梗見

挭哽郠綆鯁埂骾蝍(9)

古幸切 gǔ xìng 耿 gěng（ㄍㄥˇ） 梗開二上耿見

莖瞖(3)

古穴切 gǔ xué 玦 jué（ㄐㄩㄝˊ） 山合四入屑見

潏眏譎訣觼鱖鐍駃莢英赽鴂鈌臭決觖駃

柍疾蚗趹憰繘肤抉(26)

古牙切 gǔ yá 嘉 jiā（ㄐㄧㄚ） 假開二平麻見

家加葭笳豭麚豭猳痂駕枷袈髽跏迦猳豭

茄迦珈瘕椵幏豭蟹(26)

古疋切 gǔ yǎ　　檟 jiǎ（ㄐㄧㄚˇ）　　假開二上馬見

榎瑕假叚賈斝瘕椵嘏(10)

古訝切 gǔ yà　　駕 jià（ㄐㄧㄚˋ）　　假開二去禡見

稼嫁瘕架抯價假幏庩賀賈(12)

古顏切 gǔ yán　　姦 jiān（ㄐㄧㄢ）　　山開二平刪見

菅蕑蕳(4)

古晏切 gǔ yàn　　諫 jiàn（ㄐㄧㄢˋ）　　山開二去諫見

澗鐗(3)

古肴切 gǔ yáo　　交 jiāo（ㄐㄧㄠ）　　效開二平肴見

蛟茭鵁膠鮫咬郊鵁轇漻这教篍校摎鉸佼

艽詨嘐敿(22)

古堯切 gǔ yáo　　驍 jiāo（ㄐㄧㄠ）　　效開四平蕭見

梟県澆憿釗邀螵徼(9)

古喝切 gǔ yè　　犗 jiè（ㄐㄧㄝˋ）　　蟹開二去夬見

稭(2)

古詣切 gǔ yì　　計 jì（ㄐㄧˋ）　　蟹開四去霽見

係繼繫葪髻郠槩檵蘻罊殸(12)

古螢切 gǔ yíng　　扃 jiōng（ㄐㄩㄥ）　　梗合四平青見

駉駫坰冋颵絅橺(8)

古岳切 gǔ yuè　　覺 jué（ㄐㄩㄝˊ）　　江開二入覺見

斠角桷較較珏瑴鷽鴑榷捔推晵梏傕騅

觮[1] (18)

---

① 斠读 jiào，角又读 jiǎo，皆属白读。覺、較读 jiào，来自古孝切。

古覱切 gǔ zàn　　鮨 gàn（ㄍㄢˋ）　　咸開一去闞見
鱤(2)

古斬切 gǔ zhǎn　　鹼 jiǎn（ㄐㄧㄢˇ）　　咸開二上豏見
鰜減箴(4)

guai（ㄍㄨㄞ）

乖買切 guāi mǎi　　丫 guǎi（ㄍㄨㄞˇ）　　蟹合二上蟹見
餀枴(3)

gui（ㄍㄨㄟ）

規恚切 guī huì　　瞡 guì（ㄍㄨㄟˋ）　　止合三去寘見

詭僞切 guǐ wěi　　䞈 guì（ㄍㄨㄟˋ）　　止合三去寘見
垝餽攱庪(5)

跪頑切 guì wán　　權 quán（ㄑㄩㄢˊ）　　山開二平山群

guo（ㄍㄨㄛ）

過委切 guò wěi　　詭 guǐ（ㄍㄨㄟˇ）　　止合三上紙見
垝陒郈攱鮠觤恑蛫祪庪枝庋洈蟡鮠姽桅
佹(19)

H（ㄏ）

hai（ㄏㄞ）

海愛切 hǎi ài　　儗 hài（ㄏㄞˋ）　　蟹開一去代曉

he（ㄏㄜ）

呵各切 hē gè　　腌[1] hè（ㄏㄜˋ）　　宕開一入鐸曉

部壑叡蠚謞郝鶮熇嗃矐(11)

何梗切 hé gěng　　杏 xìng（ㄒㄧㄥˋ）　　梗開二上梗匣

莕荇(3)

何犗切 hé jiè　　竵 xià（ㄒㄧㄚˋ）　　蟹開二去夬匣

hou（ㄏㄡ）

侯旰切 hóu gàn　　翰 hàn（ㄏㄢˋ）　　山開一去翰匣

捍扞鼾輸垾豻釬汗悍瀚閈皸䮧翰鶾駻蘀

䏷忓靬矸乾䩍韓(25)

侯閤切 hóu gé　　合 hé（ㄏㄜˊ）　　咸開一入合匣

郃榙迨枱詥秴圅龤菌盒(11)

侯古切 hóu gǔ　　户 hù（ㄏㄨˋ）　　遇合一上姥匣

楛扈怙鄠岵祜昈嶇岵苄雇鳸鶚䲦婟戽居

洿姱酤滬簄(23)

侯夾切 hóu jiā　　洽[2] xiá（ㄒㄧㄚˊ）　　咸開二入洽匣

雸狹陜陿祫峽硤庈蠤鞅烚珨趇(14)

侯襇切 hóu jiàn　　莧 xiàn（ㄒㄧㄢˋ）　　山開二去襉匣

蕢粯(3)

---

① 腌，今读 huò。

② 洽，今读 qià。

侯楷切 hóu kǎi	駭 hài（ㄏㄞˋ） 絯侅駴(4)	蟹開二上駭匣

hu（ㄏㄨ）

乎曠切 hū kuàng	擴 huàng（ㄏㄨㄤˋ） 擴潢晄(4)	宕合一去宕匣
乎宋切 hū sòng	硡 hòng（ㄏㄨㄥˋ） 㖫(2)	通合一去宋匣
呼艾切 hū ài	餀 hài（ㄏㄞˋ） 䪡獥疺鰪(5)	蟹開一去泰曉
呼唵切 hū ǎn	顑 hǎn（ㄏㄢˇ）	咸開一上感曉
呼八切 hū bā	傄 xiā（ㄒㄧㄚ） 瞎(2)	山開二入黠曉
呼霸切 hū bà	化 huà（ㄏㄨㄚˋ） 七譁傀魤杹(6)	假合二去禡曉
呼北切 hū běi	黑 hēi（ㄏㄟ） 潶黖(3)	曾開一入德曉
呼迸切 hū bèng	轟 hòng（ㄏㄨㄥˋ） 輷(2)	梗開二去諍曉
呼到切 hū dào	秏 hào（ㄏㄠˋ） 好玻歊(4)	效開一去号曉
呼典切 hū diǎn	顯 xiǎn（ㄒㄧㄢˇ） 韅蜆抮㬎(5)	山開四上銑曉
呼甸切 hū diàn	韅 xiàn（ㄒㄧㄢˋ）	山開四去霰曉

呼牒切 hū dié	弽 xiè（ㄒㄧㄝˋ）	咸開四入帖曉
	瞸㛍偞(4)	
呼東切 hū dōng	烘 hōng（ㄏㄨㄥ）	通合一平東曉
	叿魟谾䜫𩗗(6)	
呼吠切 hū fèi	缘 huì（ㄏㄨㄟˋ）	蟹合三去祭曉
呼改切 hū gǎi	海 hǎi（ㄏㄞˇ）	蟹開一上海曉
	醢榼(3)	
呼旰切 hū gàn	漢 hàn（ㄏㄢˋ）	山開一去翰曉
	暵暵熯罕𨂀鶾䅼厂(9)	
呼紺切 hū gàn	顑 hàn（ㄏㄢˋ）	咸開一去勘曉
	𩞄(2)	
呼格切 hū gé	赫 hè（ㄏㄜˋ）	梗開二入陌曉
	爀嚇幱䞹(5)	
呼箇切 hū gè	呵 hè（ㄏㄜˋ）	果開一去箇曉
	吹(2)	
呼肱切 hū gōng	薨 hōng（ㄏㄨㄥ）	曾合一平登曉
	儚顭䵱濛(5)	
呼貢切 hū gòng	烘 hòng（ㄏㄨㄥˋ）	通合一去送曉
	贛(2)	
呼古切 hū gǔ	虎 hǔ（ㄏㄨˇ）	遇合一上姥曉
	琥戽滸鄦萀䗂(7)	
呼骨切 hū gǔ	忽 hū（ㄏㄨ）	臻合一入没曉
	昒㧾匫寣笏乾曶迿崛榾𧊲緫帤惚𩗢痦(17)	

呼瓜切 hū guā	華 huā（ㄏㄨㄚ）	假合二平麻曉
	花譁誇(4)	
呼卦切 hū guà	諣 huà（ㄏㄨㄚˋ）	蟹合二去卦曉
呼官切 hū guān	歡 huān（ㄏㄨㄢ）	山合一平桓曉
	懽驩貆貛驩鴅酄獾犿奞讙[illegible](13)	
呼光切 hū guāng	荒 huāng（ㄏㄨㄤ）	宕合一平唐曉
	穅肓衁𪆵鄺統巟謊朚晄幌巟㡆(14)	
呼果切 hū guǒ	火 huǒ（ㄏㄨㄛˇ）	果合一上果曉
	邩(2)	
呼旱切 hū hàn	罕 hǎn（ㄏㄢˇ）	山開一上旱曉
	㷛厂灘暵焊熯(7)	
呼晧切 hū hào	好 hǎo（ㄏㄠˇ）	效開一上晧曉
	郝(2)	
呼合切 hū hé	欱 hè（ㄏㄜˋ）	咸開一入合曉
	疲歛瘩(4)	
呼盍切 hū hé	歁 hè（ㄏㄜˋ）	咸開一入盍曉
	歙疲(3)	
呼宏切 hū hóng	轟 hōng（ㄏㄨㄥ）	梗合二平耕曉
	輷翁揈訇鍧渹𤞑薨愩(10)	
呼侯切 hū hóu	齁 hōu（ㄏㄡ）	流開一平侯曉
	㗋(2)	
呼后切 hū hòu	吼 hǒu（ㄏㄡˇ）	流開一上厚曉
	吽响牱犺蚼呴(7)	
呼懷切 hū huái	虺 huī（ㄏㄨㄟ）	蟹合二平皆曉

呼晃切 hū huǎng	慌 huǎng（ㄏㄨㄤˇ）	宕合一上蕩曉
	爌完晄肓𦟗𧧑(7)	
呼恢切 hū huī	灰 huī（ㄏㄨㄟ）	蟹合一平灰曉
	蛕𩉯㞀㾯𣌭(6)	
呼恚切 hū huì	孈 huì（ㄏㄨㄟˋ）	止合三去寘曉
呼惠切 hū huì	嘒 huì（ㄏㄨㄟˋ）	蟹合四去霽曉
	嚖暳(3)	
呼會切 hū huì	譮 huì（ㄏㄨㄟˋ）	蟹合一去泰曉
	噦翽鐬涣濊(6)	
呼或切 hū huò	㦜 huò（ㄏㄨㄛˋ）	曾合一入德曉
	䀸(2)	
呼雞切 hū jī	醯 xī（ㄒㄧ）	蟹開四平齊曉
	䖒䙽㠄榿㔾(6)	
呼計切 hū jì	呬 xì（ㄒㄧˋ）	蟹開四去霽曉
	咥𦤦(3)	
呼甲切 hū jiǎ	呷 xiā（ㄒㄧㄚ）	咸開二入狎曉
	譀諕𩐨(4)	
呼教切 hū jiào	孝 xiào（ㄒㄧㄠˋ）	效開二去效曉
	哮涍嗃詨𪆷(6)	
呼狊切 hū jù	殈 xù（ㄒㄩˋ）	梗合四入錫曉
	砉瞁𥈻狊焱殈(7)	
呼決切 hū jué	血 xuè（ㄒㄩㄝˋ）	山合四入屑曉
	䀏窩窪閴沉疦瞲决訣㳇坹(12)	
呼孔切 hū kǒng	嗊 hǒng（ㄏㄨㄥˇ）	通合一上董曉

懽(2)

呼昆切 hū kūn　昏 hūn（ㄏㄨㄣ）　臻合一平魂曉

惛婚棔閽殙㱪(7)

呼括切 hū kuò　豁 huò（ㄏㄨㄛˋ）　山合一入末曉

䄆奯濊薉泧𣂁眓(8)

呼來切 hū lái　咍 hāi（ㄏㄞ）　蟹開一平咍曉

痎陔(3)

呼覽切 hū lǎn　㘎 hǎn（ㄏㄢˇ）　咸開一上敢曉

嚂壏檻(4)

呼濫切 hū làn　䖔 hàn（ㄏㄢˋ）　咸開一去闞曉

灆虩(3)

呼郎切 hū láng　炕 hāng（ㄏㄤ）　宕開一平唐曉

𣢺𦟵忼(4)

呼朗切 hū lǎng　汻 hǎng（ㄏㄤˇ）　宕開一上蕩曉

酐盰(3)

呼浪切 hū làng　荒 huàng（ㄏㄨㄤˋ）　宕合一去宕曉

呼漏切 hū lòu　蔻[①] hòu（ㄏㄡˋ）　流開一去候曉

豿䪷詬訽吼𣢾㖃㰶㤊(10)

呼麥切 hū mài　砉 huò（ㄏㄨㄛˋ）　梗合二入麥曉

繣㺉𢢋劃捇掝㖪𣀮𦡞焃𢺬𢄙𦏁䁷湱𤷢閮

潶飅𠜾(21)

呼毛切 hū máo　蒿 hāo（ㄏㄠ）　效開一平豪曉

① 蔻，今读 kòu。

	䙚撓蕘嬈莜楙(7)	
呼悶切 hū mèn	惛 hùn（ㄏㄨㄣˋ）	臻合一去慁曉
呼木切 hū mù	㱿 hù（ㄏㄨˋ）	通合一入屋曉
	㲉熇膗縠㱿嚛(7)	
呼洽切 hū qià	齃 xià（ㄒㄧㄚˋ）	咸開二入洽曉
	欱欻䤮(4)	
呼談切 hū tán	蚶 hān（ㄏㄢ）	咸開一平談曉
	䝨鬖歛憨(5)	
呼臥切 hū wò	貨 huò（ㄏㄨㄛˋ）	果合一去過曉
呼豏切 hū xiàn	喊 hǎn（ㄏㄢˇ）	咸開二上豏曉
呼攜切 hū xié	睳 huī（ㄏㄨㄟ）	蟹合四平齊曉
呼刑切 hū xíng	馨[①] xīng（ㄒㄧㄥ）	梗開四平青曉
	郻蛵(3)	
呼訝切 hū yà	嚇 xià（ㄒㄧㄚˋ）	假開二去禡曉
	鏬唬誶墿謑煆嗬(8)	
呼煙切 hū yān	祆 xiān（ㄒㄧㄢ）	山開四平先曉
	詽(2)	
呼眘切 hū yǐng	卝 hòng（ㄏㄨㄥˋ）	梗合二上梗曉
	澋(2)	
呼罪切 hū zuì	賄[②] huǐ（ㄏㄨㄟˇ）	蟹合一上賄曉
	賄脜燜悔蛕㶽(7)	

① 馨，今读 xīn。
② 賄，今读 huì。

胡安切 hú ān　寒 hán（ㄏㄢˊ）　山開一平寒匣
韓蘡翰鶾邯邗虷汗蘁韓(11)
胡八切 hú bā　黠 xiá（ㄒㄧㄚˊ）　山開二入黠匣
髂藒閜(4)
胡輩切 hú bèi　蚚 huì（ㄏㄨㄟˋ）　蟹合一去隊匣
胡本切 hú běn　混 hùn（ㄏㄨㄣˋ）　臻合一上混匣
鯶渾緷焜倱棍顐睔梱䊐䩂䫟掍暉煇(16)
胡辨切 hú biàn　幻 huàn（ㄏㄨㄢˋ）　山合二去襉匣
胡伯切 hú bó　嚄 huò（ㄏㄨㄛˋ）　梗開二入陌匣
嚿(2)
胡讒切 hú chán　咸 xián（ㄒㄧㄢˊ）　咸開二平咸匣
鹹醎函騻諴鰜稴械椷輱(11)
胡懺切 hú chàn　䧟 xiàn（ㄒㄧㄢˋ）　咸開二去鑑匣
䶢(2)
胡刀切 hú dāo　豪 háo（ㄏㄠˊ）　效開一平豪匣
號毫嗥獋濠壕顥諕崤郩勢隐(13)
胡到切 hú dào　号 hào（ㄏㄠˋ）　效開一去号匣
號瓛墬諢媲(6)
胡得切 hú dé　劾 hé（ㄏㄜˊ）　曾開一入德匣
胡登切 hú dēng　恒 héng（ㄏㄥˊ）　曾開一平登匣
恆峘(3)
胡狄切 hú dí　檄 xí（ㄒㄧˊ）　梗開四入錫匣
覡薂顯鷩獥椺鶒(8)
胡典切 hú diǎn　峴 xiàn（ㄒㄧㄢˋ）　山開四上銑匣

	臔哯晛垷蜆俔顯藖睍誢㦔嬮(13)	
胡甸切 hú diàn	見 xiàn（ㄒㄧㄢˋ）	山開四去霰匣
	現涀𨗻(4)	
胡頂切 hú dǐng	婞 xìng（ㄒㄧㄥˋ）	梗開四上迥匣
	涬鯹鋞脛悻緈(7)	
胡定切 hú dìng	脛[①] xìng（ㄒㄧㄥˋ）	梗開四去徑匣
	踁(2)	
胡對切 hú duì	潰[②] huì（ㄏㄨㄟˋ）	蟹合一去隊匣
	迴繢嬇殨闠蒉䫌詯膭僓譮誨(13)	
胡改切 hú gǎi	亥 hài（ㄏㄞˋ）	蟹開一上海匣
	侅頦痎(4)	
胡槩切 hú gài	瀣 xiè（ㄒㄧㄝˋ）	蟹開一去代匣
	㤥劾(3)	
胡蓋切 hú gài	害 hài（ㄏㄞˋ）	蟹開一去泰匣
	夆妎㤵(4)	
胡甘切 hú gān	酣[③] hán（ㄏㄢˊ）	咸開一平談匣
	甝蚶魽㽢黚炶邯(8)	
胡笴切 hú gǎn	旱 hàn（ㄏㄢˋ）	山開一上旱匣
	垾睅䓍䛞(5)	
胡感切 hú gǎn	頷 hàn（ㄏㄢˋ）	咸開一上感匣

① 脛，今读 jìng。
② 潰，今读 kuì。
③ 酣，今读 hān。

	頷嬒撼淊菡歛蜭涵肣马后㴸莟顄嶦(16)	
胡紺切 hú gàn	憾 hàn（ㄏㄢˋ）	咸開一去勘匣
	琀浛唅蜭莟脂(7)	
胡歌切 hú gē	何 hé（ㄏㄜˊ）	果開一平歌匣
	河荷菏苛蚵魺(7)	
胡格切 hú gé	垎 hè（ㄏㄜˋ）	梗開二入陌匣
	趦榕輅(4)	
胡葛切 hú gě	曷 hé（ㄏㄜˊ）	山開一入曷匣
	褐毼鶡蝎餲顯髑骱楬鞨(11)	
胡箇切 hú gè	賀 hè（ㄏㄜˋ）	果開一去箇匣
	襀袔濵(4)	
胡艮切 hú gèn	恨 hèn（ㄏㄣˋ）	臻開一去恨匣
胡耿切 hú gěng	幸 xìng（ㄒㄧㄥˋ）	梗開二上耿匣
	㚔倖䢛(4)	
胡肱切 hú gōng	弘 hóng（ㄏㄨㄥˊ）	曾合一平登匣
	鞃弦(3)	
胡貢切 hú gòng	哄 hòng（ㄏㄨㄥˋ）	通合一去送匣
	烘港鬨蕻(5)	
胡遘切 hú gòu	候 hòu（ㄏㄡˋ）	流開一去候匣
	鲘郈逅詬睺后後堠鱟鍭厚趜睺歐(15)	
胡谷切 hú gǔ	縠 hú（ㄏㄨˊ）	通合一入屋匣
	槲斛觳薂礐縠蔛轂穀酷峊箶焀(14)	
胡卦切 hú guà	畫 huà（ㄏㄨㄚˋ）	蟹合二去卦匣
	詿罣絓澅鮭纗繣嫿(9)	

胡怪切 hú guài　壞 huài（ㄏㄨㄞˋ）　蟹合二去怪匣
黠壞(3)

胡官切 hú guān　桓 huán（ㄏㄨㄢˊ）　山合一平桓匣
完貆鳩丸瓛紈萑雈洹汍絙芄貛梡荁莞綄
羦莧貆狟峘瓻𡏸垸寏院捖[①] (29)

胡管切 hú guǎn　緩[②] huàn（ㄏㄨㄢˋ）　山合一上緩匣
澣浣綄㬇暖覶梡㮰睆鯇㬊皖[③] 篹(14)

胡慣切 hú guàn　患 huàn（ㄏㄨㄢˋ）　山合二去諫匣
闤擐宦轘豢䍺槵繯(9)

胡光切 hú guāng　黄 huáng（ㄏㄨㄤˊ）　宕合一平唐匣
皇璜惶遑潢堭煌餭騜艎簧隍癀鄚湟徨篁
鱑蝗凰偟媓獚蟥諻郹堲程䳨䅣趪(32)

胡廣切 hú guǎng　晃[④] huàng（ㄏㄨㄤˋ）　宕合一上蕩匣
幌櫎榥滉攩皝(7)

胡桂切 hú guì　慧 huì（ㄏㄨㄟˋ）　蟹合四去霽匣
憓潓惠蟪蕙槥繐撎僡譓鏸䳤(13)

胡郭切 hú guō　穫 huò（ㄏㄨㄛˋ）　宕合一入鐸匣
鑊㦜檴爙濩檴雘瓁䨼(10)

胡國切 hú guó　或 huò（ㄏㄨㄛˋ）　曾合一入德匣
惑蜮䮤彧(5)

---

① 完、丸、紈、汍、芄，今读 wán。
② 緩，今读 huǎn。
③ 即皖，今读 wǎn。
④ 晃、幌，今读 huǎng。

胡果切 hú guǒ	禍 huò（ㄏㄨㄛˋ）	果合一上果匣
	祻夥[1]猧煱輠過(7)	
胡化切 hú huà	摦 huà（ㄏㄨㄚˋ）	假合二去禡匣
	旲崋華樺䱻檴(7)	
胡雞切 hú jī	奚[2] xí（ㄒㄧˊ）	蟹開四平齊匣
	豯傒嵠蹊螇榽騱肒奊郋鼷傒嵇兮豀蒵貕(18)	
胡計切 hú jì	蒵 xì（ㄒㄧˋ）	蟹開四去霽匣
	縘膎系繫妎楔繫瘛徯揳盻閕稧(14)	
胡加切 hú jiā	遐 xiá（ㄒㄧㄚˊ）	假開二平麻匣
	蝦鍜霞瑕騢鰕蕸䪗碬鶷鞎赮遐(14)	
胡頰切 hú jiá	協 xié（ㄒㄧㄝˊ）	咸開四入帖匣
	叶勰綊挾俠浹劦愶㛸(10)	
胡甲切 hú jiǎ	狎 xiá（ㄒㄧㄚˊ）	咸開二入狎匣
	翈雭浹柙匣庘鞈柙炠筪(11)	
胡駕切 hú jià	暇 xià（ㄒㄧㄚˋ）	假開二去禡匣
	夏下芐(4)	
胡簡切 hú jiǎn	限 xiàn（ㄒㄧㄢˋ）	山開二上產匣
	硍䝨掔僩(5)	
胡講切 hú jiǎng	項 xiàng（ㄒㄧㄤˋ）	江開二上講匣
	缿(2)	

① 今读 huǒ。

② 奚、兮，今读 xī。

胡絳切 hú jiàng	巷 xiàng（ㄒㄧㄤˋ）	江開二去絳匣
	衖閧(3)	
胡教切 hú jiào	效 xiào（ㄒㄧㄠˋ）	效開二去效匣
	効校斆恔傚䢒詨(8)	
胡結切 hú jié	纈 xié（ㄒㄧㄝˊ）	山開四入屑匣
	𨳿擷𢷎頡頁齥紇襭絜𥈘蘱䫌翓𦢊㬎奊籺閪𥢶𩓣(21)	
胡介切 hú jiè	械 xiè（ㄒㄧㄝˋ）	蟹開二去怪匣
	𩞄薤齘𨳍瀣𠐲鞋獬衸㳦(11)	
胡涓切 hú juān	玄 xuán（ㄒㄩㄢˊ）	山合四平先匣
	縣懸眩𩡦玹玆弦𥌃伭盷胘訇(13)	
胡決切 hú jué	穴 xué（ㄒㄩㄝˊ）	山合四入屑匣
	坹𥿮袕(4)	
胡覺切 hú jué	學 xué（ㄒㄩㄝˊ）	江開二入覺匣
	确嶨鷽澩鱟䁷嶨鸴(9)	
胡可切 hú kě	荷 hè（ㄏㄜˋ）	果開一上哿匣
	何(2)	
胡墾切 hú kěn	很[①] hèn（ㄏㄣˋ）	臻開一上很匣
	䓳(2)	
胡孔切 hú kǒng	澒 hòng（ㄏㄨㄥˋ）	通合一上董匣
	鴻蝩哄汞(5)	
胡口切 hú kǒu	厚 hòu（ㄏㄡˋ）	流開一上厚匣

① 很，今读 hěn。

垕後逡后郈垢(7)

胡困切 hú kùn　　慁 hùn（ㄏㄨㄣˋ）　　臻合一去慁匣

溷俒圂(4)

胡臘切 hú là　　盍 hé（ㄏㄜˊ）　　咸開一入盍匣

闔闔嗑蓋譮篕废郃熆(10)

胡郎切 hú láng　　航 háng（ㄏㄤˊ）　　宕開一平唐匣

笐桁行迒踭頏翃魧胻邟杭沆蚢肮芫抗吭(18)

胡朗切 hú lǎng　　沆 hàng（ㄏㄤˋ）　　宕開一上蕩匣

骯䟘妔蚢吭(6)

胡老切 hú lǎo　　晧 hào（ㄏㄠˋ）　　效開一上晧匣

昊昦皡鎬浩顥灝鰝夰滈鄗鄡號韰滈(16)

胡禮切 hú lǐ　　徯 xì（ㄒㄧˋ）　　蟹開四上薺匣

謑篹䑝涀謈匸睳(8)

胡了切 hú liǎo　　皛 xiào（ㄒㄧㄠˋ）　　效開四上篠匣

淊芍葯𠫓(5)

胡買切 hú mǎi　　蟹 xiè（ㄒㄧㄝˋ）　　蟹開二上蟹匣

䲒解獬澥嶰隦(7)

胡麥切 hú mài　　獲 huò（ㄏㄨㄛˋ）　　梗合二入麥匣

畫嫿劃䉟䪝嚍咟(8)

胡茅切 hú máo　　肴[1] xiáo（ㄒㄧㄠˊ）　　效開二平肴匣

① 肴、餚、爻，今读 yáo。

餚崤殽殽洨筊姣猇㮁爻淆筊胶酵絞㑧佼
𥑮(19)

胡男切 hú nán　含 hán（ㄏㄢˊ）　咸開一平覃匣
涵篏䈄梒鋡函䤴頷蜬頷涵鋡硆䧲黔函肣
䨡䨡马㴔(22)

胡畎切 hú quǎn　泫 xuàn（ㄒㄩㄢˋ）　山合四上銑匣
鉉琄鑦埍繯㫬縣䩙鞙䧺軒靬㘣(14)

胡田切 hú tián　賢 xián（ㄒㄧㄢˊ）　山開四平先匣
臤弦絃舷胘蚿慈刻伭掔弦婱䶐礥痃嚽
(17)

胡忝切 hú tiǎn　鼸 xiàn（ㄒㄧㄢˋ）　咸開四上忝匣
獫(2)

胡瓦切 hú wǎ　踝 huà（ㄏㄨㄚˋ）　假合二上馬匣
稞扊䫼鞋蘳觟鰈娊輠䊬(11)

胡玩切 hú wán　換 huàn（ㄏㄨㄢˋ）　山合一去換匣
逭 䑏肒垸䯘漶䀓痪(9)

胡沃切 hú wò　鵠 hú（ㄏㄨˊ）　通合一入沃匣
嗃鶴隺熇䪝閣礐(8)

胡卧切 hú wò　和 huò（ㄏㄨㄛˋ）　果合一去過匣
盉倇(3)

胡誤切 hú wù　護 hù（ㄏㄨˋ）　遇合一去暮匣
瓠嫭婟頀互濩笠沍枑䕶鞻䇘鱯擭罟苦
(17)

胡瞎切 hú xiā　鎋 xiá（ㄒㄧㄚˊ）　山開二入鎋匣

	舝轄齸鶷砎蠚瑎舝𩟒縖餲䇢𠢔舝(15)	
胡懈切 hú xiè	邂 xiè（ㄒㄧㄝˋ）	蟹開二去卦匣
	解(2)	
胡雅切 hú yǎ	下 xià（ㄒㄧㄚˋ）	假開二上馬匣
	丅夏厦(4)	
胡黤切 hú yǎn	檻[①] xiàn（ㄒㄧㄢˋ）	咸開二上檻匣
	艦壏𩦼𠟗濫𩎓轞獵撖(10)	
胡罪切 hú zuì	瘣 huì（ㄏㄨㄟˋ）	蟹合一上賄匣
	澮殨讃匯廆蘬轠鄇(9)	
虎伯切 hǔ bó	謋 huò（ㄏㄨㄛˋ）	梗開二入陌曉
	謔漷砉翻漷硅惈(8)	
虎何切 hǔ hé	訶 hē（ㄏㄜ）	果開一平歌曉
	呵㰤岢抲(5)	
虎橫切 hǔ héng	諻 hōng（ㄏㄨㄥ）	梗合二平庚曉
	䩱謍嚝喤(5)	
虎結切 hǔ jié	奊 xiè（ㄒㄧㄝˋ）	山開四入屑曉
	鞊擷撆褉覍(6)	
户韽切 hù àn	陷 xiàn（ㄒㄧㄢˋ）	咸開二去陷匣
	鮥臽脂錎(5)	
户八切 hù bā	滑 huá（ㄏㄨㄚˊ）	山合二入黠匣
	猾螖磆蝟𣫡趙鶻(8)	

① 檻、艦、𠟗、轞，今读 jiàn。

户板切 hù bǎn　　睆[①] huàn（ㄏㄨㄢˋ）　　山開二上潸匣

睅䴷鯇𪍑晥莞(7)

户頂切 hù dǐng　　迥[②] xiòng（ㄒㄩㄥˋ）　　梗合四上迥匣

冋炯泂逈(5)

户冬切 hù dōng　　硿 hóng（ㄏㄨㄥˊ）　　通合一平冬匣

洚嗵颹(4)

户恩切 hù ēn　　痕 hén（ㄏㄣˊ）　　臻開一平痕匣

鞎拫榪(4)

户戈切 hù gē　　和 hé（ㄏㄜˊ）　　果合一平戈匣

咊𪗂禾龢鉌萂啝盉(9)

户庚切 hù gēng　　行 héng（ㄏㄥˊ）　　梗開二平庚匣

衡䯒胻洐筕珩桁蘅䑺(10)

户耕切 hù gēng　　莖[③] xíng（ㄒㄧㄥˊ）　　梗開二平耕匣

誙牼(3)

户公切 hù gōng　　洪 hóng（ㄏㄨㄥˊ）　　通合一平東匣

鉷訌紅虹仜鴻葒渶䀧粠烘洚澒陒魟哄葒

翃颫硔堆(22)

户鉤切 hù gōu　　侯 hóu（ㄏㄡˊ）　　流開一平侯匣

矦厌帿郈鍭鍭鉤猴糇㺅鄇餱喉篌鯸楋銗

瘊蝂葔骺睺褔(24)

户骨切 hù gǔ　　搰 hú（ㄏㄨˊ）　　臻合一入没匣

---

① 睆，今读 huǎn。

② 迥、炯，今读 jiǒng。

③ 莖，今读 jīng。

扢榾𦗏䯛抇鶻尳搰𠩵滑(11)

户乖切 hù guāi　懷 huái（ㄏㄨㄞˊ）　蟹合二平皆匣

褱櫰槐𡣵𪇆褢犪淮裹𧞬瀤(12)

户關切 hù guān　還 huán（ㄏㄨㄢˊ）　山合二平删匣

環劀鬟寰闤糫鍰圜鐶轘𨏩𢹌羦郇澴䴉孛
茂賢(20)

户圭切 hù guī　攜 xié（ㄒㄧㄝˊ）　蟹合四平齊匣

擕蠵鑴窐䵷畦驨𪅐巂酅𢡗罬毒嶲纗讗劙
𡍨鞋𩕪眭觿盻(24)

户花切 hù huā　華 huá（ㄏㄨㄚˊ）　假合二平麻匣

驊鷨𧒢鋘鏵釫樺崋划(10)

户恢切 hù huī　回 huí（ㄏㄨㄟˊ）　蟹合一平灰匣

洄迴槐徊瑰蚘蛕佪烠𨚗駠茴(13)

户佳切 hù jiā　㒊 xié（ㄒㄧㄝˊ）　蟹開二平佳匣

鮭膎鞵鞋㨙𧜣榽(8)

户兼切 hù jiān　嫌 xián（ㄒㄧㄢˊ）　咸開四平添匣

稴(2)

户監切 hù jiān　銜 xián（ㄒㄧㄢˊ）　咸開二平銜匣

甉(2)

户皆切 hù jiē　諧 xié（ㄒㄧㄝˊ）　蟹開二平皆匣

𩤉骸瑎湝𩸄蝔鞋䅙(9)

户經切 hù jīng　刑 xíng（ㄒㄧㄥˊ）　梗開四平青匣

刑形邢滎郉桯鉶型陘侀硎娙鈃瓶甄鋞
(17)

户扃切 hù jiōng　　荧① xíng（ㄒㄧㄥˊ）　　梗合四平青匣

滎螢滎瞥眴(6)

户昆切 hù kūn　　魂 hún（ㄏㄨㄣˊ）　　臻合一平魂匣

梱䮝猑餛餫䊐鼲楎渾沄忶䐣俒倱䡣堚槐

槐捆煇顐鞎琿(24)

户括切 hù kuò　　活 huó（ㄏㄨㄛˊ）　　山合一入末匣

㶎栝越髺佸秳姡(8)

户来切 hù lái　　孩 hái（ㄏㄞˊ）　　蟹開一平咍匣

咳頦㨟䞁骸鱧豥(8)

户盲切 hù máng　　横 héng（ㄏㄥˊ）　　梗合二平庚匣

黌蝗鐄堭喤鍠䫛潢禓襀甍鐄㤺諻環(16)

户萌切 hù méng　　宏 hóng（ㄏㄨㄥˊ）　　梗合二平耕匣

紘紭閎嶸䆖谹眩翃浤竑弘鈜吰硡環(16)

户孟切 hù mèng　　蝗 hòng（ㄏㄨㄥˋ）　　梗合二去映匣

潢横(3)

户娲切 hù wā　　䖶 huá（ㄏㄨㄚˊ）　　蟹合二平佳匣

户吴切 hù wú　　胡 hú（ㄏㄨˊ）　　遇合一平模匣

頶啯壺狐瓳餬瑚湖鶘猢醐黏粘麧糊弧乎

乎鶘瓠葫瑚魱箶箛簻䃀楛虖(30)

户閒切 hù xián　　閑 xián（ㄒㄧㄢˊ）　　山開二平山匣

嫺癇𩨹蛝瞯鷳薣憪(9)

---

① 荧、萤，今读 yíng。

hua（ㄏㄨㄚ）

花夥切 huā huǒ　扮 huǒ（ㄏㄨㄛˇ）　蟹合二上蟹曉

huai（ㄏㄨㄞ）

懷丫切 huái guǎi　夥 huà（ㄏㄨㄚˋ）　蟹合二上蟹匣

huang（ㄏㄨㄤ）

荒故切 huāng gù　謼 hù（ㄏㄨˋ）　遇合一去暮曉

戽(2)

荒檻切 huāng jiàn　㺝 hǎn（ㄏㄢˇ）　咸開二上檻曉

黬(2)

荒内切 huāng nèi　誨 huì（ㄏㄨㄟˋ）　蟹合一去隊曉

悔晦鍼醴頪秏痗靧詯淐(11)

荒烏切 huāng wū　呼 hū（ㄏㄨ）　遇合一平模曉

嘑虖評歑戲謼膴幠葫恗軤虍芋虖魖滹

(17)

黄外切 huáng wài　會 huì（ㄏㄨㄟˋ）　蟹合一去泰匣

嬒遳襘繪(5)

黄絢切 huáng xuàn　縣[1] xuàn（ㄒㄩㄢˋ）　山合四去霰匣

寰袨眩炫衒衙賅贙頍迴姰玹旬眴(15)

---

① 縣，今读 xiàn。

huo（ㄏㄨㄛ）

火弔切 huǒ diào	歊 xiào（ㄒㄧㄠˋ）	效開四去嘯曉
	嬈嫯(3)	
火夬切 huǒ guài	咶 huà（ㄏㄨㄚˋ）	蟹合二去夬曉
火怪切 huǒ guài	豩 huài（ㄏㄨㄞˋ）	蟹合二去怪曉
	𧁈𥡽𣿅咶(5)	
火貫切 huǒ guàn	唤 huàn（ㄏㄨㄢˋ）	山合一去换曉
	嚾讙焕奂涣睆暖(8)	
火癸切 huǒ guǐ	瞲 huǐ（ㄏㄨㄟˇ）	止合三上旨曉
火含切 huǒ hán	岭 hān（ㄏㄢ）	咸開一平覃曉
	醓䤴欱䨗哈䆿𥧔(8)	
火季切 huǒ jì	侐 xì（ㄒㄧˋ）	止開三去至曉
火佳切 huǒ jiā	䀯 xiē（ㄒㄧㄝ）	蟹開二平佳曉
	㰰(2)	
火犗切 huǒ jiè	譪 hài（ㄏㄞˋ）	蟹開二去夬曉
	䮭(2)	
火迥切 huǒ jiǒng	詗 xiǒng（ㄒㄩㄥˇ）	梗合四上迥曉
火酷切 huǒ kù	熇 hù（ㄏㄨˋ）	通合一入沃曉
	臛[1] 嚛歊(4)	
火媧切 huǒ wā	竵 huā（ㄏㄨㄚ）	蟹合二平佳曉
	華嚆䔢(4)	

① 今读 huò。

火懈切 huǒ xiè	謑 xiè（ㄒㄧㄝˋ）	蟹開二去卦曉
火玄切 huǒ xuán	鋗 xuān（ㄒㄩㄢ） 駽圓梋矎(5)	山合四平先曉
火營切 huǒ yíng	䝗 xiōng（ㄒㄩㄥ）	梗合三平清曉
火斬切 huǒ zhǎn	闞 hǎn（ㄏㄢˇ） 欿(2)	咸開二上豏曉
獲頑切 huò wán	湲 huán（ㄏㄨㄢˊ）	山合二平山匣

J（ㄐ）

ji（ㄐㄧ）

吉掾切 jí yuàn	絹 juàn（ㄐㄩㄢˋ） 狷鄄⿰木絹䚈(5)	山合三去線見
即就切 jí jiù	僦 jiù（ㄐㄧㄡˋ） ⿰禾青媨(3)	流開三去宥精
即里切 jí lǐ	子 zǐ（ㄗˇ） ⿱𭕄子仔虸耔秄梓杍(8)	止開三上止精
即良切 jí liáng	將 jiāng（ㄐㄧㄤ） 漿鱂蔣螿牂(6)	宕開三平陽精
即兩切 jí liǎng	奬 jiǎng（ㄐㄧㄤˇ） 獎⿱竹將槳⿰木將蔣(6)	宕開三上養精
即略切 jí lüè	爵 jué（ㄐㄩㄝˊ） ⿸厂爵雀爝燋⿰扌爵⿰爵勺(7)	宕開三入藥精

即淺切 jí qiǎn　　翦 jiǎn（ㄐㄧㄢˇ）　　山開三上獮精

剪揃戩錢媊俴帴湔鬋箭𨗨鑯㨵(14)

即忍切 jí rěn　　榼 jǐn（ㄐㄧㄣˇ）　　臻開三上軫精

盡(2)

即刃切 jí rèn　　晉 jìn（ㄐㄧㄣˋ）　　臻開三去震精

𣉞搢縉蝔進枃瑨璡𢴉(10)

即容切 jí róng　　縱 zōng（ㄗㄨㄥ）　　通合三平鍾精

𣯶蹤鏦樅磫豵熧𧺝(9)

即委切 jí wěi　　觜 zuǐ（ㄗㄨㄟˇ）　　止合三上紙精

策(2)

即消切 jí xiāo　　焦 jiāo（ㄐㄧㄠ）　　效開三平宵精

𩟿𣯵蕉膲鷦𪆁椒𦬆噍鐎蟭醮爑僬嫶𦃆(17)

即葉切 jí yè　　接 jiē（ㄐㄧㄝ）　　咸開三入葉精

椄睫①䀹楫②檝婕菨淁鯜䈉(11)

即夷切 jí yí　　咨 zī（ㄗ）　　止開三平脂精

資粢齎齋禥諮姿盜澬㳄齍差醑𩅦(15)

即移切 jí yí　　貲 zī（ㄗ）　　止開三平支精

頿𪀖𪙊𪐴訾郱呰媊䠀欪鈭姕貲蛍觜(16)

即由切 jí yóu　　遒 jiū（ㄐㄧㄡ）　　流開三平尤精

鮂啾蝤啾遒𩮛揂揫湫𪆷(11)

---

① 睫、婕，今读 jié。
② 楫，今读 jí。

即玉切 jí yù	足 zú（ㄗㄨˊ） 哫(2)	通合三入燭精
疾二切 jí èr	自 zì（ㄗˋ） 嫉(2)	止開三去至從
疾僦切 jí jiù	就 jiù（ㄐㄧㄡˋ） 鷲殧就(4)	流開三去宥從
疾亮切 jí liàng	匠 jiàng（ㄐㄧㄤˋ） 趟鴎(3)	宕開三去漾從
疾陵切 jí líng	繒 céng（ㄘㄥˊ） 鄫驓橧竲嶒(6)	曾開三平蒸從
疾容切 jí róng	從 cóng（ㄘㄨㄥˊ） 从徸(3)	通合三平鍾從
疾葉切 jí yè	捷 jié（ㄐㄧㄝˊ） 疌寁倢崨踕緁諜(8)	咸開三入葉從
疾移切 jí yí	疵 cí（ㄘˊ） 骴玼茈枇傦鴜鴜(8)	止開三平支從
疾盈切 jí yíng	情 qíng（ㄑㄧㄥˊ） 晴請姓鯖(5)	梗開三平清從
疾郢切 jí yǐng	靜 jìng（ㄐㄧㄥˋ） 睜彭靖姘婧穽阱狰竫(10)	梗開三上靜從
疾用切 jí yòng	從 zòng（ㄗㄨㄥˋ）	通合三去用從
疾緣切 jí yuán	全 quán（ㄑㄩㄢˊ） 仝泉蝗牷硂荃(7)	山合三平仙從
疾政切 jí zhèng	淨 jìng（ㄐㄧㄥˋ） 瀞穽睛靚請婧䴿(8)	梗開三去勁從

疾之切 jí zhī	慈 cí（ㄘˊ）	止開三平之從
	磁鷀滋兹(5)	
疾智切 jí zhì	漬 zì（ㄗˋ）	止開三去寘從
	眥羵骴殰髊骴胔(8)	
疾置切 jí zhì	字 zì（ㄗˋ）	止開三去志從
	牸孳学芓孖(6)	
疾資切 jí zī	茨 cí（ㄘˊ）	止開三平脂從
	薋薺餈餎垐穦齏瓷澬絧薋䶡(13)	
几劇切 jǐ jù	戟 jǐ（ㄐㄧˇ）	梗開三入陌見
	撠蕺猠鉙丮㦸鬾(8)	
几利切 jǐ lì	冀 jì（ㄐㄧˋ）	止開三去至見
	兾覬穊驥驥洎懻(8)	
紀力切 jì lì	殛 jí（ㄐㄧˊ）	曾開三入職見
	憠襋棘亟璘惐𡋟蕀苟誣(11)	
紀劣切 jì liè	蹶 jué（ㄐㄩㄝˊ）	山合三入薛見
	瘚鱖趧罬(5)	
紀念切 jì niàn	趝 jiàn（ㄐㄧㄢˋ）	咸開四去㮇見
暨軌切 jì guǐ	郋 guì（ㄍㄨㄟˋ）	止合三上旨群
暨几切 jì jǐ	跽 jì（ㄐㄧˋ）	止開三上旨群

jia（ㄐㄧㄚ）

佳買切 jiā mǎi	解 jiě（ㄐㄧㄝˇ）	蟹開二上蟹見
	薢檞(3)	

jian（ㄐㄧㄢ）

兼玷切 jiān diàn	孂 jiǎn（ㄐㄧㄢˇ）	咸開四上忝見

漸念切 jiàn niàn　　　　䁪 jiàn（ㄐㄧㄢˋ）　　　　咸開四去㮇從

jiang（ㄐㄧㄤ）

將此切 jiāng cǐ　　　　紫 zǐ（ㄗˇ）　　　　止開三上紙精

訿訾啙泚跐茈呰𢫬(9)

將毒切 jiāng dú　　　　傶 zú（ㄗㄨˊ）　　　　通合一入沃精

數錊(3)

將几切 jiāng jǐ　　　　姊 zǐ（ㄗˇ）　　　　止開三上旨精

秭(2)

將鄰切 jiāng lín　　　　津 jīn（ㄐㄧㄣ）　　　　臻開三平真精

䑭璡濜𦘦(5)

將倫切 jiāng lún　　　　遵[①] jūn（ㄐㄩㄣ）　　　　臻合三平諄精

跧僎嶟鷷(5)

將遂切 jiāng suì　　　　醉 zuì（ㄗㄨㄟˋ）　　　　止合三去至精

檇(2)

將預切 jiāng yù　　　　怚 jù（ㄐㄩˋ）　　　　遇合三去御精

沮(2)

匠鄰切 jiàng lín　　　　秦 qín（ㄑㄧㄣˊ）　　　　臻開三平真從

螓榛(3)

jie（ㄐㄧㄝ）

詰利切 jié lì　　　　棄 qì（ㄑㄧˋ）　　　　止開三去至溪

---

① 遵，今读 zūn。

弃結眉鬙(5)

借官切 jiè guān 鑽 zuān（ㄗㄨㄢ） 山合一平桓精

鑺鞼欑攅劗(6)

jiu（ㄐㄧㄡ）

九峻切 jiǔ jùn 呁 jùn（ㄐㄩㄣˋ） 臻合三去震見

訽(2)

九輦切 jiǔ niǎn 蹇 jiǎn（ㄐㄧㄢˇ） 山開三上獮見

謇搴攓儙揵縺巉搴鱴襸(11)

九容切 jiǔ róng 恭 gōng（ㄍㄨㄥ） 通合三平鍾見

龔供珙邛共哄廾髸鵋(10)

九勿切 jiǔ wù 亥 jué（ㄐㄩㄝˊ） 臻合三入物見

孓緅厥屈鷢趉𤁶剭踽(10)

九魚切 jiǔ yú 居 jū（ㄐㄩ） 遇合三平魚見

痃据裾琚腒鶋車蜛崌椐涺莒腒(14)

九遇切 jiǔ yù 屨 jù（ㄐㄩˋ） 遇合三去遇見

句蒟絇瞿界怐篘郇眗(10)

臼万切 jiù wàn 圈 juàn（ㄐㄩㄢˋ） 山合三去願群

ju（ㄐㄩ）

居縛切 jū fù 玃 jué（ㄐㄩㄝˊ） 宕合三入藥見

玃趯钁攫矍戄彏躩鸜𩌏(11)

居盍切 jū hé 砝 gé（ㄍㄜˊ） 咸開一入盍見

鴐(2)

居悸切 jū jì	季 jì（ㄐㄧˋ）	止合三去至見
	瞡(2)	
居伽切 jū jiā	迦 jiā（ㄐㄧㄚ）	果開三平戈見
居竭切 jū jié	訐 jié（ㄐㄧㄝˊ）	山開三入月見
	趨羯揭㩉鐍(6)	
居倦切 jū juàn	眷 juàn（ㄐㄩㄢˋ）	山合三去線見
	睠捲弮卷桊帣絭惓觠弮餋蜷弮勬(15)	
居況切 jū kuàng	誑 guàng（ㄍㄨㄤˋ）	宕合三去漾見
	狴俇軭(4)	
居誄切 jū lěi	癸 guǐ（ㄍㄨㄟˇ）	止合三上旨見
	湀(2)	
居理切 jū lǐ	紀 jǐ（ㄐㄧˇ）	止開三上止見
	己改邔(4)	
居立切 jū lì	急 jí（ㄐㄧˊ）	深開三入緝見
	汲給伋級芨慹疲彶皀馺(11)	
居吏切 jū lì	記 jì（ㄐㄧˋ）	止開三去志見
居例切 jū lì	猘 jì（ㄐㄧˋ）	蟹開三去祭見
	罽瀱羼瀱訐彐蘮(8)	
居良切 jū liáng	薑 jiāng（ㄐㄧㄤ）	宕開三平陽見
	蘠畺疆壃畕犟繮韁殭礓橿姜蠷僵(15)	
居兩切 jū liǎng	繈[1] jiǎng（ㄐㄧㄤˇ）	宕開三上養見
	鏹襁膙勥(5)	

① 繈、襁，今读 qiǎng。

居亮切 jū liàng	彊 jiàng（ㄐㄧㄤˋ）	宕開三去漾見
居列切 jū liè	孑 jié（ㄐㄧㄝˊ）	山開三入薛見
	訐釨趌楬揭(6)	
居陵切 jū líng	兢 jīng（ㄐㄧㄥ）	曾開三平蒸見
	矜(2)	
居六切 jū liù	菊 jú（ㄐㄩˊ）	通合三入屋見
	鞠蘜蓻㥌𩋙掬匊𥳫𡩋鞫𥤠𥨍𤝔鵴𪂆阮坈啹鵴椈𩌏臼鴼𩝘諊𩮉踘闅梡跼泦趜(33)	
居履切 jū lǚ	几 jǐ（ㄐㄧˇ）	止開三上旨見
	麂麂屼机邔犱屫碊(9)	
居乞切 jū qǐ	訖[1] jì（ㄐㄧˋ）	臻開三入迄見
	吃扢曁䲯(5)	
居企切 jū qǐ	駇 jì（ㄐㄧˋ）	止開三去寘見
	䍐(2)	
居綺切 jū qǐ	掎 jǐ（ㄐㄧˇ）	止開三上紙見
	剞庋庪踦犄攲(7)	
居欠切 jū qiàn	劎 jiàn（ㄐㄧㄢˋ）	咸開三去釅見
居怯切 jū qiè	劫 jié（ㄐㄧㄝˊ）	咸開三入業見
	衱袷蜐跲鉣砝縌𣅭(9)	
居慶切 jū qìng	敬 jìng（ㄐㄧㄥˋ）	梗開三去映見
	竟鏡獍(4)	
居求切 jū qiú	鳩 jiū（ㄐㄧㄡ）	流開三平尤見

① 訖，今读 qì。

	芁劜朻𨊧疝鬮丩龜勼(10)	
居虯切 jū qiú	樛 jiū（ㄐㄧㄡ）	流開三平幽見
	弓(丩)茾朻疝(5)	
居忍切 jū rěn	緊 jǐn（ㄐㄧㄣˇ）	臻開三上軫見
	胗䐃瘽(4)	
居戎切 jū róng	弓 gōng（ㄍㄨㄥ）	通合三平東見
	躳躬涫宫匔(6)	
居勺切 jū sháo	腳[1] jué（ㄐㄩㄝˊ）	宕開三入藥見
	脚蹻卻屩(5)	
居狶切 jū shǐ	蟣 jǐ（ㄐㄧˇ）	止開三上尾見
	幾機鐖(4)	
居悚切 jū sǒng	拱 gǒng（ㄍㄨㄥˇ）	通合三上腫見
	拲碧鞏蛬卞珙廾拜栱㷂巩挙鞏鮝巩栱輁(18)	
居隋切 jū suí	䠩 guī（ㄍㄨㄟ）	止合三平支見
	槻槻規鬹嫢摫(7)	
居万切 jū wàn	建 jiàn（ㄐㄧㄢˋ）	山開三去願見
	旔(2)	
居往切 jū wǎng	獷 guǎng（ㄍㄨㄤˇ）	宕合三上養見
居爲切 jū wéi	嬀 guī（ㄍㄨㄟ）	止合三平支見
	溈(2)	
居洧切 jū wěi	軌 guǐ（ㄍㄨㄟˇ）	止合三上旨見

---

① 腳、脚，今又读 jiǎo，白读音。

篕杋晷㕾漸宄匭匭頯氿衎(12)

居偉切 jū wěi　鬼 guǐ（ㄍㄨㄟˇ）　止合三上尾見

居胃切 jū wèi　貴 guì（ㄍㄨㄟˋ）　止合三去未見

瞶𩒲(3)

居衛切 jū wèi　劌 guì（ㄍㄨㄟˋ）　蟹合三去祭見

鱖劂蹶蹶𧞪(6)

居焮切 jū xìn　靳 jìn（ㄐㄧㄣˋ）　臻開三去焮見

斤抻撻劤(5)

居許切 jū xǔ　舉 jǔ（ㄐㄩˇ）　遇合三上語見

莒櫸筥籧䞗弆柜邭㪺(10)

居延切 jū yán　甄 jiān（ㄐㄧㄢ）　山開三平仙見

蘄甄(3)

居言切 jū yán　攑 jiān（ㄐㄧㄢ）　山開三平元見

橏靬鞬韉㓺犍腱騝鍵鬻鬻(12)

居奄切 jū yǎn　檢 jiǎn（ㄐㄧㄢˇ）　咸開三上琰見

瞼(2)

居偃切 jū yǎn　湕 jiǎn（ㄐㄧㄢˇ）　山開三上阮見

𥟍犍揵蹇(5)

居夭切 jū yāo　矯 jiǎo（ㄐㄧㄠˇ）　效開三上小見

鱎觲敿撟嬌𥄶蟜譑鄡爁蹻(12)

居依切 jū yī　機 jī（ㄐㄧ）　止開三平微見

譏蘄嘰蘎磯鞿饑禨幾趚鐖僟璣气鐖(16)

居夷切 jū yí　飢 jī（ㄐㄧ）　止開三平脂見

机肌虮(4)

居宜切 jū yí	羈 jī（ㄐㄧ）	止開三平支見
	畸羇掎攲奇犄妓騎(9)	
居乙切 jū yǐ	暨 jì（ㄐㄧˋ）	臻開三入質見
居豙切 jū yì	既 jì（ㄐㄧˋ）	止開三去未見
	暨禨溉饮旡蔇(7)	
居義切 jū yì	寄 jì（ㄐㄧˋ）	止開三去寘見
	腧徛(3)	
居吟切 jū yín	金 jīn（ㄐㄧㄣ）	深開三平侵見
	今黅衿襟裣禁憐黔(9)	
居銀切 jū yín	巾 jīn（ㄐㄧㄣ）	臻開三平真見
居飲切 jū yǐn	錦 jǐn（ㄐㄧㄣˇ）	深開三上寑見
居隱切 jū yǐn	謹 jǐn（ㄐㄧㄣˇ）	臻開三上隱見
	新犢槿堇墐瑾慬巹蓳赾(11)	
居蔭切 jū yìn	禁 jìn（ㄐㄧㄣˋ）	深開三去沁見
	僸襟(3)	
居郢切 jū yǐng	頸 jǐng（ㄐㄧㄥˇ）	梗開三上静見
居影切 jū yǐng	警 jǐng（ㄐㄧㄥˇ）	梗開三上梗見
	儆景境璥蟼檠憼(8)	
居用切 jū yòng	供 gòng（ㄍㄨㄥˋ）	通合三去用見
	龔(2)	
居黝切 jū yǒu	糾[①] jiǔ（ㄐㄧㄡˇ）	流開三上黝見
	赳朻鬮(4)	

① 糾，今读 jiū，实来自居求切。

居祐切 jū yòu　救 jiù（ㄐㄧㄡˋ）　流開三去宥見

灸廄究𥤢疚𣪘𩟹𧩼𤟈𨗟(11)

居玉切 jū yù　輂 jú（ㄐㄩˊ）　通合三入燭見

𦮯鋦挶臼梮𨊻𣔙𣚞𢫬𥿉𩭷(12)

居聿切 jū yù　譎 jú（ㄐㄩˊ）　臻合三入術見

蟜繘趫趫驈肐膰(8)

居御切 jū yù　據 jù（ㄐㄩˋ）　遇合三去御見

鋸倨踞椐鐻澽艍鋸㨿(10)

居員切 jū yuán　勬 juān（ㄐㄩㄢ）　山合三平仙見

居願切 jū yuàn　䘒 juàn（ㄐㄩㄢˋ）　山合三去願見

𦮯(2)

居月切 jū yuè　厥 jué（ㄐㄩㄝˊ）　山合三入月見

氒蹶蹷𧾣𧽻瘚劂蕨鐝蟩橜𥕾𠪚𠡒撅鱖孓

亅(19)

居勻切 jū yún　均 jūn（ㄐㄩㄣ）　臻合三平諄見

鈞袀汮(4)

居筠切 jū yún　麏 jūn（ㄐㄩㄣ）　臻合三平真見

麇麕頵莙汮(6)

居運切 jū yùn　攈 jùn（ㄐㄩㄣˋ）　臻合三去問見

捃皸𧲵𧳮(5)

居輒切 jū zhé　𦁉 jié（ㄐㄧㄝˊ）　咸開三入葉見

䳭(2)

居正切 jū zhèng　勁 jìng（ㄐㄧㄥˋ）　梗開三去勁見

居之切 jū zhī　姬 jī（ㄐㄧ）　止開三平之見

	朞稘基箕萁筃惎其錤居諆(12)	
居帋切 jū zhǐ	枳 jǐ（ㄐㄧˇ）	止開三上紙見
居質切 jū zhì	吉 jí（ㄐㄧˊ）	臻開三入質見
	趌狤拮趪郆洁詰(8)	
居轉切 jū zhuǎn	卷 juǎn（ㄐㄩㄢˇ）	山合三上獮見
	菤鞶陒捲埢(6)	
居追切 jū zhuī	龜 guī（ㄍㄨㄟ）	止合三平脂見
	龜䍐跻螝騩(6)	
舉喬切 jǔ qiáo	驕 jiāo（ㄐㄧㄠ）	效開三平宵見
	嬌憍檇鷮蕎喬簥撟(9)	
舉卿切 jǔ qīng	驚 jīng（ㄐㄧㄥ）	梗開三平庚見
	京荊麠麖鶁蟼(7)	
舉韋切 jǔ wéi	歸 guī（ㄍㄨㄟ）	止合三平微見
	嵟騩(3)	
舉欣切 jǔ xīn	斤 jīn（ㄐㄧㄣ）	臻開三平欣見
	筋筋釿(4)	
舉有切 jǔ yǒu	久 jiǔ（ㄐㄧㄡˇ）	流開三上有見
	九玖灸韭炇奆(7)	
舉云切 jǔ yún	君 jūn（ㄐㄩㄣ）	臻合三平文見
	軍皸桾箘莙宭鮶(8)	
舉朱切 jǔ zhū	拘 jū（ㄐㄩ）	遇合三平虞見
	駒眗昫岣斞鄹捄跔鮈俱痀臾礶(14)	
巨成切 jù chéng	頸 qíng（ㄑㄧㄥˊ）	梗開三平清群
	鯨勁剄(4)	

巨嬌切 jù jiāo　喬 qiáo（ㄑㄧㄠˊ）　效開三平宵群

橋趫僑簥鐈鷮嶠驕轎嬌蕎蟜蹻犞盉(16)

巨巾切 jù jīn　瘽 qín（ㄑㄧㄣˊ）　臻開三平真群

墐堇墐鈐(5)

巨斤切 jù jīn　勤 qín（ㄑㄧㄣˊ）　臻開三平欣群

芹懃慬懄瘽穫靳(8)

巨金切 jù jīn　琴 qín（ㄑㄧㄣˊ）　深開三平侵群

襟捦擒黔禽芩邻檎庈鵭琹澿凛庈雂鈙炊

黚穋聆靲(22)

巨靳切 jù jìn　近 jìn（ㄐㄧㄣˋ）　臻開三去焮群

巨禁切 jù jìn　紟 jìn（ㄐㄧㄣˋ）　深開三去沁群

齡犴噤腃紟鈙澿笒黅(10)

巨鳩切 jù jiū　裘 qiú（ㄑㄧㄡˊ）　流開三平尤群

裘仇叴厹求莍頄蛷蝨逑球璆艽鼽莍郕賕

殏梂朹梵俅脙賂馗絿絿觩扏銶頯笨毬踈

犰逑訄釚捄肍慦蓲艏(44)

巨救切 jù jiù　舊 jiù（ㄐㄧㄡˋ）　流開三去宥群

柩匶(3)

巨良切 jù liáng　強 qiáng（ㄑㄧㄤˊ）　宕開三平陽群

彊繮勥(4)

巨王切 jù wáng　狂 kuáng（ㄎㄨㄤˊ）　宕合三平陽群

軖軭鵟𨝋(5)

巨險切 jù xiǎn　　儉[1] jiàn（ㄐㄧㄢˋ）　　咸開三上琰群

茨(2)

巨靴切 jù xuē　　瘸 qué（ㄑㄩㄝˊ）　　果合三平戈群

巨淹切 jù yān　　箝 qián（ㄑㄧㄢˊ）　　咸開三平鹽群

鉗岒鉆黚拑黔㺂鳹䨝鍼鈐(12)

巨言切 jù yán　　籛 qián（ㄑㄧㄢˊ）　　山開三平元群

赶(2)

巨鹽切 jù yán　　鍼 qián（ㄑㄧㄢˊ）　　咸開三平鹽群

巨夭切 jù yāo　　驕 jiào（ㄐㄧㄠˋ）　　效開三上小群

巨要切 jù yào　　翹 qiào（ㄑㄧㄠˋ）　　效開三去笑群

巨業切 jù yè　　跲 jié（ㄐㄧㄝˊ）　　咸開三入業群

袷吸极笈(5)

巨乙切 jù yǐ　　姞 jí（ㄐㄧˊ）　　臻開三入質群

佶鮚趌狤(5)

巨郢切 jù yǐng　　痙 jìng（ㄐㄧㄥˋ）　　梗開三上静群

涇(2)

巨幼切 jù yòu　　趴 jiù（ㄐㄧㄡˋ）　　流開三去幼群

巨員切 jù yuán　　權 quán（ㄑㄩㄢˊ）　　山合三平仙群

拳狋觠顴踡婘孉躣痊惓蠸齤卷𪇍夐益䟡
鬈趯臛蜷捲(23)

巨支切 jù zhī　　祇 qí（ㄑㄧˊ）　　止開三平支群

---

① 儉，今读 jiǎn。

示衹岐歧郊駿疷蚑忯跂翍敊軝軧芪汥跂
䮈蚔秖蚑伎鼓忯(25)

具冀切 jù jì　　臮 jì（ㄐㄧˋ）　　止開三去至群

暨鱀洎垍塈㶓(7)

具籰切 jù yuè　　戄 jué（ㄐㄩㄝˊ）　　宕合三入藥群

躩䜇䢲玃(5)

俱往切 jù wǎng　　𢸸 guàng（ㄍㄨㄤˋ）　　宕合三上養群

迋俇逛(4)

俱位切 jù wèi　　媿[①] guì（ㄍㄨㄟˋ）　　止合三去至見

愧聭謉騩䫥(6)

俱永切 jù yǒng　　憬 jiǒng（ㄐㄩㄥˇ）　　梗合三上梗見

囧臩璟𤟄暻(6)

俱雨切 jù yǔ　　矩 jǔ（ㄐㄩˇ）　　遇合三上麌見

榘踽枸萭瑀楀翑楀蒟椇(11)

K（ㄎ）

kai（ㄎㄞ）

楷革切 kǎi gé　　礊 kè（ㄎㄜˋ）　　梗開二入麥溪

𩹉𥜥緙礊諽(6)

① 媿、愧，今读 kuì。

kang（ㄎㄤ）

康董切 kāng dǒng　孔 kǒng（ㄎㄨㄥˇ）　通合一上董溪
倥(2)

康杜切 kāng dù　苦 kǔ（ㄎㄨˇ）　遇合一上姥溪
箬(2)

康很切 kāng hěn　墾 kěn（ㄎㄣˇ）　臻開一上很溪
懇齦豤(4)

康禮切 kāng lǐ　啓 qǐ（ㄑㄧˇ）　蟹開四上薺溪
棨綮卟䭫稽晵闙启肎偯軗(12)

ke（ㄎㄜ）

可顏切 kě yán　豣 qiān（ㄑㄧㄢ）　山開二平刪溪
鬜(2)

恪八切 kè bā　㼤 qià（ㄑㄧㄚˋ）　山開二入黠溪
擖劼鬝鬜䂊刮硈菰姞咭故(12)

恪侯切 kè hóu　彄 kōu（ㄎㄡ）　流開一平侯溪
摳剾韝㧣滱豿瞘(8)

客庚切 kè gēng　阬 kēng（ㄎㄥ）　梗開二平庚溪
坑硎䃘硫劥(6)

kong（ㄎㄨㄥ）

空谷切 kōng gǔ　哭 kū（ㄎㄨ）　通合一入屋溪
嗀㱿瞉陪䆪毃縠(8)

空旱切 kōng hàn　侃 kǎn（ㄎㄢˇ）　山開一上旱溪
衎(2)

kou（ㄎㄡ）

口荅切 kǒu dá　溘 kè（ㄎㄜˋ）　咸開一入合溪
榼匼匧搕㕎欱(7)

口敢切 kǒu gǎn　厰 kǎn（ㄎㄢˇ）　咸開一上敢溪
䖔(2)

口箇切 kǒu gè　坷 kè（ㄎㄜˋ）　果開一去箇溪
軻蚵䯍(4)

口含切 kǒu hán　龕 kān（ㄎㄢ）　咸開一平覃溪
戡頷堪戡㾕嵁坩撖㪁(10)

口滑切 kǒu huá　劼 kuà（ㄎㄨㄚˋ）　山合二入黠溪

口喚切 kǒu huàn　鑛 kuàn（ㄎㄨㄢˋ）　山合一去换溪
鱇(2)

口交切 kǒu jiāo　敲 qiāo（ㄑㄧㄠ）　效開二平肴溪
跤骹膠磽磽硗磝鄗墝頝(11)

口皆切 kǒu jiē　揩 kāi（ㄎㄞ）　蟹開二平皆溪
緒偕楷(4)

口莖切 kǒu jīng　鏗 kēng（ㄎㄥ）　梗開二平耕溪
鏗鞕鵛誙牼崆硻殸捁輕硜摼䃘䞋(15)

口迥切 kǒu jiǒng　褧[①] qiǒng（ㄑㄩㄥˇ）　梗合四上迥溪

① 褧、絅，今读 jiǒng。

繠苘烓纐絅(6)

口銜切 kǒu xián　嵌 qiān（ㄑㄧㄢ）　咸開二平銜溪

口陷切 kǒu xiàn　歉 qiàn（ㄑㄧㄢˋ）　咸開二去陷溪

䫡(2)

口猥切 kǒu wěi　頍 kuǐ（ㄎㄨㄟˇ）　蟹合一上賄溪

殨傀䯓磈(5)

ku（ㄎㄨ）

枯駕切 kū jià　髂 qià（ㄑㄧㄚˋ）　假開二去禡溪

䯏痾謑哬敤(6)

枯我切 kū wǒ　可 kě（ㄎㄜˇ）　果開一上哿溪

岢軻坷(4)

枯鎋切 kū xiá　䈓 qià（ㄑㄧㄚˋ）　山開二入鎋溪

楬碆趏(4)

苦哀切 kǔ āi　開 kāi（ㄎㄞ）　解開一平咍溪

敱侅奒荄(5)

苦愛切 kǔ ài　慨 kài（ㄎㄞˋ）　蟹開一去代溪

愾欬鎧闓嘅(6)

苦謗切 kǔ bàng　曠 kuàng（ㄎㄨㄤˋ）　宕合一去宕溪

爌矌壙纊(5)

苦本切 kǔ běn　閫 kǔn（ㄎㄨㄣˇ）　臻合一上混溪

壼悃稛裍悃頵梱齫硱(10)

苦刀切 kǔ dāo　尻 kāo（ㄎㄠ）　效開一平豪溪

𡰪(2)

苦到切 kǔ dào	犒 kào（ㄎㄠˋ） 犒槀靠顥(5)	效開一去号溪
苦得切 kǔ dé	刻 kè（ㄎㄜˋ） 克剋勀娔(5)	曾開一入德溪
苦等切 kǔ děng	肯[1] kěng（ㄎㄥˇ） 肎(2)	曾開一上等溪
苦甸切 kǔ diàn	俔 qiàn（ㄑㄧㄢˋ） 牽豉蜆倴涀汧鬜(8)	山開四去霰溪
苦簟切 kǔ diàn	嗛 qiǎn（ㄑㄧㄢˇ） 歉[2] 傔膁(4)	咸開四上忝溪
苦弔切 kǔ diào	竅 qiào（ㄑㄧㄠˋ） 撽(2)	效開四去嘯溪
苦定切 kǔ dìng	罄 qìng（ㄑㄧㄥˋ） 窒磬殸廎謦鏧(7)	梗開四去徑溪
苦對切 kǔ duì	塊 kuài（ㄎㄨㄞˋ） 凷堁(3)	蟹合一去隊溪
苦蓋切 kǔ gài	磕 kài（ㄎㄞˋ） 鶡轄愒溘犗㝯𢿣郃(9)	蟹開一去泰溪
苦甘切 kǔ gān	坩 kān（ㄎㄢ）	咸開一平談溪
苦感切 kǔ gǎn	坎 kǎn（ㄎㄢˇ） 歁惂輡錎轗埳顑饖臽(10)	咸開一上感溪

① 今读 kěn。
② 今读 qiàn。

苦旰切 kǔ gàn　侃 kàn（ㄎㄢˋ）　山開一去翰溪
侃𠈺看衎鶍(6)

苦紺切 kǔ gàn　勘 kàn（ㄎㄢˋ）　咸開一去勘溪
峆嵁䫲轗𩞁磡(7)

苦岡切 kǔ gāng　康 kāng（ㄎㄤ）　宕開一平唐溪
穅糠㰠㝩槺䆲螗䆲邟漮𤬨𤮏𩨃(14)

苦格切 kǔ gé　客 kè（ㄎㄜˋ）　梗開二入陌溪
喀礊挌(4)

苦各切 kǔ gè　恪[①] kè（ㄎㄜˋ）　宕開一入鐸溪
愙窓(3)

苦貢切 kǒng gòng　控 kòng（ㄎㄨㄥˋ）　通合一去送溪
倥悾鞚空腔(6)

苦骨切 kǔ gǔ　窟 kū（ㄎㄨ）　臻合一入没溪
顝汩頢矻堀䭸捁圣㲄堀䯊嶇䭰朏(15)

苦故切 kǔ gù　絝 kù（ㄎㄨˋ）　遇合一去暮溪
袴庫胯䓢苦跨(7)

苦瓜切 kǔ guā　誇 kuā（ㄎㄨㄚ）　假合二平麻溪
舿夸姱跨胯侉髃(8)

苦夬切 kǔ guài　快 kuài（ㄎㄨㄞˋ）　蟹合二去夬溪
噲䯤駃璯(5)

苦怪切 kǔ guài　蒯 kuài（ㄎㄨㄞˋ）　蟹合二去怪溪

---

① 恪、窓，又读 què，白读音。

	喟嬇鞼簣簣嘳蕢墤(9)	
苦官切 kǔ guān	寬 kuān（ㄎㄨㄢ）	山合一平桓溪
	髖(2)	
苦管切 kǔ guǎn	款 kuǎn（ㄎㄨㄢˇ）	山合一上緩溪
	欵欵窾鐼梡棵鰀(8)	
苦光切 kǔ guāng	骯 kuāng（ㄎㄨㄤ）	宕合一平唐溪
苦圭切 kǔ guī	睽[①] kuī（ㄎㄨㄟ）	蟹合四平齊溪
	奎湀刲刲荎骷睽鮭䖯蝰挂桂蘳觟(15)	
苦郭切 kǔ guō	廓 kuò（ㄎㄨㄛˋ）	宕合一入鐸溪
	鞹漷廓籗噋(6)	
苦果切 kǔ guǒ	顆 kě（ㄎㄜˇ）	果合一上果溪
	堁敤(3)	
苦亥切 kǔ hài	愷 kǎi（ㄎㄞˇ）	蟹開一上海溪
	凱颽塏暟鎧闓膭輆(9)	
苦駭切 kǔ hài	楷 kǎi（ㄎㄞˇ）	蟹開二上駭溪
	劈煯鍇(4)	
苦寒切 kǔ hán	看 kān（ㄎㄢ）	山開一平寒溪
	輡栞栞靬豻刊(7)	
苦浩切 kǔ hào	考 kǎo（ㄎㄠˇ）	效開一上晧溪
	攷栲槁祰洘燺丂顥薧(10)	
苦禾切 kǔ hé	科 kē（ㄎㄜ）	果合一平戈溪
	窠薖棵萪蝌牱犐課薖稞瘑髁碢(14)	

① 睽、奎，今读 kuí。

苦何切 kǔ hé	珂 kē（ㄎㄜ）	果開一平歌溪
	呿滒轲(4)	
苦曷切 kǔ hé	渴 kě（ㄎㄜˇ）	山開一入曷溪
	漖瘍鶡崵磕骬楬(8)	
苦盍切 kǔ hé	榼 kè（ㄎㄜˋ）	咸開一入盍溪
	磕褡匼礚轞(6)	
苦紅切 kǔ hóng	空 kōng（ㄎㄨㄥ）	通合一平東溪
	箜崆椌硿椌悾埪倥涳鵼莖崆蛏(14)	
苦后切 kǔ hòu	口 kǒu（ㄎㄡˇ）	流開一上厚溪
	扣㸆犸釦叩訌邙竘(9)	
苦候切 kǔ hòu	寇 kòu（ㄎㄡˋ）	流開一去候溪
	滱怐扣鷇嫛鷇篾瞀詬(10)	
苦胡切 kǔ hú	枯 kū（ㄎㄨ）	遇合一平模溪
	刳扜郀軲殆跍挎殻橰鮬(11)	
苦化切 kǔ huà	跨 kuà（ㄎㄨㄚˋ）	假合二去禡溪
	胯屮(3)	
苦淮切 kǔ huái	匯 kuāi（ㄎㄨㄞ）	蟹合二平皆溪
	擓蒯(3)	
苦回切 kǔ huí	恢[①] kuī（ㄎㄨㄟ）	蟹合一平灰溪
	詼悝魁箃豗顝盔(8)	
苦會切 kǔ huì	檜 kuì（ㄎㄨㄟˋ）	蟹合一去泰溪
苦擊切 kǔ jī	燩 qì（ㄑㄧˋ）	梗開四入錫溪

① 恢、詼，今读 huī。

擎毄喫噭𥝩㲉愨跤(9)

苦計切 kǔ jì　　契 qì（ㄑㄧˋ）　　蟹開四去霽溪

栔罊䏿甈觢愒㓞類𦙄(10)

苦加切 kǔ jiā　　𪘨 qiā（ㄑㄧㄚ）　　假開二平麻溪

忦𡡑(3)

苦兼切 kǔ jiān　　謙 qiān（ㄑㄧㄢ）　　咸開四平添溪

䌸(2)

苦堅切 kǔ jiān　　牽 qiān（ㄑㄧㄢ）　　山開四平先溪

縴邢汧蚈麉掔岍雃(9)

苦減切 kǔ jiǎn　　床 qiǎn（ㄑㄧㄢˇ）　　咸開二上豏溪

㦿歉撖䫡𣗲槏(7)

苦江切 kǔ jiāng　　腔 qiāng（ㄑㄧㄤ）　　江開二平江溪

𤞚羫控椌悾𨑨涳崆𩨷𤶊𤭢(12)

苦皎切 kǔ jiǎo　　磽 qiǎo（ㄑㄧㄠˇ）　　效開四上篠溪

䂝(2)

苦絞切 kǔ jiǎo　　巧 qiǎo（ㄑㄧㄠˇ）　　效開二上巧溪

髜(2)

苦教切 kǔ jiào　　敲 qiào（ㄑㄧㄠˋ）　　效開二去效溪

礉巧(3)

苦結切 kǔ jié　　猰 qiè（ㄑㄧㄝˋ）　　山開四入屑溪

㓞挈䂿㓞契栔鍥䂿(9)

苦戒切 kǔ jiè　　炫 kài（ㄎㄞˋ）　　蟹開二去怪溪

烕劾揩(4)

苦鶪切 kǔ jú　闃 qù（ㄑㄩˋ）　梗合四入錫溪

鶪(2)

苦角切 kǔ jué　殻 què（ㄑㄩㄝˋ）　江開二入覺溪

設愨推確碻皵觳觳燩嚳礐塙㱿㱿硞肻埆

圁(19)

苦礦切 kǔ kuàng　㔶 kǒng（ㄎㄨㄥˇ）　梗合二上梗溪

苦昆切 kǔ kūn　坤 kūn（ㄎㄨㄣ）　臻合一平魂溪

巛髡顐髖猑髖(7)

苦栝切 kǔ kuò　闊 kuò（ㄎㄨㄛˋ）　山合一入末溪

蛞筈适踻䣔(6)

苦濫切 kǔ làn　闞 kàn（ㄎㄢˋ）　咸開一去闞溪

瞰矙嚂䫲(5)

苦朗切 kǔ lǎng　慷 kǎng（ㄎㄤˇ）　宕開一上蕩溪

忼㡉骯軚㡉慷(7)

苦浪切 kǔ làng　抗 kàng（ㄎㄤˋ）　宕開一去宕溪

閌炕犺伉亢蚢砊邟䡉阬頏(12)

苦賣切 kǔ mài　𡢃 kài（ㄎㄞˋ）　蟹開二去卦溪

郲(2)

苦悶切 kǔ mèn　困 kùn（ㄎㄨㄣˋ）　臻合一去慁溪

梱涃顐(4)

苦念切 kǔ niàn　傔 qiàn（ㄑㄧㄢˋ）　咸開四去㮇溪

苦洽切 kǔ qià　恰 qià（ㄑㄧㄚˋ）　咸開二入洽溪

掐䏿刣鰔帢䶗㡚帢斜(10)

苦緺切 kǔ wā	咼 kuā（ㄎㄨㄚ）	蟹合二平佳溪
	喎絓菲葵闔(6)	
苦瓦切 kǔ wǎ	髁 kuǎ（ㄎㄨㄚˇ）	假合二上馬溪
	跨骻峆銙幍屮(7)	
苦沃切 kǔ wò	酷 kù（ㄎㄨˋ）	通合一入沃溪
	焅秙嚳硞嵜(6)	
苦卧切 kǔ wò	課 kè（ㄎㄜˋ）	果合一去過溪
	堁敤髁屎痳科(7)	
苦奚切 kǔ xī	谿 qī（ㄑㄧ）	蟹開四平齊溪
	嵠溪[①] 磎鸂谿螇鼷(8)	
苦下切 kǔ xià	跒 qiǎ（ㄑㄧㄚˇ）	假開二上馬溪
苦咸切 kǔ xián	鵮 qiān（ㄑㄧㄢ）	咸開二平咸溪
	鼭嵁㺝𪇄(5)	
苦閑切 kǔ xián	慳 qiān（ㄑㄧㄢ）	山開二平山溪
	靦顅掔鬜挳臤鋻(8)	
苦協切 kǔ xié	愜 qiè（ㄑㄧㄝˋ）	咸開四入帖溪
	悘悏㾜匧篋恷㛍(8)	
苦蟹切 kǔ xiè	芳 kǎi（ㄎㄞˇ）	蟹開二上蟹溪
	鍇腊(3)	
苦泫切 kǔ xuàn	犬 quǎn（ㄑㄩㄢˇ）	山合四上銑溪
苦穴切 kǔ xué	闋 què（ㄑㄩㄝˋ）	山合四入屑溪

① 今读 xī。

湙鈌[1] 闕(4)

苦幺切 kǔ yāo 鄡 qiāo（ㄑㄧㄠ） 效開四平蕭溪

鄵毃墽䆻(5)

kuang（ㄎㄨㄤ）

狂兖切 kuáng yǎn 蜎 juàn（ㄐㄩㄢˋ） 山合三上獮群

況逼切 kuàng bī 洫 xù（ㄒㄩˋ） 曾合三入職曉

侐閾䦗䦗旻䵻𤸃黬緎䎀䀢淢䙔(14)

況必切 kuàng bì 獝 xù（ㄒㄩˋ） 臻開三入質曉

況晚切 kuàng wǎn 暅 xuǎn（ㄒㄩㄢˇ） 山合三上阮曉

暖咺烜愃䚭諼(7)

況僞切 kuàng wěi 毁 huì（ㄏㄨㄟˋ） 止合三去寘曉

況于切 kuàng yú 訏 xū（ㄒㄩ） 遇合三平虞曉

吁雩歑疔盱衧煦姁昫扜雩夸忏䣱盱軒欨

虖䢅(20)

況羽切 kuàng yǔ 詡 xǔ（ㄒㄩˇ） 遇合三上麌曉

昫喣姁栩珝欨栩咻煦昫煦(12)

況袁切 kuàng yuán 暄 xuān（ㄒㄩㄢ） 山合三平元曉

煖暖萱暖諼塤壎鶢吅狟喧諠愋讙翾𩍐䲻

蝖(19)

kui（ㄎㄨㄟ）

窺瑞切 kuī ruì 觖 kuì（ㄎㄨㄟˋ） 止合三去寘溪

---

① 今读 quē。

L (ㄌ)

lai（ㄌㄞ）

來宕切 lái dàng 浪 làng（ㄌㄤˋ） 宕開一去宕來

閬埌蘭蒗(5)

來改切 lái gǎi 銇 lǎi（ㄌㄞˇ） 蟹開一上海來

唻(2)

來可切 lái kě 樏 luǒ（ㄌㄨㄛˇ） 果開一上哿來

鄹欏砢儸矖㪹剆皙(9)

賴諧切 lài xié 唻 lái（ㄌㄞˊ） 蟹開二平皆來

lang（ㄌㄤ）

郎到切 láng dào 嫪 lào（ㄌㄠˋ） 效開一去号來

澇潦勞僗嘮癆鐒(8)

郎甸切 láng diàn 練 liàn（ㄌㄧㄢˋ） 山開四去霰來

湅鍊揀楝瓤鰊健萰堜湅瀨敕䋯㯬(15)

郎丁切 láng dīng 靈 líng（ㄌㄧㄥˊ） 梗開四平青來

䨩䴇䨩舲齡麢𢸵囹鴒篈蛉鈴霝醽苓欞柃
𩂳伶泠瓴蠕拎刢䖅賭瓴玲𨇨䰱疼聆竛釘
蘦軨轜笭零䴒令䡼灵䉹䰱龗翎閝齡鴒昤
駖蠕𩆏蕶酃詅彾軨呤跉狑獵爧泠怜皿艫
攊澪鏻櫺秢䕘獜岭鯪毦飳紷䕘砱阾羚姈
牸(87)

郎定切 láng dìng 零 lìng（ㄌㄧㄥˋ） 梗開四去徑來

𢹿令(3)

郎斗切 láng dǒu 塿 lǒu（ㄌㄡˇ） 流開一上厚來

嘍簍甊𪍿嶁𣂆謱漊𥢆(10)

郎段切 láng duàn 亂 luàn（ㄌㄨㄢˋ） 山合一去換來

欒𢿥𤔔(4)

郎旰切 láng gàn 爛 làn（ㄌㄢˋ） 山開一去翰來

爤灡𢒟欗鑭讕(7)

郎紺切 láng gàn 顲 làn（ㄌㄢˋ） 咸開一去勘來

僋灆(3)

郎古切 láng gǔ 魯 lǔ（ㄌㄨˇ） 遇合一上姥來

櫓滷虜擄𢊻㨭樐艣鐪蓾𦾂鹵𠣭𨭲𣐳𩽕(17)

郎果切 láng guǒ 裸 luǒ（ㄌㄨㄛˇ） 果合一上果來

躶臝𧹒卵瘰𤼞蓏𦝼(9)

郎擊切 láng jī 靂 lì（ㄌㄧˋ） 梗開四入錫來

𧾋𨞛癧轢鎘𨮘礫瓅秝櫪䍽櫟䲏歷曆藶瀝磿𡪢鬲𣯳蒚嚦𥌮䍥躒𨘥𪘨瓑厤攊𩣶𧝍𨣹䍦𦡶䣓𠛽𪅗䚕𣞟擽濼螃(45)

郎計切 láng jì 麗 lì（ㄌㄧˋ） 蟹開四去霽來

戾㑦隸隸儷盭綟劙𠠊唳蜧䓞沴荔捩欐𣿿𥱗涖悷栛丽蜦㸚珕𦒰𤻮𧢈䕻𩙣離𣜶(33)

郎括切 láng kuò 捋 luō（ㄌㄨㄛ） 山合一入末來

㓛蛶㸹㭩(5)

郎外切 láng wài　酹 lèi（ㄌㄟˋ）　蟹合一去泰來

頪秅餟瓃(5)

郎奚切 láng xī　黎 lí（ㄌㄧˊ）　蟹開四平齊來

犂𨐋莉黧藜鵹褫盠邌𤿎麗棃𥟖驪瓈𥌃𩥉

㦒謧穲(21)

郎佐切 láng zuǒ　邏 luò（ㄌㄨㄛˋ）　果開一去箇來

䙪癳(3)

le（ㄌㄜ）

勒兼切 lè jiān　鬑 lián（ㄌㄧㄢˊ）　咸開四平添來

薕熑溓濂燫(6)

勒没切 lè mò　䔉 lè（ㄌㄜˋ）　臻合一入没來

𨁈硉䂶𢼌(5)

li（ㄌㄧ）

離灼切 lí zhuó　略 lüè（ㄌㄩㄝˋ）　宕開三入藥來

𦅓擽掠䂮𥎊蟟略䂬(9)

里甑切 lǐ zèng　餕 lìng（ㄌㄧㄥˋ）　曾開三去證來

里之切 lǐ zhī　氂 lí（ㄌㄧˊ）　止開三平之來

貍狸氂嫠𤘽梩犛斄倈艃𣯬𤛫慸𩮾痓𥟖斄

庲𤛫(20)

力嘲切 lì cháo　顟 liáo（ㄌㄧㄠˊ）　效開二平肴來

僇窌䝀(4)

力輟切 lì chuò　劣[1] lüè（ㄌㄩㄝˋ）　山合三入薛來

㤡埒𨀬鋝脟𤛑蛶𣭈浖哷𪲔禾(13)

力店切 lì diàn　稴 liàn（ㄌㄧㄢˋ）　咸開四去㮇來

力弔切 lì diào　顟 liào（ㄌㄧㄠˋ）　效開四去嘯來

尥嫽料嘹鐐璙䍡炓(9)

力鼎切 lì dǐng　笭 lǐng（ㄌㄧㄥˇ）　梗開四上迥來

𦊨冷(3)

力冬切 lì dōng　隆 lóng（ㄌㄨㄥˊ）　通合一平冬來

鏧𩐍(3)

力董切 lì dǒng　曨 lǒng（ㄌㄨㄥˇ）　通合一上董來

襱龓竉籠攏儱儱礲(9)

力軌切 lì guǐ　壘 lěi（ㄌㄟˇ）　止合三上旨來

蜼猚虆藟灢㶟轠鸓藟誄耒讄纍(14)

力懷切 lì huái　膘 léi（ㄌㄟˊ）　蟹合二平皆來

力几切 lì jǐ　履[2] lǐ（ㄌㄧˇ）　止開三上旨來

力減切 lì jiǎn　臉 liǎn（ㄌㄧㄢˇ）　咸開二上豏來

醶(2)

力久切 lì jiǔ　柳 liǔ（ㄌㄧㄡˇ）　流開三上有來

罶罶懰珋飀嬼鎦鼩熮瀏綹䉧茆(14)

力救切 lì jiù　溜 liù（ㄌㄧㄡˋ）　流開三去宥來

---

① 劣，今读 liè。

② 今读 lǚ。

廖霤𡡓鷚餾瘤𥦒留𡉚僇廇畂𥝊飂勠翏塯𤬮(19)

力居切 lì jū　臚[1] lú（ㄌㄩˊ）　遇合三平魚來

閭鬛盧蘆櫚驢藘蕳爐濶𧅚櫖𤩱騄篖僴[2](17)

力舉切 lì jǔ　吕 lǚ（ㄌㄩˇ）　遇合三上語來

膂旅𥳑祣穭梠儢侣梠郘絽𢈈(13)

力卷切 lì juàn　戀[3] lüàn（ㄌㄩㄢˋ）　山合三去線來

欒䜌孌(4)

力求切 lì qiú　劉 liú（ㄌㄧㄡˊ）　流開三平尤來

留蒥劉摎鶹騮騧飀䘓流㳅飂飉瘤榴𡑈旒瑠䣼猫鐂䉧瀏飗鯍鰡嵧橊鎦緇𢯭鐂懰餾蟉裗鶹䉧硫遛艛僇鏐(44)

力讓切 lì ràng　亮 liàng（ㄌㄧㄤˋ）　宕開三去漾來

諒掠悢緉㹁兩踉量𠹗颹晾䀶哴涼(15)

力稔切 lì rěn　廩 lǐn（ㄌㄧㄣˇ）　深開三上寢來

㐭懍菻凜𩕝嗇㾉(8)

力入切 lì rù　立 lì（ㄌㄧˋ）　深開三入緝來

𪗲粒笠鴗苙𨽥岦砬(9)

力遂切 lì suì　類 lèi（ㄌㄟˋ）　止合三去至來

① 臚，今读 lú。

② 力居切，合口三等，以读 lǘ 为常，如驢、閭等，以读 lú 为变，如廬，臚等。

③ 戀，今读 liàn。

	淚瓃背垒蘱纍逮襰(9)	
力忝切 lì tiǎn	稴 liǎn（ㄌㄧㄢˇ）	咸開四上忝來
	溓甉(3)	
力頑切 lì wán	𨘇 luán（ㄌㄨㄢˊ）	山合二平山來
力爲切 lì wéi	羸 léi（ㄌㄟˊ）	止合三平支來
	廲(2)	
力委切 lì wěi	絫 lěi（ㄌㄟˇ）	止合三上紙來
	累樏䉓厽垒(6)	
力閑切 lì xián	孄 lán（ㄌㄢˊ）	山開二平山來
	斕惏潾(4)	
力小切 lì xiǎo	繚 liǎo（ㄌㄧㄠˇ）	效開三上小來
	燎敹璙憭繚僚醲嫽(9)	
力尋切 lì xún	林 lín（ㄌㄧㄣˊ）	深開三平侵來
	琳淋臨痳箖瀶霖(8)	
力延切 lì yán	連 lián（ㄌㄧㄢˊ）	山開三平仙來
	聮漣摙鰱獜令鏈磏慩槤䜕瀲(13)	
力鹽切 lì yán	廉 lián（ㄌㄧㄢˊ）	咸開三平鹽來
	鐮鎌䨬幨簾薕薟蘞匳籢礛獫蠊稴䭑帘 鬑覝(20)	
力兖切 lì yǎn	臠 luǎn（ㄌㄨㄢˇ）	山合三上獮來
	孌嫋脟(4)	
力驗切 lì yàn	殮 liàn（ㄌㄧㄢˋ）	咸開三去豔來
	斂瀲爁賺𩅦獫(7)	
力膺切 lì yīng	陵 líng（ㄌㄧㄥˊ）	曾開三平蒸來

	淩夌綾凌䏲蔆菱䔖倰鯪崚𣩬堎䬆掕裬𢿔(18)
力幽切 lì yōu	鏐 liú（ㄌㄧㄡˊ）　流開三平幽來
	蟉(2)
力玉切 lì yù	録 lù（ㄌㄨˋ）　通合三入燭來
	淥䚄緑醁騄娽菉逯䱚𨰠碌𨂉𧩖趢睩𣀴(17)
力摘切 lì zhāi	礐 lè（ㄌㄜˋ）　梗開二入麥來
	𥗼(2)
力展切 lì zhǎn	輦 liǎn（ㄌㄧㄢˇ）　山開三上獮來
	𪎑𤒵璉鄻僆摙蓮膦(9)
力昭切 lì zhāo	燎 liáo（ㄌㄧㄠˊ）　效開三平宵來
	髎(2)
力照切 lì zhào	尞 liào（ㄌㄧㄠˋ）　效開三去笑來
	燎𡐭𤺊療① 熮膫鷯(8)
力珍切 lì zhēn	粦 lín（ㄌㄧㄣˊ）　臻開三平真來
	燐鄰轔嶙粼磷暽麟麐鱗璘𩭕翷𧳜瞵獜驎壣䴫鏻繗潾(23)
力政切 lì zhèng	令 lìng（ㄌㄧㄥˋ）　梗開三去勁來
	詅(2)
力脂切 lì zhī	棃 lí（ㄌㄧˊ）　止開三平脂來
	梨剓秜蜊蔾犂刕悡黧鑗䵩蟍𨞰(14)

① 今读 liáo。

力紙切 lì zhǐ　　邐 lǐ（ㄌㄧˇ）　　止開三上紙來

峛叕(3)

力至切 lì zhì　　利 lì（ㄌㄧˋ）　　止開三去至來

秎颲莅涖痢䴡隷(8)

力制切 lì zhì　　例 lì（ㄌㄧˋ）　　蟹開三去祭來

厲礪勵禲癘㾐𥾐濿砅蠣蠇櫔䮥䮋𥝩䴤
糲巁犡栵𢃕㤠洌(25)

力智切 lì zhì　　詈 lì（ㄌㄧˋ）　　止開三去寘來

荔離癰珕籬(6)

力置切 lì zhì　　吏 lì（ㄌㄧˋ）　　止開三去志來

慈(2)

力質切 lì zhì　　栗 lì（ㄌㄧˋ）　　臻開三入質來

㮚蘽慄溧颲剽鷅凓篥䔁轢瑮縹塛搮蔈嘌
嵘(19)

力中切 lì zhōng　　隆 lóng（ㄌㄨㄥˊ）　　通合三平東來

癃䃧窿霳夅(6)

力鍾切 lì zhōng　　龍 lóng（ㄌㄨㄥˊ）　　通合三平鍾來

攏蠪鸗鸗礱籠朧龍(9)

力踵切 lì zhǒng　　隴 lǒng（ㄌㄨㄥˇ）　　通合三上腫來

壠𡑼(3)

力朱切 lì zhū　　僂 lǘ（ㄌㄩˊ）　　遇合三平虞來

蔞氀瞜鞻婁貗貗摟鷜鏤鄜婁瘻膢膢(16)

力竹切 lì zhú	六[1] lù（ㄌㄨˋ）	通合三入屋來
	陸戮剹勠稑穋鵱蓼漻騄鯥蔍磟蛙淕輘坴峚踛僇祾(22)	
力主切 lì zhǔ	縷 lǚ（ㄌㄩˇ）	遇合三上麌來
	膢僂褸簍嶁謱慺漊鸚嫂逌蔞(13)	
力追切 lì zhuī	纍 léi（ㄌㄟˊ）	止合三平脂來
	纍虆櫐欙壘嵲嫘瓃矋鸓儽纝(13)	
力迍切 lì zhūn	淪 lún（ㄌㄨㄣˊ）	臻合三平諄來
	倫論艑輪陯鯩蜦棆綸惀侖踚掄篇(15)	
力準切 lì zhǔn	輪 lǔn（ㄌㄨㄣˇ）	臻合三上準來
	稇(2)	

lian（ㄌㄧㄢ）

連彦切 lián yàn	殰 liàn（ㄌㄧㄢˋ）	山開三去線來
	摙(2)	
練結切 liàn jié	奊 liè（ㄌㄧㄝˋ）	山開四入屑來
	戾捩綟唳盭犬(7)	

liang（ㄌㄧㄤ）

良奬切 liáng jiǎng	网 liǎng（ㄌㄧㄤˇ）	宕開三上養來
	兩脼裲緉蜽魎勈(8)	
良倨切 liáng jù	慮 lù（ㄌㄩˋ）	遇合三去御來

① 今，今读 liù，白读音。

勴𥳐𨄹鑢櫖𩤜𡾊罜(9)

良冉切 liáng rǎn　斂 liǎn（ㄌㄧㄢˇ）　咸開三上琰來

撿薟蘞瀲獫溓嬚䭠羷𦆔𨗨𨘢(13)

良忍切 liáng rěn　嶙 lǐn（ㄌㄧㄣˇ）　臻開三上軫來

僯䫐橉撛(5)

良刃切 liáng rèn　𨘦 lìn（ㄌㄧㄣˋ）　臻開三去震來

吝悋磷閵䉮𤇐燐藺轥轔蟒䫐𪗴𪎍藺𦵃瞵

橉鏻甐賂䦧閔瞵撛𠜶躙(28)

良涉切 liáng shè　獵 liè（ㄌㄧㄝˋ）　咸開三入葉來

鬣毼躐䁽嚈擸儠獵䑲甄𥳐鱲嚈𨒍劖邋欌

𢑀礲鼰𤢪(22)

良士切 liáng shì　里 lǐ（ㄌㄧˇ）　止開三上止來

裏鯉悝李瘇理娌俚郢(10)

良僞切 liáng wěi　累 lèi（ㄌㄟˋ）　止合三去寘來

良辥切 liáng xuē　列 liè（ㄌㄧㄝˋ）　山開三入薛來

𠛸迾蛚䴕烈洌冽裂茢颲鴷栵㤡挒鴷埓𡖀

䴕栵(20)

良郢切 liáng yǐng　領 lǐng（ㄌㄧㄥˇ）　梗開三上静來

嶺阾柃衿嶺(6)

良用切 liáng yòng　贚 lòng（ㄌㄨㄥˋ）　通合三去用來

躘儱(3)

良遇切 liáng yù　屢 lù（ㄌㄩˋ）　遇合三去遇來

嘍(2)

良鴆切 liáng zhèn　臨 lìn（ㄌㄧㄣˋ）　深開三去沁來

	⿰亻臨(2)	

lin（ㄌㄧㄣ）

林直切 lín zhí	力 lì（ㄌㄧˋ）	曾開三入職來
	朸屴仂⿰馬力⿱艻力泐⿺尢力⿰豸力(9)	

lu（ㄌㄨ）

盧本切 lú běn	惀 lǔn（ㄌㄨㄣˇ）	臻合一上混來
	惀睔碖(4)	
盧達切 lú dá	剌 là（ㄌㄚˋ）	山開一入曷來
	⿱剌土⿰米剌莿瘌攋䊪癩⿸广束轢⿱剌巾⿱剌皿⿰王剌⿰目剌⿰木剌⿰虫剌(16)	
盧黨切 lú dǎng	朗 lǎng（ㄌㄤˇ）	宕開一上蕩來
	朖誏俍崀⿰木郎㝗(7)	
盧毒切 lú dú	濼 lù（ㄌㄨˋ）	通合一入沃來
盧對切 lú duì	纇 lèi（ㄌㄟˋ）	蟹合一去隊來
	耒儽⿰扌畾酹蘱⿰畾力⿱艹耒⿰禾畾壘礧⿰耒阝銇錑(14)	
盧敢切 lú gǎn	覽 lǎn（ㄌㄢˇ）	咸開一上敢來
	爁⿱監手攬欖⿵門南(6)	
盧感切 lú gǎn	壈 lǎn（ㄌㄢˇ）	咸開一上感來
	燣轗⿰氵未⿰酉林⿰啚頁⿰余木漤(8)	
盧各切 lú gè	落 luò（ㄌㄨㄛˋ）	宕開一入鐸來

絡烙洛珞酪樂[1] 雒轢笿硌駱睢輅剳鉻駝驝鮥鵅雒榕讈躒鵅瓅殆咯挌鵴濼袼略轣(34)

盧貢切 lú gòng　弄[2] lòng（ㄌㄨㄥˋ）　通合一去送來

悷梇䶬哢㢅涐(7)

盧谷切 lú gǔ　禄 lù（ㄌㄨˋ）　通合一入屋來

鹿漉渌鱳睩親觮轒轆甗艫琭簏箓螰麗麓禁碌盝盝驩醪籙蝷谷娽睩摝褷騄螰睩麁角逯录濼鏕趢騄輘剶麄麄鄜(47)

盧管切 lú guǎn　卵 luǎn（ㄌㄨㄢˇ）　山合一上緩來

盧含切 lú hán　婪 lán（ㄌㄢˊ）　咸開一平覃來

惏燣嵐葻啉(6)

盧晧切 lú hào　老 lǎo（ㄌㄠˇ）　效開一上晧來

豂獠轑橑潦蓩栳欄顟恅嘐蟉澇(14)

盧合切 lú hé　拉 lā（ㄌㄚ）　咸開一入合來

擸搚摺翋磖鶅菈歃瓪犡(11)

盧盍切 lú hé　臘 là（ㄌㄚˋ）　咸開一入盍來

鴷鱲鯻鑞蠟蝲擸皺鱲擸獵鞢邋(14)

盧紅切 lú hóng　籠 lóng（ㄌㄨㄥˊ）　通合一平東來

礱龑朧礲鑨韆瀧聾轆礱穠瓏嚨蘢櫳龔巃襱裥瓏曨鸗鑨蠪峣㠉(27)

---

① 今读 lè。

② 弄，今读 nòng。

盧候切 lú hòu　陋 lòu（ㄌㄡˋ）　流開一去候來

漏鏤屚瘻蔞瞜鎘蔏數謱劅僂(13)

盧穫切 lú huò　硦 luò（ㄌㄨㄛˋ）　宕合一入鐸來

盧瞰切 lú kàn　濫 làn（ㄌㄢˋ）　咸開一去闞來

劆醂纜爁𡢃懢䆾嚂(9)

盧昆切 lú kūn　論 lún（ㄌㄨㄣˊ）　臻合一平魂來

崘掄菕(4)

盧困切 lú kùn　論 lùn（ㄌㄨㄣˋ）　臻合一去慁來

淪碖(3)

盧鳥切 lú niǎo　了 liǎo（ㄌㄧㄠˇ）　效開四上篠來

蓼瞭䍡鄝繚憭舠䉼燋礞撩潦衦(14)

盧啓切 lú qǐ　禮 lǐ（ㄌㄧˇ）　蟹開四上薺來

礼䈜蠡艬澧醴鱧鱺鱶欚盠劙豊欐(16)

盧下切 lú xià　藞 lǎ（ㄌㄚˇ）　假開二上馬來

盧協切 lú xié　瓈 liè（ㄌㄧㄝˋ）　咸開四入帖來

𪑾㗘䴸(4)

盧則切 lú zé　勒 lè（ㄌㄜˋ）　曾開一入德來

肋扐仂艻朸𤥙玏泐忇阞竻(12)

魯打切 lǔ dǎ　冷 lěng（ㄌㄥˇ）　梗開二上梗來

魯當切 lǔ dāng　郎 láng（ㄌㄤˊ）　宕開一平唐來

蓢稂桹廊榔鋃硠鵖浪䯖蜋䱶琅瑯㝗狼䛅

蓈踉莨崀輬艆駺躴筤𥠄閬哴(30)

魯刀切 lǔ dāo　劳 láo（ㄌㄠˊ）　效開一平豪來

澇牢窂㟉䜎蟧醪撈崂嘮譊憥膠𦨈鐒䃕

嫪哰橯簝(22)

魯登切 lǔ dēng　楞 léng（ㄌㄥˊ）　曾開一平登來

棱稜輘倰裬(6)

魯鄧切 lǔ dèng　踜 lèng（ㄌㄥˋ）　曾開一去嶝來

殑(2)

魯甘切 lǔ gān　藍 lán（ㄌㄢˊ）　咸開一平談來

襤鬛擥籃䍀䳺㦨𥨍儖灆(11)

魯過切 lǔ guò　蠃 luò（ㄌㄨㄛˋ）　果合一去過來

攍𦇻𤸫廲摞儽(7)

魯何切 lǔ hé　羅 luó（ㄌㄨㄛˊ）　果開一平歌來

蘿籮儸饠灑欏囉鑼剆(10)

魯回切 lǔ huí　雷 léi（ㄌㄟˊ）　蟹合一平灰來

靁儡𠠲壨櫑壘鑘罍鐳甂畾轠(13)

lü（ㄌㄩ）

吕江切 lǚ jiāng　瀧 láng（ㄌㄤˊ）　江開二平江來

驡(2)

吕角切 lǚ jué　犖 luò（ㄌㄨㄛˋ）　江開二入覺來

礐嚛(3)

吕卹切 lǚ xù　律 lǜ（ㄌㄩˋ）　臻合三入術來

寽繂膟䔞律等嵂(8)

吕員切 lǚ yuán　孿 luán（ㄌㄨㄢˊ）　山合三平仙來

癵䜌(3)

吕張切 lǚ zhāng　良 liáng（ㄌㄧㄤˊ）　宕開三平陽來

梁粱粮糧涼凉颹量蜋踉椋䝶綡𡨇㹁醇輬(18)

呂貞切 lǚ zhēn　跉 líng（ㄌㄧㄥˊ）　梗開三平清來

令(2)

呂支切 lǚ zhī　離 lí（ㄌㄧˊ）　止開三平支來

籬醨罹璃酈𪏭驪䶘樆鸝鵹䴡縭褵蘺𧄍麗
离䍦欐蠡䅻孋漓灕𧓍𤒎𧓽攡𧲍矖穲㒧𢥞
謧劙(37)

縷𦋐切 lǚ quē　𦡉 lüé（ㄌㄩㄝˊ）　果合三平戈來

luo（ㄌㄨㄛ）

洛代切 luò dài　賚 lài（ㄌㄞˋ）　蟹開一去代來

萊睞徠勑瘷誺䚅逨(9)

洛故切 luò gù　路 lù（ㄌㄨˋ）　遇合一去暮來

露潞輅鷺璐賂簬簵虂𤸻𤻝𨂴(13)

落哀切 luò āi　來 lái（ㄌㄞˊ）　蟹開一平咍來

萊郲騋崍斄𡊧𧳋猍淶鯠鶆䅘𣮮綵庲瘷棶
犛逨𪎭麳睞黳徠(25)

落蓋切 luò gài　賴 lài（ㄌㄞˋ）　蟹開一去泰來

籟癩瀨糲襰藾莿犡鰳躝爤鵣嚦(14)

落干切 luò gān　蘭 lán（ㄌㄢˊ）　山開一平寒來

瀾闌讕攔𨶹籣韊欄躝幱囒(12)

落戈切 luò gē　蠃 luó（ㄌㄨㄛˊ）　果合一平戈來

摞騾臝蔂臝羸螺𧕿嬴𥡴蓏鑹覼腡蠡(16)

落官切 luò guān　鑾 luán（ㄌㄨㄢˊ）　山合一平桓來

鸞𡿕欒𤔡蕬𢿿𣃝臠灓孿癵圝䜌(14)

落旱切 luò hàn　嬾 lǎn（ㄌㄢˇ）　山開一上旱來

懶爛㦨讕(5)

落侯切 luò hóu　樓 lóu（ㄌㄡˊ）　流開一平侯來

婁鄭陋甊蔞劐貗䝏僂艛耬髏膢瓯廔剅摟

嘍瞜螻簍鞻慺鷜鞻褸遱謱(29)

落胡切 luò hú　盧 lú（ㄌㄨˊ）　遇合一平模來

鑪壚籚蘆顱髗鱸攎櫨轤黸獹鸕艫纑瀘瓐

爐旅𢐗廬甗嚧矑𤸇枰𩮵廬虗鑪蠦㪭蘆

(34)

落猥切 luò wěi　磥 lěi（ㄌㄟˇ）　蟹合一上賄來

磊瘤崵礧邦鐳温郲䨓蕾儡陫腽頛櫑(16)

落賢切 luò xián　蓮 lián（ㄌㄧㄢˊ）　山開四平先來

憐伶嗹縺蟒贏零(8)

落蕭切 luò xiāo　聊 liáo（ㄌㄧㄠˊ）　效開四平蕭來

膠膋膫飂遼憀寮寥料境橑撩樔廖僚寮鐐

簝缪鷯簵璙嫽漻蟟瞭䆿薳鬤寮翏線憭獠

髎廫蟧蓼敹嘹熮(42)

M（ㄇ）

mei（ㄇㄟ）

眉病切 méi bìng　命 mìng（ㄇㄧㄥˋ）　梗開三去映明

眉殞切 méi yǔn　愍 mǐn（ㄇㄧㄣˇ）　臻合三上軫明

慜憫閔敏敃暋潣篒慜𪓰黽轗鰵(14)

眉召切 méi zhào　廟 miào（ㄇㄧㄠˋ）　效開三去笑明

庿(2)

美畢切 měi bì　密 mì（ㄇㄧˋ）　臻開三入質明

峚蔤宓㴵沕樒𦥈𪆵𥈅(10)

mi（ㄇㄧ）

彌畢切 mí bì　蜜 mì（ㄇㄧˋ）　臻開三入質明

蠠謐𨢾榓𡼑宓淧𥉬(9)

彌獘切 mí bì　袂 mèi（ㄇㄟˋ）　蟹開三去祭明

彌二切 mí èr　寐 mèi（ㄇㄟˋ）　止開三去至明

媚(2)

彌箭切 mí jiàn　面 miàn（ㄇㄧㄢˋ）　山開三去線明

偭(2)

彌鄰切 mí lín　民 mín（ㄇㄧㄣˊ）　臻開三平真明

闅睧泯怋(5)

彌殄切 mí tiǎn　𢬃 miǎn（ㄇㄧㄢˇ）　山開四上銑明

芇丏眄(4)

彌笑切 mí xiào　妙 miào（ㄇㄧㄠˋ）　效開三去笑明

玅篎(3)

彌兖切 mí yǎn　緬 miǎn（ㄇㄧㄢˇ）　山開三上獮明

沔汅湎愐黽䩄偭勔𢄼(10)

彌遥切 mí yáo　蜱 miáo（ㄇㄧㄠˊ）　效開三平宵明

𧉧篻𢂃鶓(5)

彌也切 mí yě　乜 miě（ㄇㄧㄝˇ）　假開三上馬明

彌正切 mí zhèng　詺 mìng（ㄇㄧㄥˋ）　梗開三去勁明

靡爲切 mǐ wéi　糜 mí（ㄇㄧˊ）　止開三平支明

縻麋麊蘼穈爢䕷醾(9)

靡幼切 mǐ yòu　謬 miù（ㄇㄧㄡˋ）　流開三去幼明

繆(2)

mian（ㄇㄧㄢ）

綿婢切 mián bì　渳 mǐ（ㄇㄧˇ）　止開三上紙明

弭瀰濔芈敉侎葞蝆闢渳(11)

ming（ㄇㄧㄥ）

明祕切 míng mì　郿 mèi（ㄇㄟˋ）　止開三去至明

媚魅鬽篃蝞嚜䉋煝娓(10)

明忝切 míng tiǎn　叕 miǎn（ㄇㄧㄢˇ）　咸開四上忝明

厸(2)

mo（ㄇㄛ）

摸臥切 mō wò　磨 mò（ㄇㄛˋ）　果合一去過明

礳塺摩(4)

模本切 mó běn　懣 měn（ㄇㄣˇ）　臻合一上混明

模朗切 mó lǎng　莽 mǎng（ㄇㄤˇ）　宕開一上蕩明

茻䟥蠎莽㬒䥈蟒漭莾(10)

謨敢切 mó gǎn　埯 mǎn（ㄇㄢˇ）　咸開一上敢明

䑟(2)

謨晏切 mó yàn　慢 màn（ㄇㄢˋ）　山開二去諫明
嫚謾縵瘼(5)

莫八切 mò bā　傛 mà（ㄇㄚˋ）　山合二入黠明
眽䍚韈䁼睰礣(7)

莫白切 mò bái　陌 mò（ㄇㄛˋ）　梗開二入陌明
帞袹蓦募貘蛨貊佰蓦狢駋嗼貉洦搄趏銆(18)

莫拜切 mò bài　昒 mèi（ㄇㄟˋ）　蟹開二去怪明
韎韎(3)

莫半切 mò bàn　縵 màn（ㄇㄢˋ）　山合一去換明
幔漫㪻槾獌貘墁鏝謾(10)

莫飽切 mò bǎo　卯 mǎo（ㄇㄠˇ）　效開二上巧明
丣緢泖媌昴茆(7)

莫報切 mò bào　冃 mào（ㄇㄠˋ）　效開一去号明
帽耄薹芼眊瑁珇冒瑁旄毛娼毷㨼覒毪紖椙(19)

莫杯切 mò bēi　枚 méi（ㄇㄟˊ）　蟹合一平灰明
梅媒玫煤脢胨脢禖䍙莓塺鋂栂酶(15)

莫北切 mò běi　墨 mò（ㄇㄛˋ）　曾開一入德明
默冒蠌纆万寎艒嫼窨嘿帽(12)

莫貝切 mò bèi　眛 mèi（ㄇㄟˋ）　蟹開一去泰明
沬桇(3)

莫奔切 mò bēn　門 mén（ㄇㄣˊ）　臻合一平魂明
捫樠虋璊亹亹㥃顧毢㦟樠鶤(13)

莫撥切 mò bō　末 mò（ㄇㄛˋ）　山合一入末明
昧頛昒𪍿䁼䬴䒬𥬀靺䩋苜䮶𪁚䵹䱅眜抹
妺佅怽㭆㵹𪀄沬䄉䍾(27)

莫勃切 mò bó　没 mò（ㄇㄛˋ）　臻合一入没明
歿玫頞殳蒰(6)

莫卜切 mù bǔ　木 mù（ㄇㄨˋ）　通合一入屋明
沐杒䍾鶩霂䁔帑䨁艒䥈䥈蚞(13)

莫補切 mò bǔ　姥 mǔ（ㄇㄨˇ）　遇合一上姥明
莽鏻嫫峔慔(6)

莫代切 mò dài　䆀 mài（ㄇㄞˋ）　蟹開一去代明
脥(2)

莫狄切 mò dí　覓 mì（ㄇㄧˋ）　梗開四入錫明
覛幎幦䌐䍡糸冪羃汨潣𣽋冖䴲蓂覭䒌䌐
䁧䈿濗蟔塓(23)

莫甸切 mò diàn　麪 miàn（ㄇㄧㄢˋ）　山開四去霰明
麵瞑眄㴐宩䤍䊃(8)

莫定切 mò dìng　䫤 mìng（ㄇㄧㄥˋ）　梗開四去徑明
暝(2)

莫湩切 mò dǒng　䴿 měng（ㄇㄥˇ）　通合三上腫明
䑃(2)

莫鳳切 mò fèng　㝱 mèng（ㄇㄥˋ）　通合三去送明
夢瞢鄸䕢(5)

莫浮切 mò fú　謀 móu（ㄇㄡˊ）　流開三平尤明
鴾霂眸牟侔矛𦍼鍪䳇麰䥐堥䱕䜼蟊蟊䳟
鬏䋷恈䱕蛑繆(24)

莫耕切 mò gēng　　甍 méng（ㄇㄥˊ）　　梗開二平耕明

欂簢萌氓甿娏蕄黽甍矒(11)

莫更切 mò gèng　　孟 mèng（ㄇㄥˋ）　　梗開二去映明

瞌蝱盟(4)

莫故切 mò gù　　暮 mù（ㄇㄨˋ）　　遇合一去暮明

慕募墓慔篹(6)

莫亥切 mò hài　　𥝲 mǎi（ㄇㄞˇ）　　蟹開一上海明

挴(2)

莫旱切 mò hàn　　滿 mǎn（ㄇㄢˇ）　　山合一上緩明

懣𦽏䊟鏋(5)

莫紅切 mò hóng　　蒙 méng（ㄇㄥˊ）　　通合一平東明

冡濛驝艨朦矇饛鬕檬醭𧴌醟䴿蠓罞幪䰒

蠓夢雺霿霚朦盜懞靀(27)

莫厚切 mò hòu　　母 mǔ（ㄇㄨˇ）　　流開一上厚明

牡某① 拇脢畞晦畮莽㹶痗踇踇鴟(14)

莫候切 mò hòu　　茂 mào（ㄇㄠˋ）　　流開一去候明

貿鄮戊② 愗袤楙懋瞀蕺姆苺蘇冃霿(15)

莫胡切 mò hú　　模 mú（ㄇㄨˊ）　　遇合一平模明

橅摸嫫帑醫謨暮墲无無膜(12)

莫話切 mò huà　　邁 mài（ㄇㄞˋ）　　蟹開二去夬明

勱譪佅(4)

① 今读 mǒu。

② 今读 wù。

莫還切 mò huán	蠻 mán（ㄇㄢˊ）	山開二平删明
	鸞獌鬘謾槾𪔐(7)	
莫獲切 mò huò	麥[1] mò（ㄇㄛˋ）	梗開二入麥明
	衇脉[2] 䘑霢眽覛脈(8)	
莫計切 mò jì	謎 mí（ㄇㄧˊ）	蟹開四去霽明
	擟(2)	
莫佳切 mò jiā	瞶 mái（ㄇㄞˊ）	蟹開二平佳明
	𩌏(2)	
莫駕切 mò jià	禡 mà（ㄇㄚˋ）	假開二去禡明
	榪䯦𤸱罵䣕𧪌𨹾傌(9)	
莫江切 mò jiāng	厖 máng（ㄇㄤˊ）	江開二平江明
	駹狵尨浝哤牻娏𪐝𡶂蛖𥅘痝𠈱(14)	
莫交切 mò jiāo	茅 máo（ㄇㄠˊ）	效開二平肴明
	蝥貓犛罞鶜描媌(8)	
莫角切 mò jiǎo	邈 miǎo（ㄇㄧㄠˇ）	江開二入覺明
	藐𢡱眊皃𦋟䏷𢹣晶(9)	
莫教切 mò jiào	皃 mào（ㄇㄠˋ）	效開二去效明
	䫉貌𨋩𢂄緢觬(7)	
莫皆切 mò jiē	埋 mái（ㄇㄞˊ）	蟹開二平皆明
	薶霾𢤷(4)	
莫結切 mò jié	蔑 miè（ㄇㄧㄝˋ）	山開四入屑明

① 麥，今读 mài。

② 又读 mài，白读音。

懱薎搣蠛篾幭鱴⿰糸丐⿰山蔑⿰酉蔑⿰亻蔑⿰目監莧⿰蔑見⿰蔑鳥⿰禾蔑鴓
瀎⿰米丐⿰目頁秣⿱蔑言(23)

莫經切 mò jīng　冥 míng（ㄇㄧㄥˊ）　梗開四平青明
榠銘鄍溟顭螟⿰豸冥猽蓂瞑⿱龹名嫇覭暝(15)

莫迥切 mò jiǒng　茗 mǐng（ㄇㄧㄥˇ）　梗開四上迥明
嫇酩瀴溟眳姳(7)

莫孔切 mò kǒng　蠓 měng（ㄇㄥˇ）　通合一上董明
矇鸏濛朦曚懵(7)

莫困切 mò kùn　悶 mèn（ㄇㄣˋ）　臻合一去慁明
懣(2)

莫郎切 mò láng　茫 máng（ㄇㄤˊ）　宕開一平唐明
盲⿰目巟汒恾忙萌邙芒硭宋蘉痝⿰尨阝(14)

莫浪切 mò làng　漭 màng（ㄇㄤˋ）　宕開一去宕明
盲⿰山芒(3)

莫禮切 mò lǐ　米 mǐ（ㄇㄧˇ）　蟹開四上薺明
眯綝洣蔝䴢⿰魚米(7)

莫六切 mò liù　目 mù（ㄇㄨˋ）　通合三入屋明
睦穆苜莯牧坶繆萺⿱冒彡⿸疒目(11)

莫弄切 mò nòng　幪 mèng（ㄇㄥˋ）　通合一去送明
霿艨(3)

莫袍切 mò páo　毛 máo（ㄇㄠˊ）　效開一平豪明
髦芼⿰氵旄旄氂⿰木林耗酕堥(10)

莫佩切 mò pèi　妹 mèi（ㄇㄟˋ）　蟹合一去隊明
味眛每痗瑁黴莓⿱罒每脢⿰禾黑(11)

莫婆切 mò pó	摩 mó（ㄇㄛˊ）	果合一平戈明
	䭥𥂕麼魔𦢅磨劘䐈臁鑣(11)	
莫沃切 mò wò	瑁 mù（ㄇㄨˋ）	通合一入沃明
	楣媢艒萺(5)	
莫兮切 mò xī	迷 mí（ㄇㄧˊ）	蟹開四平齊明
	㜷醾麛覭䵩(6)	
莫霞切 mò xiá	麻 má（ㄇㄚˊ）	假開二平麻明
	𪎭蟆𪓐䁳㾺𥂕𢝖(8)	
莫鎋切 mò xiá	礣 mà（ㄇㄚˋ）	山開二入鎋明
	帓帕㩢(4)	
莫下切 mò xià	馬 mǎ（ㄇㄚˇ）	假開二上馬明
	碼䣕罵𥦎𩦺鰢(7)	
莫賢切 mò xián	眠 mián（ㄇㄧㄢˊ）	山開四平先明
	瞑䫥矈𥈡鬗寡(7)	
莫懈切 mò xiè	賣 mài（ㄇㄞˋ）	蟹開二去卦明
莫蟹切 mò xiè	買 mǎi（ㄇㄞˇ）	蟹開二上蟹明
	嘪蕒濻鷶(5)	
莫杏切 mò xìng	猛 měng（ㄇㄥˇ）	梗開二上梗明
	䁅蜢艋鼆鄳(6)	
莫中切 mò zhōng	瞢 méng（ㄇㄥˊ）	通合三平東明
	夢䵆懜𪒺𧅄(6)	
莫綜切 mò zōng	雺 mèng（ㄇㄥˋ）	通合一去宋明

mu（ㄇㄨ）

母官切 mǔ guān	瞞 mán（ㄇㄢˊ）	山合一平桓明

	顢謾蹣槾饅懣鏝槾墁蔄鞔樠鰻曼蔓𢔧獌 趧糢芇悗鬗絻(24)	
慕各切 mù gè	莫 mò（ㄇㄛˋ）	宕開一入鐸明
	幕鄚膜鏌摸漠瘼寞瞙嗼塻殰廑圎勱(16)	

N（ㄋ）

na（ㄋㄚ）

拏梗切 ná gěng	檸 něng（ㄋㄥˇ）	梗開二上梗泥
那到切 nà dào	腝 nào（ㄋㄠˋ）	效開一去号泥
	䍧腦(3)	
那干切 nà gān	難 nán（ㄋㄢˊ）	山開一平寒泥
	鷬虃韂(4)	
那含切 nà hán	南 nán（ㄋㄢˊ）	咸開一平覃泥
	男枏楠揇䶲艹(7)	

nai（ㄋㄞ）

乃本切 nǎi běn	炳 nǔn（ㄋㄨㄣˇ）	臻合一上混泥
乃玷切 nǎi diàn	淰 niǎn（ㄋㄧㄢˇ）	咸開四上忝泥
	嬗阱姌(4)	
乃定切 nǎi dìng	寗 nìng（ㄋㄧㄥˋ）	梗開四去徑泥
	佞濘鸋(4)	
乃都切 nǎi dū	奴 nú（ㄋㄨˊ）	遇合一平模泥

	佊詉駑帑拏笯(7)	
乃庚切 nǎi gēng	鬤 néng（ㄋㄥˊ）	梗開二平庚泥
	䆨毀獰檸𧀍(6)	
乃故切 nǎi gù	笯 nù（ㄋㄨˋ）	遇合一去暮泥
	怒(2)	
乃官切 nǎi guān	濡 nuán（ㄋㄨㄢˊ）	山開一平寒泥
乃管切 nǎi guǎn	煗 nuǎn（ㄋㄨㄢˇ）	山合一上緩泥
	㬉暖煖餪渜稬(7)	
乃后切 nǎi hòu	穀 nǒu（ㄋㄡˇ）	流開一上厚泥
	㳶陾嬬㖕𠃵(6)	
乃回切 nǎi huí	㛴 nuí（ㄋㄨㄟˊ）	蟹合一平灰泥
	捼醙(3)	
乃禁切 nǎi jìn	賃[1] nìn（ㄋㄧㄣˋ）	深開三去沁泥
乃里切 nǎi lǐ	伱 nǐ（ㄋㄧˇ）	止開三上止泥
	𪏝(2)	
乃殄切 nǎi tiǎn	撚 niǎn（ㄋㄧㄢˇ）	山開四上銑泥
	涊蹨跈(4)	
乃挺切 nǎi tǐng	顐 nǐng（ㄋㄧㄥˇ）	梗開四上迥泥
	聹𡢿濘薴(5)	
乃卧切 nǎi wò	愞 nuò（ㄋㄨㄛˋ）	果合一去過泥
	堧稬瞑(4)	
乃亞切 nǎi yà	胗 nà（ㄋㄚˋ）	假開二去禡泥

① 今读 lìn。

絮(2)

nei（ㄋㄟ）

内骨切 nèi gǔ　訥 nè（ㄋㄜˋ）　臻合一入没泥
肭肭抐殉(6)

内沃切 nèi wò　褥 nù（ㄋㄨˋ）　通合一入沃泥
傉耨搙(4)

ni（ㄋㄧ）

尼戹切 ní è　疒 nè（ㄋㄜˋ）　梗開二入麥泥
鬤眲(3)

尼據切 ní jù　女 nǜ（ㄋㄩˋ）　遇合三去御泥
絮(2)

尼立切 ní lì　孴 nì（ㄋㄧˋ）　深開三入緝泥
湂溺図莥(5)

尼凜切 ní lǐn　拰 nǐn（ㄋㄧㄣˇ）　深開三上寑泥

尼呂切 ní lǚ　女 nǚ（ㄋㄩˇ）　遇合三上語泥
籹(2)

尼展切 ní zhǎn　趁 niǎn（ㄋㄧㄢˇ）　山開三上獮泥
輾犮(3)

尼輒切 ní zhé　聶 niè（ㄋㄧㄝˋ）　咸開三入葉泥
躡鑷銸幸罜帇䯀籋緤囁爃踂箒䯀䰻(16)

尼質切 ní zhì　暱 nì（ㄋㄧˋ）　臻開三入質泥
昵衵黏翻䵑㥾(7)

尼賺切 ní zhuàn	諵 nàn（ㄋㄢˋ）	咸開二去陷泥
妳佳切 nǐ jiā	䝞 nái（ㄋㄞˊ）	蟹開二平佳泥
	挸說(3)	
擬皆切 nǐ jiē	𩂢 ái（ㄞˊ）	蟹開二平皆疑
	娾(2)	

niu（ㄋㄧㄡ）

牛肌切 niú jī	狋 yí（ㄧˊ）	止開三平脂疑
牛錦切 niú jǐn	僸 yǐn（ㄧㄣˇ）	深開三上寑疑
	趛(2)	
牛謹切 niú jǐn	听 yǐn（ㄧㄣˇ）	臻開三上隱疑
牛救切 niú jiù	𪖛 niù（ㄋㄧㄡˋ）	流開三去宥疑
牛具切 niú jù	遇 yù（ㄩˋ）	遇合三去遇疑
	寓庽嵎瘑禺鸆(7)	
牛倨切 niú jù	御 yù（ㄩˋ）	遇合三去御疑
	馭語(3)	
牛昆切 niú kūn	𠍍 wén（ㄨㄣˊ）	臻合一平魂疑
	瘒䩵梱(4)	
牛例切 niú lì	㓷 yì（ㄧˋ）	蟹開三去祭疑
牛餕切 niú lìng	凝 nìng（ㄋㄧㄥˋ）	曾開三去證疑
牛召切 niú zhào	𧆛 yào（ㄧㄠˋ）	效開三去笑疑

nong（ㄋㄨㄥ）

穠用切 nóng yòng	𢫬 nòng（ㄋㄨㄥˋ）	通合三去用泥

nu（ㄋㄨ）

奴案切 nú àn	攤 nàn（ㄋㄢˋ）	山開一去翰泥
	灘難䕼㔆㬮(6)	
奴板切 nú bǎn	赧 nǎn（ㄋㄢˇ）	山開二上潸泥
	䔳㬉戁(4)	
奴荅切 nú dá	納 nà（ㄋㄚˋ）	咸開一入合泥
	軜䓞軜衲魶妠㨥(8)	
奴代切 nú dài	耐 nài（ㄋㄞˋ）	蟹開一去代泥
	螚鼐能佴䵟耏(7)	
奴帶切 nú dài	柰 nài（ㄋㄞˋ）	蟹開一去泰泥
	奈㮈鯇渿(5)	
奴但切 nú dàn	攤 nuǎn（ㄋㄨㄢˇ）	山合一上緩泥
奴當切 nú dāng	囊 náng（ㄋㄤˊ）	宕開一平唐泥
	蠰(2)	
奴刀切 nú dāo	猱 náo（ㄋㄠˊ）	效開一平豪泥
	獿獶巎嶩峱瓇獶(8)	
奴登切 nú dēng	能 néng（ㄋㄥˊ）	曾開一平登泥
奴等切 nú děng	能 něng（ㄋㄥˇ）	曾開一上等泥
奴低切 nú dī	泥 ní（ㄋㄧˊ）	蟹開四平齊泥
	埿屔臡(4)	
奴顛切 nú diān	秊 nián（ㄋㄧㄢˊ）	山開四平先泥
	年䄭(3)	
奴甸切 nú diàn	晛 niàn（ㄋㄧㄢˋ）	山開四去霰泥

	𥉈燃汈(4)	
奴店切 nú diàn	念 niàn（ㄋㄧㄢˋ）	咸開四去㮇泥
	𦁢(2)	
奴弔切 nú diào	尿 niào（ㄋㄧㄠˋ）	效開四去嘯泥
	㞙(2)	
奴丁切 nú dīng	寧 níng（ㄋㄧㄥˊ）	梗開四平青泥
	寍鸋寗矃𨛫𧒀嚀聹(9)	
奴冬切 nú dōng	農 nóng（ㄋㄨㄥˊ）	通合一平冬泥
	䢉𣞰𥣮𩟗噥𩅽憹𤜶儂𥂝膿(12)	
奴凍切 nú dòng	鬞 nòng（ㄋㄨㄥˋ）	通合一去送泥
	癑(2)	
奴動切 nú dòng	𧳬 nǒng（ㄋㄨㄥˇ）	通合一上董泥
奴豆切 nú dòu	槈 nòu（ㄋㄡˋ）	流開一去候泥
	鎒耨瞉擩譳(6)	
奴對切 nú duì	内 nèi（ㄋㄟˋ）	蟹合一去隊泥
奴感切 nú gǎn	腩 nǎn（ㄋㄢˇ）	咸開一上感泥
	湳䈒䎃揇萳(6)	
奴紺切 nú gàn	妠 nàn（ㄋㄢˋ）	咸開一去勘泥
奴各切 nú gè	諾 nuò（ㄋㄨㄛˋ）	宕開一入鐸泥
奴箇切 nú gè	奈 nuò（ㄋㄨㄛˋ）	果開一去箇泥
	那[①] (2)	
奴鉤切 nú gōu	羺 nóu（ㄋㄡˊ）	流開一平侯泥

① 今读 nà。

	獳䵎䰭(4)	
奴果切 nú guǒ	娞 nuǒ（ㄋㄨㄛˇ）	果合一上果泥
	捼(2)	
奴亥切 nú hài	乃 nǎi（ㄋㄞˇ）	蟹開一上海泥
	迺鼐(3)	
奴晧切 nú hào	堖 nǎo（ㄋㄠˇ）	效開一上晧泥
	腦剬惱碯䫸獿貓嫐(9)	
奴禾切 nú hé	捼 nuó（ㄋㄨㄛˊ）	果合一平戈泥
	𪏮(2)	
奴曷切 nú hé	捺 nà（ㄋㄚˋ）	山開一入曷泥
	瘵蛆(3)	
奴盍切 nú hé	魶 nà（ㄋㄚˋ）	咸開一入盍泥
	笝軜(3)	
奴還切 nú huán	奻 nuán（ㄋㄨㄢˊ）	山合二平刪泥
奴計切 nú jì	泥 nì（ㄋㄧˋ）	蟹開四去霽泥
	埿懨泥濘(5)	
奴兼切 nú jiān	鮎 nián（ㄋㄧㄢˊ）	咸開四平添泥
	鲇拈(3)	
奴教切 nú jiào	橈 nào（ㄋㄠˋ）	效開二去效泥
	淖吏鬧(4)	
奴結切 nú jié	涅 niè（ㄋㄧㄝˋ）	山開四入屑泥
	捏[1] 茟埕呈篞苶碮痆哖腥惹(12)	

① 今读 niē。

奴可切 nú kě　　　様 nuǒ（ㄋㄨㄛˇ）　　　果開一上哿泥

娜𧊅橠那𦁎(6)

奴昆切 nú kūn　　　黁 nún（ㄋㄨㄣˊ）　　　臻合一平魂泥

奴困切 nú kùn　　　嫩[1] nùn（ㄋㄨㄣˋ）　　　臻合一去慁泥

嫨腝抐(4)

奴來切 nú lái　　　能 nái（ㄋㄞˊ）　　　蟹開一平咍泥

㾍(2)

奴朗切 nú lǎng　　　曩 nǎng（ㄋㄤˇ）　　　宕開一上蕩泥

灢(2)

奴浪切 nú làng　　　儾 nàng（ㄋㄤˋ）　　　宕開一去宕泥

灢𡒄(3)

奴勒切 nú lè　　　䏔 nè（ㄋㄜˋ）　　　曾開一入德泥

䎎䏔(3)

奴禮切 nú lǐ　　　禰 nǐ（ㄋㄧˇ）　　　蟹開四上薺泥

嬭闡苨䩉泥濔坭鬡薾檷鑈䡾(13)

奴歷切 nú lì　　　惄 nì（ㄋㄧˋ）　　　梗開四入錫泥

䰡溺愵(4)

奴亂切 nú luàn　　　偄 nuàn（ㄋㄨㄢˋ）　　　山合一去換泥

愞稬渜麌(5)

奴鳥切 nú niǎo　　　嬲 niǎo（ㄋㄧㄠˇ）　　　效開四上篠泥

嫋䮍㒟褭嬈嬝𥗁擾(9)

奴巧切 nú qiǎo　　　獿 nǎo（ㄋㄠˇ）　　　效開二上巧泥

---

① 嫩，今读 nèn。

撓玃(3)

奴下切 nú xià 絮 nǎ（ㄋㄚˇ） 假開二上馬泥

奴協切 nú xié 苶[1] niè（ㄋㄧㄝˋ） 咸開四入帖泥

埝𦝫䛘捻錜惗敜攝㘝籋鑈惗䩞苶(15)

奴蟹切 nú xiè 嬭 nǎi（ㄋㄞˇ） 蟹開二上蟹泥

妳(2)

奴罪切 nú zuì 餒 něi（ㄋㄟˇ） 蟹合一上賄泥

餧浽娞𩗔鮾腇㼏(8)

怒古切 nù gǔ 怒 nǔ（ㄋㄨˇ） 遇合一上姥泥

弩砮努𧊅(5)

nü（ㄋㄩ）

女白切 nǚ bái 䟫 nuò（ㄋㄨㄛˋ） 梗開二入陌泥

搦(2)

女法切 nǚ fǎ 㧊 nià（ㄋㄧㄚˋ） 咸開三入乏泥

㴸㞽(3)

女耕切 nǚ gēng 儜 níng（ㄋㄧㄥˊ） 梗開二平耕泥

薴鬡譠鑏䭢嬣(7)

女刮切 nǚ guā 妠 nà（ㄋㄚˋ） 山合二入鎋泥

貀袦(3)

女滑切 nǚ huá 豽 nà（ㄋㄚˋ） 山合二入黠泥

貀肭肭(4)

① 苶，今读 nié。

女患切 nǚ huàn	奻 nuàn（ㄋㄨㄢˋ）	山合二去諫泥
女恚切 nǚ huì	諉 nèi（ㄋㄟˋ）	止合三去寘泥
	捼諉(3)	
女加切 nǚ jiā	拏 ná（ㄋㄚˊ）	假開二平麻泥
	詉挐搻䕵袃誽㧱䈫(9)	
女減切 nǚ jiǎn	罱 niǎn（ㄋㄧㄢˇ）	咸開二上豏泥
	䍐淰(3)	
女箭切 nǚ jiàn	輾 niàn（ㄋㄧㄢˋ）	山開三去線泥
	碾(2)	
女江切 nǚ jiāng	聜 náng（ㄋㄤˊ）	江開二平江泥
	氉涳噥饟鬞矃鸋(8)	
女交切 nǚ jiāo	鐃 náo（ㄋㄠˊ）	效開二平肴泥
	呶譊怓䴃㺀礐巎獿(9)	
女介切 nǚ jiè	褹 niè（ㄋㄧㄝˋ）	蟹開二去怪泥
女久切 nǚ jiǔ	狃 niǔ（ㄋㄧㄡˇ）	流開三上有泥
	紐鈕杻莥禸扭𢓜朋䢜蓃(11)	
女救切 nǚ jiù	糅[①] niù（ㄋㄧㄡˋ）	流開三去宥泥
	鈕腬猱狃(5)	
女角切 nǚ jué	搦 nuò（ㄋㄨㄛˋ）	江開二入覺泥
	掉鰯觹搙鯙(6)	
女力切 nǚ lì	匿 nì（ㄋㄧˋ）	曾開三入職泥
	匲䰯惽惡䲛(6)	

① 糅，今读 róu，《集韵》而由切。

女利切 nǚ lì	膩 nì（ㄋㄧˋ） **腻暱眲(4)**	止開三去至泥
女廉切 nǚ lián	黏 nián（ㄋㄧㄢˊ） **粘鲇(3)**	咸開三平鹽泥
女良切 nǚ liáng	孃 niáng（ㄋㄧㄤˊ） **娘瓤鑲(4)**	宕開三平陽泥
女亮切 nǚ liàng	釀 niàng（ㄋㄧㄤˋ） **糵醸(3)**	宕開三去漾泥
女劣切 nǚ liè	吶 nuò（ㄋㄨㄛˋ）	山合三入薛泥
女鄰切 nǚ lín	紉 nín（ㄋㄧㄣˊ）	臻開三平真泥
女六切 nǚ liù	朒 nù（ㄋㄩˋ） **恧聏忸衄衂䀿沑(8)**	通合三入屋泥
女履切 nǚ lǚ	柅 nǐ（ㄋㄧˇ）	止開三上旨泥
女略切 nǚ lüè	逽 nuò（ㄋㄨㄛˋ） **闟踷(3)**	宕開三入藥泥
女洽切 nǚ qià	囡 nà（ㄋㄚˋ） **嗫嗗傝(4)**	咸開二入洽泥
女容切 nǚ róng	醲 nóng（ㄋㄨㄥˊ） **獳濃禯穠檂齈襛(8)**	通合三平鍾泥
女氏切 nǚ shì	狔 nǐ（ㄋㄧˇ） **旎抳(3)**	止開三上紙泥
女黠切 nǚ xiá	痆 niè（ㄋㄧㄝˋ） **瘵襟(3)**	山開二入黠泥
女咸切 nǚ xián	諵 nán（ㄋㄢˊ）	咸開二平咸泥

	喃(2)	
女閑切 nǚ xián	誽 nán（ㄋㄢˊ）	山開二平山泥
	齈(2)	
女心切 nǚ xīn	誑 nín（ㄋㄧㄣˊ）	深開三平侵泥
	繵雟(3)	
女夷切 nǚ yí	尼 ní（ㄋㄧˊ）	止開三平脂泥
	柅怩蚭跜呢鈮貎(8)	
女余切 nǚ yú	袽[①] nú（ㄋㄨˊ）	遇合三平魚泥
	帤笯蒘櫡挐(6)	

nuo（ㄋㄨㄛ）

諾何切 nuò hé	那 nuó（ㄋㄨㄛˊ）	果開一平歌泥
	難犐挪儺單娜魌儺(9)	
諾皆切 nuò jiē	搱 nái（ㄋㄞˊ）	蟹開二平皆泥

P（ㄆ）

pang（ㄆㄤ）

滂表切 pāng biǎo	麃 piǎo（ㄆㄧㄠˇ）	效開三上小滂
滂古切 pāng gǔ	普 pǔ（ㄆㄨˇ）	遇合一上姥滂
	溥誧浦烳(5)	

① 袽，今读 rú，《集韵》人余切。

滂禾切 pāng hé 頗 pō（ㄆㄛ） 果合一平戈滂

坡陂玻① (4)

滂佩切 pāng pèi 配 pèi（ㄆㄟˋ） 蟹合一去隊滂

朏妃肧(4)

pei（ㄆㄟ）

裴古切 péi gǔ 簿 bù（ㄅㄨˋ） 遇合一上姥並

部(2)

pi（ㄆㄧ）

丕飲切 pī yǐn 品 pǐn（ㄆㄧㄣˇ） 深開三上寑滂

披冰切 pī bīng 砅 pīng（ㄆㄧㄥ） 曾開三平蒸滂

披義切 pī yì 帔 pì（ㄆㄧˋ） 止開三去寘滂

秛䎵(3)

皮彼切 pí bǐ 被 bèi（ㄅㄟˋ） 止開三上紙並

罷(2)

皮變切 pí biàn 卞 biàn（ㄅㄧㄢˋ） 山開三去線並

抃拚弁覍汴䎊閞昪匥莽笲玣忭頨(15)

皮彪切 pí biāo 滮 piú（ㄆㄧㄡˊ） 流開三平幽並

瀌颮(3)

皮及切 pí jí 鴭 bí（ㄅㄧˊ） 深開三入緝並

皮列切 pí liè 别 bié（ㄅㄧㄝˊ） 山開三入薛並

---

① 今读 bō。

	㓖(2)	
皮命切 pí mìng	病 bìng（ㄅㄧㄥˋ）	梗開三去映並
	評坪枰(4)	
皮證切 pí zhèng	凭 bìng（ㄅㄧㄥˋ）	曾開三去證並
	𩆸(2)	
毗必切 pí bì	邲[①] bí（ㄅㄧˊ）	臻開三入質並
	比柲馝苾鞑佖鮅駜坒飶縪鮅怭泌馝蜌吡欥咇妼(21)	
毗祭切 pí jì	獘 bì（ㄅㄧˋ）	蟹開三去祭並
	斃幣㡀敝(5)	
毗忍切 pí rěn	牝[②] bìn（ㄅㄧㄣˋ）	臻開三上軫並
	髕臏𪁺(4)	
毗養切 pí yǎng	驃 fàng（ㄈㄤˋ）	宕開三上養奉
毗義切 pí yì	避 bì（ㄅㄧˋ）	止開三去寘並
毗召切 pí zhào	驃[③] biào（ㄅㄧㄠˋ）	效開三去笑並
毗至切 pí zhì	鼻[④] bì（ㄅㄧˋ）	止開三去至並
	比枇痺坒禆祉䫌膍芘(10)	
匹北切 pǐ běi	覆 fù（ㄈㄨˋ）	曾開一入德滂
	蠈䚍(3)	
匹備切 pǐ bèi	濞 pì（ㄆㄧˋ）	止開三去至滂

① 邲，今读 bì。
② 牝，今读 pìn。
③ 今读 piào。
④ 鼻，今读 bí。

	嚊膞㾪㵨淠(6)	
匹鄙切 pǐ bǐ	嚭 pǐ（ㄆㄧˇ）	止開三上旨滂
	秠疕庀㼰(5)	
匹婢切 pǐ bì	諀 pǐ（ㄆㄧˇ）	止開三上紙滂
	庀疕仳訿吡(6)	
匹蔽切 pǐ bì	潎 pì（ㄆㄧˋ）	蟹開三去祭滂
匹賓切 pǐ bīn	繽[①] pīn（ㄆㄧㄣ）	臻開三平真滂
	翸䫌㻞闠(5)	
匹賜切 pǐ cì	譬 pì（ㄆㄧˋ）	止開三去寘滂
	㠔(2)	
匹凡切 pǐ fán	芠 fān（ㄈㄢ）	咸開三平凡敷
	欿(2)	
匹各切 pǐ gè	鞟 pò（ㄆㄛˋ）	宕開一入鐸滂
	畓濼霩粕膊髆䨣搏胉蒪簙䔕啇貊(15)	
匹卦切 pǐ guà	派 pài（ㄆㄞˋ）	蟹開二去卦滂
	厎紙梂㵽榡㳈(7)	
匹候切 pǐ hòu	仆 pù（ㄆㄨˋ）	流開一去候滂
	踣趏䟦䅬(5)	
匹江切 pǐ jiāng	胮 pāng（ㄆㄤ）	江開二平江滂
	痒䛱㲯䑫(5)	
匹絳切 pǐ jiàng	胖 pàng（ㄆㄤˋ）	江開二去絳滂
匹交切 pǐ jiāo	胞 pāo（ㄆㄠ）	效開二平肴滂

① 繽，今读 bīn。

郇罷脬拋泡僗轂芀(9)

匹迥切 pǐ jiǒng 頩 pǐng（ㄆㄧㄥˇ） 梗開四上迥滂

匹角切 pǐ jué 璞 pǔ（ㄆㄨˇ） 江開二入覺滂

擈樸朴轐攴墣圤颮靶璽炇覫玣卜(15)

匹愷切 pǐ kǎi 啡 pěi（ㄆㄟˇ） 蟹開一上海滂

匹朗切 pǐ lǎng 髈 pǎng（ㄆㄤˇ） 宕開一上蕩滂

胮(2)

匹皃切 pǐ mào 奅 pào（ㄆㄠˋ） 效開二去效滂

窌炮拋皰礟(6)

匹寐切 pǐ mèi 屁 pì（ㄆㄧˋ） 止開三去至滂

糟(2)

匹迷切 pǐ mí 磇 pī（ㄆㄧ） 蟹開四平齊滂

陛剕鷉錍批鈚(7)

匹米切 pǐ mǐ 頼 pǐ（ㄆㄧˇ） 蟹開四上薺滂

匹靡切 pǐ mǐ 破 pǐ（ㄆㄧˇ） 止開三上紙滂

紴披(3)

匹妙切 pǐ miào 剽 piào（ㄆㄧㄠˋ） 效開三去笑滂

彯嘌漂僄翲驃勡摽嫖慓(11)

匹刃切 pǐ rèn 汖 pìn（ㄆㄧㄣˋ） 臻開三去震滂

闠覾(3)

匹問切 pǐ wèn 湓 pèn（ㄆㄣˋ） 臻合三去問滂

忿魵濆(4)

匹莧切 pǐ xiàn 盼 pàn（ㄆㄢˋ） 山開二去襉滂

辦(2)

匹夷切 pǐ yí	紕 pī（ㄆㄧ）	止開三平脂滂
	岐䏘諀悂惃(6)	
匹詣切 pǐ yì	媲 pì（ㄆㄧˋ）	蟹開四去霽滂
	𨇤睥渒濞滮副(7)	
匹尤切 pǐ yóu	颫 pōu（ㄆㄡ）	流開三平尤滂
	秠䆀衃肧紑醅(7)	
匹戰切 pǐ zhàn	騗 piàn（ㄆㄧㄢˋ）	山開三去線滂
	偏(2)	
匹正切 pǐ zhèng	聘[①] pìng（ㄆㄧㄥˋ）	梗開三去勁滂
	娉俜(3)	
匹支切 pǐ zhī	岥 pī（ㄆㄧ）	止開三平支滂
譬吉切 pì jí	匹 pǐ（ㄆㄧˇ）	臻開三入質滂
	鵯𠯠肥(4)	

ping（ㄆㄧㄥ）

平表切 píng biǎo	藨 biào（ㄅㄧㄠˋ）	效開三上小並
	蔈殍[②] 莩𠬪欿㹯貓(8)	
平祕切 píng mì	備 bèi（ㄅㄟˋ）	止開三去至並
	俻葡葡贔奰䑐糒犕絥韛䩛贔構犕甛膞(17)	
平義切 píng yì	髲 bì（ㄅㄧˋ）	止開三去寘並

---

① 聘，今读 pìn。

② 今读 piǎo。

被鞁弢旇㔥(6)

pu（ㄆㄨ）

蒲八切 pú bā	拔 bá（ㄅㄚˊ） 茇妭(3)	山開二入黠並
蒲巴切 pú bā	爬 pá（ㄆㄚˊ） 杷琶(3)	假開二平麻並
蒲拜切 pú bài	惫 bài（ㄅㄞˋ） 憊[1] 痡韛橐犕棑澍(8)	蟹開二去怪並
蒲北切 pú běi	菔 bó（ㄅㄛˊ） 蔔棘匐匍踣仆菩垘趥䙞艆挀(13)	曾開一入德並
蒲奔切 pú bēn	盆 pén（ㄆㄣˊ） 葐鵧湓(4)	臻合一平魂並
蒲本切 pú běn	獖 bèn（ㄅㄣˋ） 笨撪体(4)	臻合一上混並
蒲迸切 pú bèng	倗 bèng（ㄅㄥˋ） 䨻(2)	梗開二去諍並
蒲撥切 pú bō	跋 bó（ㄅㄛˊ） 跡赿越魃废軷酦馛炦颰癹妭犮觼拔胈鈸 鵓駊茇坺䟦茷骳(25)	山合一入末並
蒲蓋切 pú gài	旆[2] bèi（ㄅㄟˋ）	蟹開一去泰並

① 今读 bèi。
② 旆，今读 pèi。

踣軷(3)

蒲革切 pú gé　　繴 bó（ㄅㄛˊ）　　梗開二入麥並

繴辟欂(4)

蒲旱切 pú hàn　　伴 bàn（ㄅㄢˋ）　　山合一上緩並

扶拌(3)

蒲候切 pú hòu　　胎 bòu（ㄅㄡˋ）　　流開一去候並

轉(2)

蒲計切 pú jì　　薜 bì（ㄅㄧˋ）　　蟹開四去霽並

鼙箄醉椑(5)

蒲鑑切 pú jiàn　　埿 bàn（ㄅㄢˋ）　　咸開二去鑑並

湴(2)

蒲角切 pú jiǎo　　雹 báo（ㄅㄠˊ）　　江開二入覺並

靐撲跑駁駒骲鰒篙瓟瓝瓝瞀爆瀑轂窇筣膃
懪攥(20)

蒲結切 pú jié　　蹩 bié（ㄅㄧㄝˊ）　　山開四入屑並

棿頫瘍酴咇苾飶怭飶蛂柲怭徹(14)

蒲迥切 pú jiǒng　　竝 bìng（ㄅㄧㄥˋ）　　梗開四上迥並

並鉼併(4)

蒲口切 pú kǒu　　部 bù（ㄅㄨˋ）　　流開一上厚並

培犃脴瓿錇麰篰蔀婄(10)

蒲浪切 pú làng　　傍 bàng（ㄅㄤˋ）　　宕開一去宕並

徬(2)

蒲昧切 pú mèi　佩[1] bèi（ㄅㄟˋ）　蟹合一去隊並

珮孛誖邶偝誖悖背辈祓芾(12)

蒲悶切 pú mèn　坌 bèn（ㄅㄣˋ）　臻合一去慁並

湓(2)

蒲猛切 pú měng　鮩 bèng（ㄅㄥˋ）　梗開二上梗並

蒲蠓切 pú měng　菶 bèng（ㄅㄥˋ）　通合一上董並

唪埄(3)

蒲孟切 pú mèng　膨 bèng（ㄅㄥˋ）　梗開二去映並

蒲没切 pú mò　勃 bó（ㄅㄛˊ）　臻合一入没並

渤脖鵓餑埻誖悖艴郣浡毭慹敦誖焞桲孛

舭捘脖葧鵓(23)

蒲木切 pú mù　暴[2] bú（ㄅㄨˊ）　通合一入屋並

曝瀑蹼䑑樸僕[3] 蹼䪁菐叐穙(12)

蒲沃切 pú wò　僕[4] bú（ㄅㄨˊ）　通合一入沃並

蹼鏷蹼轐鶝(6)

蒲莧切 pú xiàn　瓣 bàn（ㄅㄢˋ）　山開二去襉並

辨辦辮釆(5)

蒲幸切 pú xìng　並 bèng（ㄅㄥˋ）　梗開二上耿並

鮩蠯䗫(4)

蒲罪切 pú zuì　琲 bèi（ㄅㄟˋ）　蟹合一上賄並

---

① 佩、珮，今读 pèi。

② 暴、曝、瀑，今读 pù。

③ 今读 pú。

④ 僕，今读 pú。

		痱㕻(3)	
普八切	pǔ bā	汃 pà（ㄆㄚˋ）	山合二入黠滂
		𧥽矶𦯔(4)	
普巴切	pǔ bā	葩 pā（ㄆㄚ）	假開二平麻滂
		鈀妑蚆吧舥䶕(7)	
普拜切	pǔ bài	湃 pài（ㄆㄞˋ）	蟹開二去怪滂
		湏(2)	
普班切	pǔ bān	攀 pān（ㄆㄢ）	山開二平删滂
		扳眅(3)	
普板切	pǔ bǎn	眅 pǎn（ㄆㄢˇ）	山開二上潸滂
普半切	pǔ bàn	判 pàn（ㄆㄢˋ）	山合一去換滂
		泮頖沜畔姅泮牉(8)	
普伴切	pǔ bàn	坢 pǎn（ㄆㄢˇ）	山合一上緩滂
		䟚(2)	
普本切	pǔ běn	翉 pěn（ㄆㄣˇ）	臻合一上混滂
普伯切	pǔ bó	拍[①] pò（ㄆㄛˋ）	梗開二入陌滂
		魄怕皛敀𩖼珀趈㼟洦(10)	
普才切	pǔ cái	姤 pēi（ㄆㄟ）	蟹開一平咍滂
普等切	pǔ děng	倗 pěng（ㄆㄥˇ）	曾開一上等滂
		鄘(2)	
普丁切	pǔ dīng	竮 pīng（ㄆㄧㄥ）	梗開四平青滂
		甹粤䛣艵頩姘覮(8)	

① 拍，今读 pāi，白读音。

普蓋切 pǔ gài 霈 pèi（ㄆㄟˋ） 蟹開一去泰滂

浿沛眛怖(5)

普耕切 pǔ gēng 怦 pēng（ㄆㄥ） 梗開二平耕滂

姘閛牼伻弸抨姘匉抨砰(11)

普故切 pǔ gù 怖[1] pù（ㄆㄨˋ） 遇合一去暮滂

悑鋪誧痡(5)

普官切 pǔ guān 潘 pān（ㄆㄢ） 山合一平桓滂

甂番拌潘瘄(6)

普過切 pǔ guò 破 pò（ㄆㄛˋ） 果合一去過滂

頗(2)

普后切 pǔ hòu 剖[2] pǔ（ㄆㄨˇ） 流開一上厚滂

婄蔀鴿髻(5)

普胡切 pǔ hú 秿 pū（ㄆㄨ） 遇合一平模滂

鋪鯆鳺踊痡誧豧陠撫鵏敷(12)

普患切 pǔ huàn 襻 pàn（ㄆㄢˋ） 山開二去諫滂

普魂切 pǔ hún 濆 pēn（ㄆㄣ） 臻合一平魂滂

噴歕(3)

普活切 pǔ huó 鏺 pò（ㄆㄛˋ） 山合一入末滂

撥踐抪酦醱潑醛鏺袚帗翇哱(13)

普火切 pǔ huǒ 叵 pǒ（ㄆㄛˇ） 果合一上果滂

駊頗巔(4)

① 怖，今读 bù。
② 剖，今读 pōu。

普擊切 pǔ jī	霹 pī（ㄆㄧ） 劈澼懯鈲癖僻(7)	梗開四入錫滂
普駕切 pǔ jià	帊 pà（ㄆㄚˋ） 怕(2)	假開二去禡滂
普巾切 pǔ jīn	砏 pīn（ㄆㄧㄣ） 彬(2)	臻合三平諄滂
普郎切 pǔ láng	滂 pāng（ㄆㄤ） 鎊霶雱霧磅斛(7)	宕開一平唐滂
普麥切 pǔ mài	擗 pò（ㄆㄛˋ） 檗(2)	梗開二入麥滂
普悶切 pǔ mèn	噴 pèn（ㄆㄣˋ） 歕湓(3)	臻合一去慁滂
普麪切 pǔ miàn	片 piàn（ㄆㄧㄢˋ） 肼辧(3)	山開四去霰滂
普蔑切 pǔ miè	撆 piē（ㄆㄧㄝ） 丿潎瞥醐嫳嫳颰鐅瞥(10)	山開四入屑滂
普没切 pǔ mò	誖 pò（ㄆㄛˋ） 咄哱娉馞(5)	臻合一入没滂
普木切 pǔ mù	扑 pū（ㄆㄨ） 醭濮墣穙攴攴撲髕黚鸈(11)	通合一入屋滂
普乃切 pǔ nǎi	俖 pěi（ㄆㄟˇ） 朏(2)	蟹開一上海滂
普袍切 pǔ páo	橐 pāo（ㄆㄠ） 藨颮尨(4)	效開一平豪滂

普朋切 pǔ péng	漰 pēng（ㄆㄥ）	曾開一平登滂
	堋(2)	
普幸切 pǔ xìng	軿 pěng（ㄆㄥˇ）	梗開二上耿滂

Q（ㄑ）

qi（ㄑㄧ）

七安切 qī ān	餐 cān（ㄘㄢ）	山開一平寒清
	湌飡(3)	
七賜切 qī cì	刺 cì（ㄘˋ）	止開三去寘清
	莿庛朿庛誎莿庛載誠(10)	
七刀切 qī dāo	操 cāo（ㄘㄠ）	效開一平豪清
	幧槽幓(4)	
七到切 qī dào	操 cào（ㄘㄠˋ）	效開一平号清
	造艁慥簉糙① 鄵(7)	
七感切 qī gǎn	慘 cǎn（ㄘㄢˇ）	咸開一上感清
	憯朁黲嫪傪噆䫩(8)	
七紺切 qī gàn	謲 càn（ㄘㄢˋ）	咸開一去勘清
	參瞫(3)	
七岡切 qī gāng	倉 cāng（ㄘㄤ）	宕開一平唐清

① 今读 cāo。

	蒼鶬䅚滄滄匨(7)	
七戈切 qī gē	蹉 cuō（ㄘㄨㄛ）	果合一平戈清
七恭切 qī gōng	樅 cōng（ㄘㄨㄥ）	通合三平鍾清
	鏦從瞛蓯瑽摐膯樅𧼮鬆㕩(12)	
七過切 qī guò	磋 cuò（ㄘㄨㄛˋ）	果合一去過清
七合切 qī hé	傪 cà（ㄘㄚˋ）	咸開一入合清
七合切 qī hé	趥 cà（ㄘㄚˋ）	咸開一入合清
	嫪(2)	
七何切 qī hé	蹉 cuō（ㄘㄨㄛ）	果開一平歌清
	瑳搓磋溠傞篕(7)	
七曷切 qī hé	攃 cā（ㄘㄚ）	山開一入曷清
	縩礤(3)	
七稽切 qī jī	妻 qī（ㄑㄧ）	蟹開四平齊清
	萋淒凄悽鶈郪緀𪗉霋(10)	
七計切 qī jì	砌 qì（ㄑㄧˋ）	蟹開四去霽清
	切瞭妻摖聯䀙䏻(8)	
七迹切 qī jì	皵 qì（ㄑㄧˋ）	梗開三入昔清
	磧刺趚洓䞍裲婧(8)	
七漸切 qī jiàn	憸 qiǎn（ㄑㄧㄢˇ）	咸開三上琰清
	醶(2)	
七接切 qī jiē	妾 qiè（ㄑㄧㄝˋ）	咸開三入葉清
	緁緝𠞰鏶淁鯜㯲楪踥(10)	
七靜切 qī jìng	請 qǐng（ㄑㄧㄥˇ）	梗開三上静清
	睛(2)	

七句切 qī jù	娶[①] qù（ㄑㄩˋ）	遇合三去遇清
	趣(2)	
七絹切 qī juàn	縓 quàn（ㄑㄩㄢˋ）	山合三去線清
	諯踒(3)	
七絶切 qī jué	臎 què（ㄑㄩㄝˋ）	山合三入薛清
	絟礭敠(3)	
七吏切 qī lì	䖪 cì（ㄘˋ）	止開三去志清
	蚝螆蛔(4)	
七廉切 qī lián	籤 qiān（ㄑㄧㄢ）	咸開三平鹽清
	瞼臘鹼槧憸僉釗懺譣(10)	
七兩切 qī liǎng	搶 qiǎng（ㄑㄧㄤˇ）	宕開三上養清
	捸(2)	
七亮切 qī liàng	蹡 qiàng（ㄑㄧㄤˋ）	宕開三去漾清
七林切 qī lín	侵 qīn（ㄑㄧㄣ）	深開三平侵清
	綅駸浸蕈稄綅(7)	
七遴切 qī lín	親[②] qìn（ㄑㄧㄣˋ）	臻開三去震清
	寴儭瀙(4)	
七溜切 qī liù	趥 qiù（ㄑㄧㄡˋ）	流開三去宥清
七慮切 qī lǜ	覰 qù（ㄑㄩˋ）	遇合三去御清
	覷則坥胆蜡(6)	
七亂切 qī luàn	竄 cuàn（ㄘㄨㄢˋ）	山合一去换清

① 娶，今读 qǔ，《集韵》此主切。

② 親，今读 qìng。

鑹爨殩穳(5)

七倫切 qī lún　逡 qūn（ㄑㄩㄣ）　臻合三平諄清

竣皴䞭墫捘竴踆𠝐夋(10)

七内切 qī nèi　倅 cuì（ㄘㄨㄟˋ）　蟹合一去隊清

淬焠䃀啐(5)

七情切 qī qíng　清 qīng（ㄑㄧㄥ）　梗開三平清清

圊(2)

七雀切 qī què　鵲 què（ㄑㄩㄝˋ）　宕開三入藥清

舄趞㹱碏䒰皵踖競䱜(10)

七然切 qī rán　遷 qiān（ㄑㄧㄢ）　山開三平仙清

䙴䙴䢦櫏䉦韆𤸈(8)

七人切 qī rén　親 qīn（ㄑㄧㄣ）　臻開三平真清

寴亲(3)

七忍切 qī rěn　笉 qǐn（ㄑㄧㄣˇ）　臻開三上軫清

七稔切 qī rěn　寑 qǐn（ㄑㄧㄣˇ）　深開三上寑清

㣜寢梫㾛寖蔓鋟䤈(9)

七入切 qī rù　緝 qì（ㄑㄧˋ）　深開三入緝清

葺諿𧜟聲咠(6)

七四切 qī sì　次 cì（ㄘˋ）　止開三去至清

鶩佽鬆絘鳩狂𣤶髮(9)

七宿切 qī sù　䠞 cù（ㄘㄨˋ）　通合三入屋清

蹴殧(3)

七外切 qī wài　𣉻 cuì（ㄘㄨㄟˋ）　蟹合一去泰清

七肖切 qī xiào　陗 qiào（ㄑㄧㄠˋ）　效開三去笑清

	峭𥝩㴥哨俏帩䣠(8)	
七演切 qī yǎn	淺 qiǎn（ㄑㄧㄢˇ）	山開三上獮清
七豔切 qī yàn	壍 qiàn（ㄑㄧㄢˋ）	咸開三去豔清
	塹槧䞍(4)	
七羊切 qī yáng	鏘 qiāng（ㄑㄧㄤ）	宕開三平陽清
	瑲槍蹌蹡𪔂斨牄𤖼閶熗搶(12)	
七遙切 qī yáo	鍫 qiāo（ㄑㄧㄠ）	效開三平宵清
	鍬𥝩幧㡐𪀔𣗥(7)	
七也切 qī yě	且 qiě（ㄑㄧㄝˇ）	假開三上馬清
七役切 qī yì	狊 qù（ㄑㄩˋ）	梗合三入昔清
	䟊(2)	
七由切 qī yóu	秋 qiū（ㄑㄧㄡ）	流開三平尤清
	烌䤛緧緅鞦湫鶖鰍楸萩醺𪚯𧓧𪁁𥝩趥(17)	
七余切 qī yú	疽 qū（ㄑㄩ）	遇合三平魚清
	岨砠䢸趄苴沮狙胆蛆雎葅㵟伹坥㞯(16)	
七逾切 qī yú	趨 qū（ㄑㄩ）	遇合三平虞清
	趍䶕(3)	
七庾切 qī yǔ	取 qǔ（ㄑㄩˇ）	遇合三上麌清
七與切 qī yǔ	䏣 qǔ（ㄑㄩˇ）	遇合三上語清
七玉切 qī yù	促 cù（ㄘㄨˋ）	通合三入燭清
	誎趗𤗓綀𤞴(6)	
七則切 qī zé	墄 cè（ㄘㄜˋ）	曾開一入德清
七鴆切 qī zhèn	沁 qìn（ㄑㄧㄣˋ）	深開三去沁清

沁吣⿰彳𡩜(4)

七政切 qī zhèng　倩 qìng（ㄑㄧㄥˋ）　梗開三去勁清

清(2)

七罪切 qī zuì　皠 cuǐ（ㄘㄨㄟˇ）　蟹合一上賄清

⿰氵辠⿰氵罪漼璀⿰米辠⿰米罪鏙(8)

七醉切 qī zuì　翠 cuì（ㄘㄨㄟˋ）　止合三去至清

濢臎(3)

其季切 qí jì　悸 jì（ㄐㄧˋ）　止合三去至群

⿰亻癸⿰犭癸痵⿸疒⿱癸示(5)

其既切 qí jì　醆 jì（ㄐㄧˋ）　止開三去未群

幾(2)

其矜切 qí jīn　殑 qíng（ㄑㄧㄥˊ）　曾開三平蒸群

㥏(2)

其謹切 qí jǐn　近 jìn（ㄐㄧㄣˋ）　臻開三上隱群

⿸疒堇(2)

其九切 qí jiǔ　舅 jiù（ㄐㄧㄡˋ）　流開三上有群

倃臼齨⿸麻臼⿰臼鳥咎⿱臼木⿸疒咎⿱咎心⿰言咎(11)

其矩切 qí jǔ　窶 jù（ㄐㄩˋ）　遇合三上麌群

⿰豸婁(2)

其俱切 qí jù　衢 qú（ㄑㄩˊ）　遇合三平虞群

劬軥氍眗⿰阝句臞癯鴝鸜灈躣忂⿰犭鳥⿰鼠句蘧斪句

蠷瞿欋朐⿰犭鳥狗蚼⿰黽句⿺走瞿⿺走句呴絇⿸尸句⿱瞿皿⿰石瞿戵鑺

姁(36)

其據切 qí jù　遽 jù（ㄐㄩˋ）　遇合三去御群

	劇詎醵濾(5)	
其立切 qí lì	及 jí（ㄐㄧˊ）	深開三入緝群
	䢳䟷岌䳶笈㞦(7)	
其兩切 qí liǎng	勥 jiàng（ㄐㄧㄤˋ）	宕開三上養群
	彊弜誩滰(5)	
其亮切 qí liàng	弶 jiàng（ㄐㄧㄤˋ）	宕開三去漾群
其餕切 qí lìng	殑 jìng（ㄐㄧㄥˋ）	曾開三去證群
其呂切 qí lǚ	巨 jù（ㄐㄩˋ）	遇合三上語群
	拒秬距駏炬粔虡𧇊鐻鉅苣駏蘧罡詎岠齟(18)	
其輦切 qí niǎn	件 jiàn（ㄐㄧㄢˋ）	山開三上獮群
	𡾋鍵鐽(4)	
其虐切 qí nüè	噱 jué（ㄐㄩㄝˊ）	宕開三入藥群
	蹻㕁蝍谷啣臄醵腏(9)	
其迄切 qí qì	趌 jí（ㄐㄧˊ）	臻開三入迄群
	𪖐(2)	
其憩切 qí qì	偈 jì（ㄐㄧˋ）	蟹開三去祭群
其偃切 qí yǎn	寋 jiàn（ㄐㄧㄢˋ）	山開三上阮群
	楗鍵㩃(4)	
其謁切 qí yè	揭 jié（ㄐㄧㄝˊ）	山開三入月群
	揭竭碣楬(5)	
其遇切 qí yù	懼 jù（ㄐㄩˋ）	遇合三去遇群
	具埧臞(4)	
其月切 qí yuè	鱖 jué（ㄐㄩㄝˊ）	山合三入月群

鷢橜撅蹷掘赶憠鐝趉橛臄乚(13)

其輒切 qí zhé　极 jié（ㄐㄧㄝˊ）　咸開三入葉群

极笈梜䮠(5)

其拯切 qí zhěng　殑 jìng（ㄐㄧㄥˋ）　曾開三上拯群

奇寄切 qí jì　芰 jì（ㄐㄧˋ）　止開三去寘群

騎䰙輢䝸𢻱汥誠(8)

奇逆切 qí nì　劇[①] jí（ㄐㄧˊ）　梗開三入陌群

屐𨏩䍃㤶噱(6)

乞加切 qǐ jiā　㮫 qiā（ㄑㄧㄚ）　假開二平麻溪

起法切 qǐ fǎ　猲 qià（ㄑㄧㄚˋ）　咸合三入乏溪

妀(2)

起限切 qǐ xiàn　䶃 qiǎn（ㄑㄧㄢˇ）　山開二上産溪

起囂切 qǐ xiāo　趫 qiāo（ㄑㄧㄠ）　效開三平宵溪

憍橇轎(4)

豈俱切 qǐ jù　區 qū（ㄑㄩ）　遇合三平虞溪

鰸驅敺嶇軀摳𨻐(8)

綺戟切 qǐ jǐ　隙[②] qì（ㄑㄧˋ）　梗開三入陌溪

郤綌㣣𧮰㝗𡂿(7)

綺兢切 qǐ jīng　硱 qīng（ㄑㄧㄥ）　曾開三平蒸溪

弃忍切 qì rěn　螼 qǐn（ㄑㄧㄣˇ）　臻合三上準溪

豎趣(3)

---

① 劇，今读 jù。
② 隙，今读 xì。

qian（ㄑㄧㄢ）

千鄧切 qiān dèng	蹭 cèng（ㄘㄥˋ） 䠞(2)	曾開一去嶝清
千定切 qiān dìng	靘 qìng（ㄑㄧㄥˋ） 掅(2)	梗開四去徑清
千過切 qiān guò	諎 cuò（ㄘㄨㄛˋ） 措(2)	果合一去過清
千侯切 qiān hóu	誰 cōu（ㄘㄡ）	流開一平侯清
千結切 qiān jié	切 qiè（ㄑㄧㄝˋ） 嚓䏚竊柣沏踋砌(8)	山開四入屑清
千可切 qiān kě	瑳 cuǒ（ㄘㄨㄛˇ） 鬌䃎(3)	果開一上哿清
千禮切 qiān lǐ	泚 cǐ（ㄘˇ） 玼緀觜(4)	蟹開四上薺清
千木切 qiān mù	瘯 cù（ㄘㄨˋ） 磩蔟趗梀簇(6)	通合一入屋清
千弄切 qiān nòng	謥 còng（ㄘㄨㄥˋ） 憁(2)	通合一去送清
千水切 qiān shuǐ	趡 cuǐ（ㄘㄨㄟˇ） 踓䧳(3)	止合三上旨清
千仲切 qiān zhòng	趥 qiòng（ㄑㄩㄥˋ）	通合三去送清
牽繭切 qiān jiǎn	蜸 qiǎn（ㄑㄧㄢˇ） 豤鬜螼(4)	山開四上銑溪

遷謝切 qiān xiè　笡 qiè（ㄑㄧㄝˋ）　假開三去禡清
趄(2)

謙琰切 qiān yǎn　膁 qiǎn（ㄑㄧㄢˇ）　咸開三上琰溪

前歷切 qián lì　寂 jì（ㄐㄧˋ）　梗開四入錫從
家宋啾覩(5)

qiang（ㄑㄧㄤ）

羌舉切 qiāng jǔ　去 qǔ（ㄑㄩˇ）　遇合三上語溪
麮弆蚨紶(5)

羌印切 qiāng yìn　螼 qìn（ㄑㄧㄣˋ）　臻開三去震溪

强魚切 qiáng yú　渠 qú（ㄑㄩˊ）　遇合三平魚群
𨏊𦄐璩磲蕖籧簴淭醵腒𩦺𧒊蟝𤜯㢙蘧鐻
璖𨝜𣟴𧾻𧄔𡪇䙊懅(26)

qin（ㄑㄧㄣ）

欽錦切 qīn jǐn　顩 qǐn（ㄑㄧㄣˇ）　深開三上寑溪
鋟(2)

親吉切 qīn jí　七 qī（ㄑㄧ）　臻開三入質清
漆桼郪鶈桼蕎榔荼榛(10)

親小切 qīn xiǎo　悄 qiǎo（ㄑㄧㄠˇ）　效開三上小清
愀釥(3)

秦力切 qín lì　堲 jí（ㄐㄧˊ）　曾開三入職從
垐揤(3)

秦入切 qín rù　集 jí（ㄐㄧˊ）　深開三入緝從

輯檝亼𦔮䕲鏶慹箿(9)

秦昔切 qín xī　籍 jí（ㄐㄧˊ）　梗開三入昔從

踖蹐藉耤塉瘠庴猎葃膌[illegible]䥛(13)

秦悉切 qín xī　疾 jí（ㄐㄧˊ）　臻開三入質從

𢱣嫉蒺㑵㾊揤㤂槉㗱𧩼(11)

秦醉切 qín zuì　萃 cuì（ㄘㄨㄟˋ）　止合三去至從

顇悴崪穟瘁(6)

qing（ㄑㄧㄥ）

青忝切 qīng tiǎn　憯 qiǎn（ㄑㄧㄢˇ）　咸開四上忝清

卿義切 qīng yì　椅 qì（ㄑㄧˋ）　止開三去寘溪

掎(2)

傾雪切 qīng xuě　缺 quē（ㄑㄩㄝ）　山合三入薛溪

蒛(2)

情雪切 qíng xuě　絶 jué（ㄐㄩㄝˊ）　山合三入薛從

qiu（ㄑㄧㄡ）

丘广切 qiū ān　欿 qiǎn（ㄑㄧㄢˇ）　咸開三上儼溪

頣笶(3)

丘犯切 qiū fàn　凵 qiǎn（ㄑㄧㄢˇ）　咸合三上范溪

扝(2)

丘吠切 qiū fèi　𩚵 kuì（ㄎㄨㄟˋ）　蟹合三去祭溪

丘粉切 qiū fěn　䞩 qǔn（ㄑㄩㄣˇ）　臻合三上吻溪

麇(2)

丘縛切 qiū fù　躩 jué（ㄐㄩㄝˊ）　宕合三入藥溪

貜(2)

丘軌切 qiū guǐ　巋 kuǐ（ㄎㄨㄟˇ）　止合三上旨溪

蘬(2)

丘晃切 qiū huǎng　懬 kuǎng（ㄎㄨㄤˇ）　宕合一上蕩溪

軦爌(3)

丘擭切 qiū huò　𧓍 kuò（ㄎㄨㄛˋ）　梗開二入陌溪

劆(2)

丘伽切 qiū jiā　佉 qiē（ㄑㄧㄝ）　果開三平戈溪

呿㰦佢(4)

丘姦切 qiū jiān　馯 qiān（ㄑㄧㄢ）　山開二平刪溪

丘檢切 qiū jiǎn　頳 qiǎn（ㄑㄧㄢˇ）　咸開三上琰溪

嗛(2)

丘檻切 qiū jiàn　顅 qiǎn（ㄑㄧㄢˇ）　咸開二上檻溪

丘謹切 qiū jǐn　赾 qǐn（ㄑㄧㄣˇ）　臻開三上隱溪

丘敬切 qiū jìng　慶 qìng（ㄑㄧㄥˋ）　梗開三去映溪

丘救切 qiū jiù　𩑶 qiù（ㄑㄧㄡˋ）　流開三去宥溪

丘倨切 qiū jù　㰦 qù（ㄑㄩˋ）　遇合三去御溪

去魼呿䖆胠𡱁𦬣鴡(9)

丘愧切 qiū kuì　喟 kuì（ㄎㄨㄟˋ）　止合三去至溪

嘳樻䯣鬢膭襀䖩嶵(9)

丘力切 qiū lì　䩯 qì（ㄑㄧˋ）　曾開三入職溪

丘廉切 qiū lián　慊 qiān（ㄑㄧㄢ）　咸開三平鹽溪

鍩(2)

丘亮切 qiū liàng	唴 qiàng（ㄑㄧㄤˋ）	宕開三去漾溪
	晄[illegible](3)	
丘隴切 qiū lǒng	恐 kǒng（ㄎㄨㄥˇ）	通合三上腫溪
	忎蒽(3)	
丘弭切 qiū mǐ	跬 kuǐ（ㄎㄨㄟˇ）	止合三上紙溪
	趌頍跬(4)	
丘弭切 qiū mǐ	企 qǐ（ㄑㄧˇ）	止開三上紙溪
	跂(2)	
丘謬切 qiū miù	𨃩 qiù（ㄑㄧㄡˋ）	流開三去幼溪
丘甚切 qiū shèn	坅 qǐn（ㄑㄧㄣˇ）	深開三上寑溪
丘韋切 qiū wéi	蘬 kuī（ㄎㄨㄟ）	止合三平微溪
	巋(2)	
丘畏切 qiū wèi	檓 kuì（ㄎㄨㄟˋ）	止合三去未溪
	襀檓(3)	
丘言切 qiū yán	攑 qiān（ㄑㄧㄢ）	山開三平元溪
	𧽊(2)	
丘嚴切 qiū yán	鈙 qiān（ㄑㄧㄢ）	咸開三平嚴溪
	厱(2)	
丘釅切 qiū yàn	鈙 qiàn（ㄑㄧㄢˋ）	咸開三去釅溪
	硷(2)	
丘謁切 qiū yè	朅 qiè（ㄑㄧㄝˋ）	山開三入薛溪
	揭藒愒[illegible](5)	
丘尹切 qiū yǐn	麇 qǔn（ㄑㄩㄣˇ）	臻合三上準溪
丘玉切 qiū yù	曲 qū（ㄑㄩ）	通合三入燭溪

	鰽萡匤(4)	
丘圓切 qiū yuán	桊 quān（ㄑㄩㄢ）	山合三平仙溪
	弮棬鬈鄳(5)	
丘召切 qiū zhào	趬 qiào（ㄑㄧㄠˋ）	效開三去笑溪
	骩廥譑蹺(5)	
丘之切 qiū zhī	抾 qī（ㄑㄧ）	止開三平之溪
丘追切 qiū zhuī	巋 kuī（ㄎㄨㄟ）	止合三平脂溪
	蘬(2)	
求癸切 qiú guǐ	揆[①] guì（ㄍㄨㄟˋ）	止合三上旨群
	楑湀嫢湀(5)	
求獲切 qiú huò	蔮 guó（ㄍㄨㄛˊ）	梗合二入麥群
求迦切 qiú jiā	伽 qié（ㄑㄧㄝˊ）	果開三平戈群
	茄枷(3)	
求晚切 qiú wǎn	圈 juàn（ㄐㄩㄢˋ）	山合三上阮群
	圈菌卷(4)	
求往切 qiú wǎng	俇 guàng（ㄍㄨㄤˋ）	宕合三上養群
求位切 qiú wèi	匱 guì（ㄍㄨㄟˋ）	止合三去至群
	蕢臾饋餽繢櫃樻韇簣鞼(11)	
求蟹切 qiú xiè	箉 guài（ㄍㄨㄞˋ）	蟹開二上蟹群
	拐[②] (2)	

① 揆，今读 kuí。

② 今读 guǎi。

qu（ㄑㄩ）

曲恭切 qū gōng	銎 qiōng（ㄑㄩㄥ） 䓖(2)	通合三平鍾溪
祛狶切 qū shǐ	豈 qǐ（ㄑㄧˇ） 䒗(2)	止開三上尾溪
區倦切 qū juàn	絭 quàn（ㄑㄩㄢˋ） 綣䠿(3)	山合三去線溪
區勿切 qū wù	屈 qū（ㄑㄩ） 詘蝠(3)	臻合三入物溪
區用切 qū yòng	恐 kòng（ㄎㄨㄥˋ） 忎蒧(3)	通合三去用溪
區遇切 qū yù	驅 qù（ㄑㄩˋ） 軀(2)	遇合三去遇溪
驅匊切 qū jú	麴 qū（ㄑㄩ） 䕮鞠鞫匑(5)	通合三入屋溪
驅雨切 qū yǔ	齲 qǔ（ㄑㄩˇ） 踽竘(3)	遇合三上麌溪
渠放切 qú fàng	狂 guàng（ㄍㄨㄤˋ） 誆(2)	宕合三去漾群
渠弓切 qú gōng	窮 qióng（ㄑㄩㄥˊ） 藭竆(3)	通合三平東群
渠穢切 qú huì	衛 guì（ㄍㄨㄟˋ）	蟹合三去廢群
渠羈切 qú jī	奇 qí（ㄑㄧˊ）	止開三平支群

	琦騎䳬弜䰇碕㩽𧊒錡(10)	
渠記切 qú jì	忌 jì（ㄐㄧˋ）	止開三去志群
	邔惎𦃇鵋䳢𩣡諅惎梞畁𢄊𥳑(13)	
渠建切 qú jiàn	健 jiàn（ㄐㄧㄢˋ）	山開三去願群
	腱(2)	
渠京切 qú jīng	擎 qíng（ㄑㄧㄥˊ）	梗開三平庚群
	勍黥剠剠䲔鯨[1] 檠橿葝𩓁(11)	
渠敬切 qú jìng	競 jìng（ㄐㄧㄥˋ）	梗開三去映群
	竸誩倞檠儆曔(7)	
渠卷切 qú juàn	倦 juàn（ㄐㄩㄢˋ）	山合三去線群
	䡕䝾䙡惓(5)	
渠力切 qú lì	極 jí（ㄐㄧˊ）	曾開三入職群
渠列切 qú liè	傑 jié（ㄐㄧㄝˊ）	山開三入薛群
	桀竭碣楬榤揭渴嵥滐榪偈杰搩(14)	
渠遴切 qú lìn	僅 jìn（ㄐㄧㄣˋ）	臻開三去震群
	覲殣瑾饉勤廑瘽墐剸歏(11)	
渠隴切 qú lǒng	梁 jiòng（ㄐㄩㄥˋ）	通合三上腫群
渠廟切 qú miào	嶠 jiào（ㄐㄧㄠˋ）	效開三去笑群
	轎(2)	
渠綺切 qú qǐ	技 jì（ㄐㄧˋ）	止開三上紙群
	妓徛伎錡蚑(6)	
渠人切 qú rén	趣 qín（ㄑㄧㄣˊ）	臻合三平諄群

[1] 今读 jīng。

渠容切 qú róng　　蛩 qióng（ㄑㄩㄥˊ）　　通合三平鍾群

耴舼郱筇輁茾䈹𥒾䓖傑䯶栱𥠳𢀶𪀔(16)

渠委切 qú wěi　　跪 guì（ㄍㄨㄟˋ）　　止合三上紙群

渠希切 qú xī　　祈 qí（ㄑㄧˊ）　　止開三平微群

頎旂䥢譏𡒄崎碕圻气譏䰴俟幾蚚㽸蟣岓

䶒(19)

渠焉切 qú yān　　乾 qián（ㄑㄧㄢˊ）　　山開三平仙群

虔犍鰬郹騝楗鍵揵(9)

渠遙切 qú yáo　　翹 qiáo（ㄑㄧㄠˊ）　　效開三平宵群

荍蕎嶠翹膠(6)

渠飲切 qú yǐn　　噤 jìn（ㄐㄧㄣˋ）　　深開三上寑群

䫴澿唫(4)

渠營切 qú yíng　　瓊 qióng（ㄑㄩㄥˊ）　　梗合三平清群

璚犖煢睘惸㩳藑嬛𡚁赹𢡨怐藑䕼𥬡僒

(17)

渠用切 qú yòng　　共 gòng（ㄍㄨㄥˋ）　　通合三去用群

渠幽切 qú yōu　　虯 qiú（ㄑㄧㄡˊ）　　流開三平幽群

觩璆觓鷚蟉觩(7)

渠黝切 qú yǒu　　蟉 jiù（ㄐㄧㄡˋ）　　流開三上黝群

渠玉切 qú yù　　局 jú（ㄐㄩˊ）　　通合三入燭群

跼駶侷挶(5)

渠云切 qú yún　　群 qún（ㄑㄩㄣˊ）　　臻合三平文群

帬裠宭㾓(5)

渠殞切 qú yǔn　窘[1] jǔn（ㄐㄩㄣˇ）　臻合三上軫群

僒䅿䐃䐃箘菌䐃䕮蛹(10)

渠運切 qú yùn　郡 jùn（ㄐㄩㄣˋ）　臻合三去問群

渠之切 qú zhī　其 qí（ㄑㄧˊ）　止開三平之群

期[2] 旗綦綨帺萁䳢基琪麒騏淇鵸錤藄棊
櫀碁璂琪䱺蘄祺禥踑艥䰩畁麒(30)

渠脂切 qú zhī　鬐 qí（ㄑㄧˊ）　止開三平脂群

耆耆愭䚉䁯稽祁鍺鰭鮨(11)

渠竹切 qú zhú　鞠 jú（ㄐㄩˊ）　通合三入屋群

䩬趜鮂鵴䳔鞫毱蝌踘䵸䎤(12)

渠篆切 qú zhuàn　圈 juàn（ㄐㄩㄢˋ）　山合三上獮群

䕮菤(3)

渠隹切 qú zhuī　葵 kuí（ㄎㄨㄟˊ）　止合三平脂群[3]

鄈楑鯠慀䐨鶟蝰(8)

渠追切 qú zhuī　逵 kuí（ㄎㄨㄟˊ）　止合三平脂群

夔䖯馗戣鍨騤犪躨䐨尣跻倈雟頯𩓟䕚夅
頄(19)

衢物切 qú wù　倔 jué（ㄐㄩㄝˊ）　臻合三入物群

踻崛㞞裾屈堀䝟掘(9)

取私切 qǔ sī　郪 cī（ㄘ）　止開三平脂清

① 窘，今读 jiǒng。

② 今读 qī。

③ 渠隹切，《韵镜》列在四等。渠隹切、渠追切属重纽。

	趑䩟趚趲覩㞗屩蠀(9)	
去宫切 qù gōng	穹 qióng（ㄑㄩㄥˊ）	通合三平東溪
	悺焪芎营䠻䓖(7)	
去吉切 qù jí	詰 jié（ㄐㄧㄝˊ）	臻開三入質溪
	蛣鮚趌(4)	
去急切 qù jí	泣 qì（ㄑㄧˋ）	深開三入緝溪
	㗱湆(3)	
去既切 qù jì	氣 qì（ㄑㄧˋ）	止開三去未溪
	炁气盵䀈(5)	
去冀切 qù jì	器 qì（ㄑㄧˋ）	止開三去至溪
去劒切 qù jiàn	欠 qiàn（ㄑㄧㄢˋ）	咸開三去梵溪
	伩(2)	
去劫切 qù jié	怯 qiè（ㄑㄧㄝˋ）	咸開三入業溪
	狯抾呿鲘胠厒痃疢(9)	
去金切 qù jīn	欽 qīn（ㄑㄧㄣ）	深開三平侵溪
	荃衾嶔鋟(5)	
去京切 qù jīng	卿 qīng（ㄑㄧㄥ）	梗開三平庚溪
去鳩切 qù jiū	丘 qiū（ㄑㄧㄡ）	流開三平尤溪
	北蘁蚯邱㐀(6)	
去久切 qù jiǔ	糗 qiǔ（ㄑㄧㄡˇ）	流開三上有溪
去吏切 qù lì	亟 qì（ㄑㄧˋ）	止開三去志溪
	唭䀈(3)	
去例切 qù lì	憩 qì（ㄑㄧˋ）	蟹開三去祭溪
	㞞藒愒揭甈(6)	

去倫切 qù lún	囷 qūn（ㄑㄩㄣ）	臻合三平真溪
	箘箘輑蜠峮䐃(7)	
去其切 qù qí	欺 qī（ㄑㄧ）	止開三平之溪
	娸魌類僛䫏僛䳢䳢䫏祛(11)	
去奇切 qù qí	攲 qī（ㄑㄧ）	止開三平支溪
	觭踦猗崎䗁碕猗倚螭敧(11)	
去訖切 qù qì	乞 qǐ（ㄑㄧˇ）	臻開三入迄溪
	芞契(3)	
去乾切 qù qián	愆 qiān（ㄑㄧㄢ）	山開三平仙溪
	㧁譽儇褰騫褼攐攓嗟(10)	
去秋切 qù qiū	㤹 qiū（ㄑㄧㄡ）	流開三平尤溪
	惆䡵(3)	
去刃切 qù rèn	菣 qìn（ㄑㄧㄣˋ）	臻開三去震溪
	趣䤾(3)	
去阮切 qù ruǎn	綣 quǎn（ㄑㄩㄢˇ）	山合三上阮溪
	綣蘿裷棬䅌(6)	
去涉切 qù shè	㾀 qiè（ㄑㄧㄝˋ）	咸開三入葉溪
去隨切 qù suí	闚 kuī（ㄎㄨㄟ）	止合三平支溪
	窺(2)	
去挺切 qù tǐng	謦 qǐng（ㄑㄧㄥˇ）	梗開四上迥溪
去王切 qù wáng	匡 kuāng（ㄎㄨㄤ）	宕合三平陽溪
	邼筐蛙框恇劻髺洭軭眶茞駏(13)	
去爲切 qù wéi	虧 kuī（ㄎㄨㄟ）	止合三平支溪
去委切 qù wěi	跪 kuǐ（ㄎㄨㄟˇ）	止合三上紙溪

𣧑(2)

去靴切 qù xuē　𩩲 quē（ㄑㄩㄝ）　果合三平戈溪

𩩲(2)

去偃切 qù yǎn　言 qiǎn（ㄑㄧㄢˇ）　山開三上阮溪

去演切 qù yǎn　遣 qiǎn（ㄑㄧㄢˇ）　山開三上獮溪

繾鑓筧掔肻𦛗䭤(8)

去羊切 qù yáng　羌 qiāng（ㄑㄧㄤ）　宕開三平陽溪

猐㭍蜣(4)

去遥切 qù yáo　蹻 qiāo（ㄑㄧㄠ）　效開三平宵溪

繑趬蹺𩓞𥢚(6)

去盈切 qù yíng　輕 qīng（ㄑㄧㄥ）　梗開三平清溪

𦗨罄(3)

去營切 qù yíng　傾 qīng（ㄑㄧㄥ）　梗合三平清溪

頃(2)

去潁切 qù yǐng　頃 qǐng（ㄑㄧㄥˇ）　梗合三上静溪

䝩擲檾苘蘏(6)

去魚切 qù yú　虚[1] qū（ㄑㄩ）　遇合三平魚溪

墟笶袪阹椐胠魼嘘攄柭荰(12)

去願切 qù yuàn　券 quàn（ㄑㄩㄢˋ）　山合三去願溪

絭勸蘿綣韏(6)

去約切 qù yuē　卻 què（ㄑㄩㄝˋ）　宕開三入藥溪

却郤㕁(4)

---

① 虚、墟，今读 xū。

去月切 qù yuè　闕 què（ㄑㄩㄝˋ）　山合三入月溪

[illegible][illegible](3)

去戰切 qù zhàn　譴[1] qiàn（ㄑㄧㄢˋ）　山開三去線溪

遣[illegible]啓繾(5)

去智切 qù zhì　企 qì（ㄑㄧˋ）　止開三去寘溪

[illegible]跂[illegible]蚑吱(6)

去仲切 qù zhòng　熍 qiòng（ㄑㄩㄥˋ）　通合三去送溪

[illegible][illegible](3)

R（ㄖ）

ren（ㄖㄣ）

人垂切 rén chuí　痿 ruí（ㄖㄨㄟˊ）　止合三平支日

[illegible](2)

人九切 rén jiǔ　蹂 róu（ㄖㄡˊ）　流開三上有日

楺煣輮沑禸葇[illegible]鞣粈(10)

人絹切 rén juàn　[illegible] ruàn（ㄖㄨㄢˋ）　山合三去線日

人善切 rén shàn　蹨 rǎn（ㄖㄢˇ）　山開三上獮日

橪戁熯[illegible](5)

人賒切 rén shē　若 ré（ㄖㄜˊ）　假開三平麻日

婼(2)

① 谴，今读 qiǎn。

人恕切 rén shù	洳 rù（ㄖㄨˋ）	遇合三去御日
	茹如(3)	
人兮切 rén xī	臡① rí（ㄖˊ）	蟹開四平齊日
人㨾切 rén yàng	讓 ràng（ㄖㄤˋ）	宕開三去漾日
	欀攘懹(4)	
人要切 rén yào	饒 rào（ㄖㄠˋ）	效開三去笑日
	繞(2)	
人又切 rén yòu	輮 ròu（ㄖㄡˋ）	流開三去宥日
	蹂煣韖(4)	
人者切 rén zhě	若 rě（ㄖㄜˇ）	假開三上馬日
	惹喏(3)	
人執切 rén zhí	入② rì③（ㄖˋ）	深開三入緝日
	廿(2)	
人質切 rén zhì	日 rì（ㄖˋ）	臻開三入質日
	馹衵衵鉺(5)	
人朱切 rén zhū	儒 rú（ㄖㄨˊ）	遇合三平虞日
	獳濡襦懦嚅鱬麢嬬繻顬穤臑醹瓀魗(16)	
人諸切 rén zhū	如 rú（ㄖㄨˊ）	遇合三平魚日
	蕠鄦洳駕翟䉑茹(8)	
人渚切 rén zhǔ	汝 rǔ（ㄖㄨˇ）	遇合三上語日

① 今读 ní。

② 入，今读 rù。

③ 17 世纪《西儒耳目资》“入”“日”同音。“入”后变读 rù，是特殊的变异。

肗茹𤬪𢿣𤺋(6)

reng（ㄖㄥ）

仍吏切 réng lì　　餌[1] èr（ㄦˋ）　　止開三去志日

𩱈珥鮞毦咡刵侕誀洏聏㚷䏪䣷䎶聣(16)

rong（ㄖㄨㄥ）

榮美切 róng měi　　洧 wěi（ㄨㄟˇ）　　止合三上旨云

鮪痏蒴(4)

ru（ㄖㄨ）

如乘切 rú chéng　　仍 réng（ㄖㄥˊ）　　曾開三平蒸日

艿𧥣迈礽扔[2] 朷(7)

如亥切 rú hài　　疓 nǎi（ㄋㄞˇ）　　蟹開一上海日

如累切 rú lěi　　蘂 ruǐ（ㄖㄨㄟˇ）　　止合三上紙日

蕊甤繠(4)

如壘切 rú lěi　　蕊 ruǐ（ㄖㄨㄟˇ）　　止合三上旨日

甤繠(3)

如兩切 rú liǎng　　壤 rǎng（ㄖㄤˇ）　　宕開三上養日

蘘瀼穰蠰攘躟礣(8)

如列切 rú liè　　熱 rè（ㄖㄜˋ）　　山開三入薛日

---

① 餌，今读 ěr。

② 今读 rēng。

茶(2)

如劣切 rú liè　爇 ruò（ㄖㄨㄛˋ）　山合三入薛日

焫蜹揳肉(5)

如林切 rú lín　任 rén（ㄖㄣˊ）　深開三平侵日

鵀恁壬紝鵀誑(7)

如鄰切 rú lín　仁 rén（ㄖㄣˊ）　臻開三平真日

朲人(3)

如六切 rú liù　肉[①] rù（ㄖㄨˋ）　通合三入屋日

衄鰫(3)

如融切 rú róng　戎 róng（ㄖㄨㄥˊ）　通合三平東日

毧茙械駥筬傶狨絨(9)

如甚切 rú shèn　荏 rěn（ㄖㄣˇ）　深開三上寢日

飪餁飪稔栠恁袵肚荏棯羊鉦腍(14)

如順切 rú shùn　閏 rùn（ㄖㄨㄣˋ）　臻合三去稕日

潤腘(3)

如延切 rú yán　然 rán（ㄖㄢˊ）　山開三平仙日

燃繎嘫肰繎蕬蘸㸐(9)

如勻切 rú yún　犉 rún（ㄖㄨㄣˊ）　臻合三平諄日

犉瞤眴(4)

如招切 rú zhāo　饒 ráo（ㄖㄠˊ）　效開三平宵日

橈襓蟯蟯蕘(6)

如之切 rú zhī　而 ér（ㄦˊ）　止開三平之日

① 肉，今读 ròu。

栭檽隭陾陑髵峏轜輀臑胹烦鬴洏鲕耏咡
媊誀鸸(21)

儒垂切 rú chuí　蕤 ruí（ㄖㄨㄟˊ）　止合三平支日
甤緌擩桵桵捼(7)

汝鹽切 rǔ yán　䫇 rán（ㄖㄢˊ）　咸開三平鹽日
髯蚺呥枏誧蛅冉袡䶲痈䎃(12)

汝陽切 rǔ yáng　穰 ráng（ㄖㄤˊ）　宕開三平陽日
禳攘瀼鑲鄹躟瀼蠰獽儴蘘簴鬤勷瓤孃
(17)

汝移切 rǔ yí　兒 ér（ㄦˊ）　止開三平支日
兒唲婼(4)

汝鴆切 rǔ zhèn　妊 rèn（ㄖㄣˋ）　深開三去沁日
紝鵀任衽(5)

S（ㄙ）

sang（ㄙㄤ）

桑感切 sāng gǎn　糂 sǎn（ㄙㄢˇ）　咸開一上感心
糝糣傪揲槮䫩粖(8)

桑割切 sāng gē　蔑 sà（ㄙㄚˋ）　山開一入曷心
薩撒桀㴔攃箣莎辞(9)

桑谷切 sāng gǔ　速 sù（ㄙㄨˋ）　通合一入屋心
遫謷蔌餗鷟螦樕觳倈梀遬遫殐嗽豀槭涑
(18)

桑故切 sāng gù	訴 sù（ㄙㄨˋ）	遇合一去暮心
	愬遡泝遡素傃嗉膆琡塑塐謖㩋愫(15)	
桑經切 sāng jīng	星 xīng（ㄒㄧㄥ）	梗開四平青心
	曐腥胜鮏鯹箵醒鮏篂猩惺(12)	

se（ㄙㄜ）

色庱切 sè chěng	殅 shěng（ㄕㄥˇ）	梗開三上拯生
色絳切 sè jiàng	淙 shuàng（ㄕㄨㄤˋ）	江開二去絳生
	𩋱(2)	
色句切 sè jù	捒 shù（ㄕㄨˋ）	遇合三去遇生
	數㯷(3)	
色立切 sè lì	歰 sè（ㄙㄜˋ）	深開三入緝生
	澀澁鈒霅澀㑮㵊(8)	
色莊切 sè zhuāng	霜 shuāng（ㄕㄨㄤ）	宕開三平陽生
	鸘鷞孀驦騻孃(7)	

sha（ㄕㄚ）

沙瓦切 shā wǎ	葰 shǎ（ㄕㄚˇ）	假合二上馬生
	謏傻(3)	
砂獲切 shā huò	摵 suò（ㄙㄨㄛˋ）	梗合二入麥生
砂下切 shā xià	灑 sǎ（ㄙㄚˇ）	假開二上馬生

shan（ㄕㄢ）

山芻切 shān chú	毹 shū（ㄕㄨ）	遇合三平虞生

	㡼橾螋(4)	
山垂切 shān chuí	𩏂 suī（ㄙㄨㄟ）	止合三平支生
	鑴(2)	
山戟切 shān jǐ	索 suǒ（ㄙㄨㄛˇ）	梗開二入陌生
	索趚溹𥕢䅴(6)	
山佳切 shān jiā	崽 shāi（ㄕㄞ）	蟹開二平佳生
	籭諰(3)	
山檻切 shān jiàn	摲 shǎn（ㄕㄢˇ）	咸開二上檻生
	㺑(2)	
山皆切 shān jiē	崽① shāi（ㄕㄞ）	蟹開二平皆生
	鎈(2)	
山矜切 shān jīn	殅 shēng（ㄕㄥ）	曾開三平蒸生
山列切 shān liè	樧 shè（ㄕㄜˋ）	山開三入薛生
山洽切 shān qià	霎 shà（ㄕㄚˋ）	咸開二入洽生
	歃箑篓萐唼翣(7)	
山巧切 shān qiǎo	数 shǎo（ㄕㄠˇ）	效開二上巧生
山芮切 shān ruì	啐 shuì（ㄕㄨㄟˋ）	蟹合三去祭生
山幽切 shān yōu	犙 shōu（ㄕㄡ）	流開三平幽生
山員切 shān yuán	栓 shuān（ㄕㄨㄢ）	山合三平仙生
	簺(2)	
山責切 shān zé	栜 sè（ㄙㄜˋ）	梗開二入麥生

① 崽，今读 zǎi，《集韵》子亥切。

滌痋霈摵揔㨫捒索索㴓鞡虩浖(14)

山輒切 shān zhé 䞌 shè（ㄕㄜˋ） 咸開三入葉生

簺畝霎哂歐(6)

shang（ㄕㄤ）

商署切 shāng shǔ 恕 shù（ㄕㄨˋ） 遇合三去御書

庶樜遮(4)

傷魚切 shāng yú 書 shū（ㄕㄨ） 遇合三平魚書

鵨璛舒蒣紓邿(7)

傷遇切 shāng yù 戍 shù（ㄕㄨˋ） 遇合三去遇書

腧輸趥鞧隃軆毹(8)

賞敢切 shǎng gǎn 㴸 shǎn（ㄕㄢˇ） 咸開一上敢書

賞職切 shǎng zhí 識[①] shì（ㄕˋ） 曾開三入職書

式拭帓軾飾絉鉽烒讖(10)

shen（ㄕㄣ）

神蜀切 shén shǔ 贖 shú（ㄕㄨˊ） 通合三入燭船

韣斀(3)

神夜切 shén yè 射 shè（ㄕㄜˋ） 假開三去禡船

躲麝貰(4)

神與切 shén yǔ 紓 shù（ㄕㄨˋ） 遇合三上語船

① 識，今读 shí。

	抒① 杼(3)	
神帋切 shén zhǐ	舓 shì（ㄕˋ）	止開三上紙船
	舓舐弛(4)	
神至切 shén zhì	示 shì（ㄕˋ）	止開三去至船
	謚謚眎貤(5)	
神質切 shén zhì	實 shí（ㄕˊ）	臻開三入質船

sheng（ㄕㄥ）

生患切 shēng huàn	孿 shuàn（ㄕㄨㄢˋ）	山合二去諫生
	涮(2)	

shi（ㄕ）

失廉切 shī lián	苫 shān（ㄕㄢ）	咸開三平鹽書
	痁袡(3)	
失冉切 shī rǎn	陝 shǎn（ㄕㄢˇ）	咸開三上琰書
	睒閃貟覢潣夾㚲(8)	
失人切 shī rén	申 shēn（ㄕㄣ）	臻開三平真書
	伸紳娠呻軟呻胂胂伸鞞㞗身柛魋訷(16)	
失入切 shī rù	溼 shī（ㄕ）	深開三入緝書
	濕䎺(3)	
失爇切 shī ruò	説 shuō（ㄕㄨㄛ）	山合三入薛書
失照切 shī zhào	少 shào（ㄕㄠˋ）	效開三去笑書

① 今读 shū。

燒(2)

施是切 shī shì　　弛[1] shǐ（ㄕˇ）　　止開三上紙書

豕阤(3)

施隻切 shī zhī　　釋 shì（ㄕˋ）　　梗開三入昔書

釋檡適奭郝睗晹嫡釋螫鬄夾亱曎襫(16)

施智切 shī zhì　　翅[2] shì（ㄕˋ）　　止開三去寘書

豉秖施馶啻鍦螫雉翄胑翨翨(13)

詩證切 shī zhèng　　勝 shèng（ㄕㄥˋ）　　曾開三去證書

賸藤縢(4)

詩止切 shī zhǐ　　始 shǐ（ㄕˇ）　　止開三上止書

食川切 shí chuān　　船 chuán（ㄔㄨㄢˊ）　　山合三平仙船

舩(2)

食列切 shí liè　　舌 shé（ㄕㄜˊ）　　山開三入薛船

揲蛥鞨(4)

食鄰切 shí lín　　神 shén（ㄕㄣˊ）　　臻開三平真船

晨(2)

食陵切 shí líng　　繩 shéng（ㄕㄥˊ）　　曾開三平蒸船

譝憴鱦乘椉兖澠溗塍堘騬(12)

食倫切 shí lún　　脣 chún（ㄔㄨㄣˊ）　　臻合三平諄船

漘蓐犉紃(5)

食荏切 shí rěn　　葚 shèn（ㄕㄣˋ）　　深開三上寑船

---

① 弛，今读 chí。

② 翅、啻，今读 chì。

䳨(2)

食閏切 shí rùn　　順 shùn（ㄕㄨㄣˋ）　　臻合三去稕船

揗(2)

食亦切 shí yì　　麝 shí（ㄕˊ）　　梗開三入昔船

射(2)

食尹切 shí yǐn　　盾 shǔn（ㄕㄨㄣˋ）　　臻合三上準船

揗吮[1] 楯(4)

食聿切 shí yù　　術 shù（ㄕㄨˋ）　　臻合三入術船

述秫术沭噊袕潏鱊驈蟠(11)

食遮切 shí zhē　　蛇 shé（ㄕㄜˊ）　　假開三平麻船

虵荼(3)

時釧切 shí chuàn　　捶 shuàn（ㄕㄨㄢˋ）　　山合三去線禪

叀(2)

時吏切 shí lì　　侍 shì（ㄕˋ）　　止開三去志禪

蒔秲(3)

時亮切 shí liàng　　尚 shàng（ㄕㄤˋ）　　宕開三去漾禪

上丄償(4)

時染切 shí rǎn　　剡 shàn（ㄕㄢˋ）　　咸開三上琰禪

時忍切 shí rěn　　腎 shèn（ㄕㄣˋ）　　臻開三上軫禪

蜃裖脤欿鋠(6)

時刃切 shí rèn　　慎 shèn（ㄕㄣˋ）　　臻開三去震禪

---

① 吮、楯，今读 shǔn。

	舂蜃(3)	
時宂切 shí rǒng	尰 zhǒng（ㄓㄨㄥˇ）	通合三上腫禪
	瘇湩(3)	
時攝切 shí shè	涉 shè（ㄕㄜˋ）	咸開三入葉禪
	䟋欇鉩(4)	
時髓切 shí suǐ	菙 shuì（ㄕㄨㄟˋ）	止合三上紙禪
	𡟜(2)	
時豔切 shí yàn	贍 shàn（ㄕㄢˋ）	咸開三去豔禪
時戰切 shí zhàn	繕 shàn（ㄕㄢˋ）	山開三去線禪
	鄯擅膳鱔僐禪禮單甗鱓嬗(12)	
時掌切 shí zhǎng	上 shàng（ㄕㄤˋ）	宕開三上養禪
	丄(2)	
時鴆切 shí zhèn	甚 shèn（ㄕㄣˋ）	深開三去沁禪
	侺(2)	
時止切 shí zhǐ	市 shì（ㄕˋ）	止開三上止禪
	恃畤(3)	
時制切 shí zhì	逝 shì（ㄕˋ）	蟹開三去祭禪
	忕幫噬誓斱筮簭澨銴遾䞃䦙(13)	
寔照切 shí zhào	邵 shào（ㄕㄠˋ）	效開三去笑禪
	召劭卲韶鉊卲(7)	
實證切 shí zhèng	乘 shèng（ㄕㄥˋ）	曾開三去證船
	鱦賸䞉嵊塍剩(7)	
識列切 shí liè	設 shè（ㄕㄜˋ）	山開三入薛書
	蔎(2)	

識蒸切 shí zhēng	升 shēng（ㄕㄥ） **昇陞勝抍(5)**	曾開三平蒸書
史炎切 shǐ yán	襳 shān（ㄕㄢ）	咸開三平鹽生
矢利切 shǐ lì	屍 shì（ㄕˋ） **訞(2)**	止開三去至書
始夜切 shǐ yè	舍 shè（ㄕㄜˋ） **赦騇涻厙(5)**	假開三去禡書
士板切 shì bǎn	虥 zhàn（ㄓㄢˋ） **䗃(2)**	山開二上潸崇
士懺切 shì chàn	鑱 zhàn（ㄓㄢˋ） **𩏁欃𪇓讒艬(6)**	咸開二去鑑崇
士革切 shì gé	賾 zé（ㄗㄜˊ） **鰿葃債猎積嘖(7)**	梗開二入麥崇
士耕切 shì gēng	崢[①] chéng（ㄔㄥˊ） **筝鬇埩鏳崝(6)**	梗開二平耕崇
士減切 shì jiǎn	瀺 zhàn（ㄓㄢˋ） **嶃嵁(3)**	咸開二上豏崇
士諫切 shì jiàn	輚 zhàn（ㄓㄢˋ） **棧虦餞䗃(5)**	山開二去諫崇
士江切 shì jiāng	淙 chuáng（ㄔㄨㄤˊ） **鬃㼷饏(4)**	江開二平江崇
士絳切 shì jiàng	漴 zhuàng（ㄓㄨㄤˋ）	江開二去絳崇

① 峥，今读 zhēng。

士絞切 shì jiǎo　䰫 zhào（ㄓㄠˋ）　效開二上巧崇

㑿(2)

士皆切 shì jiē　豺 chái（ㄔㄞˊ）　蟹開二平皆崇

儕𪊶豺(4)

士九切 shì jiǔ　䅇 zhòu（ㄓㄡˋ）　流開三上有崇

士角切 shì jué　浞 zhuó（ㄓㄨㄛˊ）　江開二入覺崇

丵鋜灂鷟捔臬篧汋鸀嶌簎(12)

士力切 shì lì　崱 zè（ㄗㄜˋ）　曾開三入職崇

昃溭萴(4)

士連切 shì lián　潺 chán（ㄔㄢˊ）　山開三平仙崇

孱𨬍轏𡏫(5)

士戀切 shì liàn　籑 zhuàn（ㄓㄨㄢˋ）　山合三去線崇

饌𦡆襈僎譔𤩆僝𢀳(9)

士免切 shì miǎn　棧 zhàn（ㄓㄢˋ）　山開三上獮崇

士免切 shì miǎn　撰 zhuàn（ㄓㄨㄢˋ）　山合三上獮崇

僎顨𩸞譔(5)

士洽切 shì qià　𨖎 zhá（ㄓㄚˊ）　咸開二入洽崇

煠𩧰渫牐𧼒(6)

士山切 shì shān　虥 chán（ㄔㄢˊ）　山開二平山崇

潺孱僝轏𨬍𡏫(7)

士稍切 shì shāo　巢 chào（ㄔㄠˋ）　效開二去效崇

士痒切 shì shěn　㥣 zhèn（ㄓㄣˋ）　深開三上寑崇

士下切 shì xià	槎[①] zhà（ㄓㄚˋ） 厏(2)	假開二上馬崇
士咸切 shì xián	讒 chán（ㄔㄢˊ） 獑鏨饞毚獑艬欃攙鑱攙儳酁(13)	咸開二平咸崇
士限切 shì xiàn	棧 zhàn（ㄓㄢˋ） 嵃棧轏孱僝輚虥(8)	山開二上産崇
士懈切 shì xiè	瘵 zhài（ㄓㄞˋ） 眦(2)	蟹開二去卦崇
士宜切 shì yí	虀 chí（ㄔˊ）	止開三平支崇
士尤切 shì yóu	愁 chóu（ㄔㄡˊ） 溧(2)	流開三平尤崇
士魚切 shì yú	鉏 chú（ㄔㄨˊ） 鋤耡豠豱鶵(6)	遇合三平魚崇
士臻切 shì zhēn	蓁 chén（ㄔㄣˊ） 殿帘(3)	臻開三平臻崇
士之切 shì zhī	茬 chí（ㄔˊ）	止開三平之崇
士莊切 shì zhuāng	牀 chuáng（ㄔㄨㄤˊ） 床疒(3)	宕開三平陽崇
氏任切 shì rén	諶 chén（ㄔㄣˊ） 愖訦忱煁瘎疣(7)	深開三平侵禪
仕叱切 shì chì	齜 zhí（ㄓˊ）	臻開三入質崇
仕垢切 shì gòu	鯫 zhòu（ㄓㄡˋ）	流開一上厚崇

① 槎，今读 chá，《集韵》鋤加切。

仕懷切 shì huái	膗 chuái（ㄔㄨㄞˊ）	蟹合二平皆崇
	摧(2)	
仕戢切 shì jí	霵 jí（ㄐㄧˊ）	深開三入緝崇
	雧(2)	
仕佳切 shì jiā	柴 chái（ㄔㄞˊ）	蟹開二平佳崇
	祡齜茈𤘵𤸱𥮡查(8)	
仕檻切 shì jiàn	巉 zhàn（ㄓㄢˋ）	咸開二上檻崇
仕兢切 shì jīng	磳 chéng（ㄔㄥˊ）	曾開三平蒸崇
仕陷切 shì xiàn	儳 zhàn（ㄓㄢˋ）	咸開二去陷崇
	隵韂(3)	
仕于切 shì yú	犓 chú（ㄔㄨˊ）	遇合三平虞崇
	雛鶵媰(4)	
仕仲切 shì zhòng	㓻 zhòng（ㄓㄨㄥˋ）	通合三去送崇
市連切 shì lián	鋋 chán（ㄔㄢˊ）	山開三平仙禪
	單蟬撣儃僤禪澶嬋(9)	
市流切 shì liú	雔 chóu（ㄔㄡˊ）	流開三平尤禪
	𣪰歔紬酬醻詶雔魗䣠(10)	
市若切 shì ruò	妁 shuó（ㄕㄨㄛˊ）	宕開三入藥禪
	勺[1] 汋杓仢芍(6)	
市兖切 shì yǎn	膞 shuàn（ㄕㄨㄢˋ）	山合三上獮禪
	腨鄟𢋙歂踹蕢(7)	
市羊切 shì yáng	常 cháng（ㄔㄤˊ）	宕開三平陽禪

① 勺、杓、芍，今读 sháo，白读音。

	尚裳甞嘗鋿鱨償鸘徜(10)	
市玉切 shì yù	蜀[1] shú（ㄕㄨˊ）	通合三入燭禪
	韣蠋檽襡襩㑮禤屬属璹鐲(12)	
市緣切 shì yuán	遄 chuán（ㄔㄨㄢˊ）	山合三平仙禪
	篅圌諯輲輇椯歂(8)	
市昭切 shì zhāo	韶 sháo（ㄕㄠˊ）	效開三平宵禪
	磬佋萔卲玿韶軺柖沼(10)	
市沼切 shì zhǎo	紹 shào（ㄕㄠˋ）	效開三上小禪
	綤佋袑覞(5)	
市之切 shì zhī	時 shí（ㄕˊ）	止開三平之禪
	旹塒鰣榯蒔鰣(7)	
市朱切 shì zhū	殊[2] shú（ㄕㄨˊ）	遇合三平虞禪
	銖洙茱瓶殳殳殊旻陎几杸(12)	
式車切 shì chē	奢 shē（ㄕㄜ）	假開三平麻書
	賒畬(3)	
式軌切 shì guǐ	水 shuǐ（ㄕㄨㄟˇ）	止合三上旨書
式禁切 shì jìn	深 shèn（ㄕㄣˋ）	深開三去沁書
	㴱(2)	
式吏切 shì lì	試 shì（ㄕˋ）	止開三去志書
	弑幟傑(4)	
式連切 shì lián	羶 shān（ㄕㄢ）	山開三平仙書

① 蜀、屬、属，今读 shǔ。

② 殊、殳，今读 shū。

	埏挺扇煽艇脡袵(8)	
式亮切 shì liàng	餉 shàng（ㄕㄤˋ）	宕開三去漾書
	傷向蟓𧽫慯痐饟蠰珦(10)	
式其切 shì qí	眹 shī（ㄕ）	止開三平之書
式忍切 shì rěn	弞 shěn（ㄕㄣˇ）	臻開三上軫書
	矤訠哂弞頣(6)	
式荏切 shì rěn	沈 shěn（ㄕㄣˇ）	深開三上寑書
	邥宷審橎瞫諗魫䰼淰嬸眹魫蕃(14)	
式善切 shì shàn	僘 shǎn（ㄕㄢˇ）	山開三上獮書
	㶒膻(3)	
式視切 shì shì	矢 shǐ（ㄕˇ）	止開三上旨書
	笶菌屎(4)	
式羊切 shì yáng	商 shāng（ㄕㄤ）	宕開三平陽書
	賫傷殤殤慯觴湯蔏鬺螪汈黰禓饟蕭塲暘(18)	
式允切 shì yǔn	賰 shǔn（ㄕㄨㄣˇ）	臻合三上準書
式戰切 shì zhàn	扇 shàn（ㄕㄢˋ）	山開三去線書
	煽傓蝙蔮箑(6)	
式招切 shì zhāo	燒 shāo（ㄕㄠ）	效開三平宵書
	䍣(2)	
式針切 shì zhēn	深 shēn（ㄕㄣ）	深開三平侵書
	蓀(2)	
式正切 shì zhèng	聖 shèng（ㄕㄥˋ）	梗開三去勁書
式支切 shì zhī	纚 shī（ㄕ）	止開三平支書

	絁施葹䙾鍦鉈鷉䰄䉂䚦㢮(12)	
式脂切 shì zhī	尸 shī（ㄕ）	止開三平脂書
	鳲屍蓍(4)	
式質切 shì zhì	失 shī（ㄕ）	臻開三入質書
	室[①] 鞊(3)	
式州切 shì zhōu	收 shōu（ㄕㄡ）	流開三平尤書
式朱切 shì zhū	輸 shū（ㄕㄨ）	遇合三平虞書
	鄃腧(3)	
式竹切 shì zhú	叔 shū（ㄕㄨ）	通合三入屋書
	儵倏透䰈儵鮛掓憖儵尗菽潚(13)	
是爲切 shì wéi	埀 chuí（ㄔㄨㄟˊ）	止合三平支禪
	垂陲倕䜚甀圌箠䈈郵(10)	
是僞切 shì wěi	睡 shuì（ㄕㄨㄟˋ）	止合三去寘禪
	瑞[②] 甀種(4)	
是義切 shì yì	豉[③] shì（ㄕˋ）	止開三去寘禪
	䟗踶鍉䣍椗(6)	
是征切 shì zhēng	成 chéng（ㄔㄥˊ）	梗開三平清禪
	宬城誠宬郕筬盛珹頳(10)	
是支切 shì zhī	提 chí（ㄔˊ）	止開三平支禪
	翨嗁匙篪堤禔蓵忯㚰眡栺(12)	

① 今读 shì。

② 今读 ruì。

③ 豉，今读 chǐ。

是執切 shì zhí	十 shí（ㄕˊ） **什拾褶(4)**	深開三入緝禪
視占切 shì zhàn	棎 chán（ㄔㄢˊ） **撏蟾(3)**	咸開三平鹽禪
視遮切 shì zhē	闍 shé（ㄕㄜˊ） **佘鉈鍦虵(5)**	假開三平麻禪
視隹切 shì zhuī	誰 shuí（ㄕㄨㄟˊ） **誰脽(3)**	止合三平脂禪
試刃切 shì rèn	眒 shèn（ㄕㄣˋ） **阠抻(3)**	臻開三去震書
釋類切 shì lèi	痳 shuì（ㄕㄨㄟˋ） **裞(2)**	止合三去至書

shu（ㄕㄨ）

姝雪切 shū xuě	啜 chuò（ㄔㄨㄛˋ）	山合三入薛昌
殊六切 shū liù	熟 shú（ㄕㄨˊ） **孰淑[①] 塾闍璹婌碧(8)**	通合三入屋禪
書九切 shū jiǔ	首 shǒu（ㄕㄡˇ） **𦣻百手守頧(6)**	流開三上有書
書兩切 shū liǎng	賞 shǎng（ㄕㄤˇ） **餹鴙饟𡟗(5)**	宕開三上養書

① 今读 shū。

書容切 shū róng	舂[1] shōng（ㄕㄨㄥ）	通合三平鍾書
	蹖摏踳騞惷(6)	
書涉切 shū shè	攝 shè（ㄕㄜˋ）	咸開三入葉書
	灄葉歙欇欇韘韘(8)	
書藥切 shū yào	爍 shuò（ㄕㄨㄛˋ）	宕開三入藥書
	鑠猲嬫爚暷趯(7)	
書冶切 shū yě	捨 shě（ㄕㄜˇ）	假開三上馬書
	舍騇餕餢(5)	
書盈切 shū yíng	聲 shēng（ㄕㄥ）	梗開三平清書
書玉切 shū yù	束 shù（ㄕㄨˋ）	通合三入燭書
	倲(2)	
書沼切 shū zhǎo	少 shǎo（ㄕㄠˇ）	效開三上小書
	莎邩(3)	
書之切 shū zhī	詩 shī（ㄕ）	止開三平之書
	邿齝齝呞眣(6)	
舒救切 shū jiù	狩 shòu（ㄕㄡˋ）	流開三去宥書
	獸守首收(5)	
舒吕切 shū lǚ	暑 shǔ（ㄕㄨˇ）	遇合三上語書
	鼠黍蝳癙(5)	
舒芮切 shū ruì	税 shuì（ㄕㄨㄟˋ）	蟹合三去祭書
	説涚蜕帨帨涚餯鏽(9)	
舒閏切 shū rùn	舜 shùn（ㄕㄨㄣˋ）	臻合三去稕書

[1] 舂，今读 chōng。

	燡蕣瞬瞚眴眣鬊(8)	
舒贍切 shū shàn	閃 shàn（ㄕㄢˋ）	咸開三去豔書
	䊶苫掞(4)	
舒制切 shū zhì	世 shì（ㄕˋ）	蟹開三去祭書
	勢貰(3)	
踈錦切 shū jǐn	瘁 shěn（ㄕㄣˇ）	深開三上寑生
	瘆槮(3)	
踈舉切 shū jǔ	所[1] xǔ（ㄒㄩˇ）	遇合三上語生
	肵糈齭疋盨䟽(7)	
踈吏切 shū lì	駛 shì（ㄕˋ）	止開三去志生
	使洓貄䮙䫻(7)	
踈兩切 shū liǎng	爽 shuǎng（ㄕㄨㄤˇ）	宕開三上養生
	塽縔鷞塽樉瓾漺顙(9)	
踈士切 shū shì	史 shǐ（ㄕˇ）	止開三上止生
	使駛䮙(4)	
踈有切 shū yǒu	溲 sǒu（ㄙㄡˇ）	流開三上有生
疏夷切 shū yí	師 shī（ㄕ）	止開三平脂生
	鰤蒒篩獅螄(6)	
署陵切 shǔ líng	承 chéng（ㄔㄥˊ）	曾開三平蒸禪
	丞𡗚(3)	
署魚切 shǔ yú	蜍 chú（ㄔㄨˊ）	遇合三平魚禪
	藷(2)	

① 所，今读 suǒ。

蜀庸切 shǔ yōng	鱅 chóng（ㄔㄨㄥˊ） 慵鏞(3)	通合三平鍾禪
數板切 shù bǎn	潸 shǎn（ㄕㄢˇ）	山開二上潸生
數刮切 shù guā	刷 shuā（ㄕㄨㄚ）	山合二入鎋生
數還切 shù huán	欆 shuān（ㄕㄨㄢ）	山合二平删生

si（ㄙ）

司夜切 sī yè	蝑 xiè（ㄒㄧㄝˋ） 卸瀉篛(4)	假開三去禡心
私盍切 sī hé	僠 sà（ㄙㄚˋ） 噻搕卄蹅靸馺(7)	咸開一入盍心
私箭切 sī jiàn	線 xiàn（ㄒㄧㄢˋ） 綫憸鮮(4)	山開三去線心
私列切 sī liè	薛[1] xiè（ㄒㄧㄝˋ） 䙝紲緤褻辥泄渫离㓹媟齛㯰潰㬅絬幓瘷 躠(19)	山開三入薛心
私吕切 sī lǚ	諝 xǔ（ㄒㄩˇ） 胥惰稰醑湑糈楈褙(9)	遇合三上語心
私妙切 sī miào	笑 xiào（ㄒㄧㄠˋ） 嘯肖𧦝鞘(5)	效開三入笑心
私閏切 sī rùn	㞊 xùn（ㄒㄩㄣˋ）	臻合三去稕心

① 薛，今读 xuē。

	峻[1] 濬浚陖埈迅鵔⿰弓夋奞⿰目睿睃迿(13)	
私兆切 sī zhào	小 xiǎo（ㄒㄧㄠˇ）	效開三上小心
	⿰魚小⿱艹小(3)	
私宗切 sī zōng	鬆 sōng（ㄙㄨㄥ）	通合一平冬心
	鬆(2)	
思渾切 sī hún	孫 sūn（ㄙㄨㄣ）	臻合一平魂心
	蓀飧飱猻搎(6)	
思積切 sī jī	昔 xī（ㄒㄧ）	梗開三入昔心
	⿱昔月腊惜潟磶舄⿰革舄蕮⿱髟舄⿰骨易⿰木舄焟棤(14)	
思句切 sī jù	勖 xù（ㄒㄩˋ）	遇合三去遇心
思累切 sī lèi	⿰禾委 suì（ㄙㄨㄟˋ）	止合三去寘心
	滫(2)	
思兖切 sī yǎn	選 xuǎn（ㄒㄩㄢˇ）	山合三上獮心
	巽選(3)	
思尹切 sī yǐn	笋 sǔn（ㄙㄨㄣˇ）	臻合三上準心
	笋⿱夗子鵻隼箰簨箕揁(9)	
思贈切 sī zèng	繒 sèng（ㄙㄥˋ）	曾開一去嶝心
斯甚切 sī shèn	罧 xǐn（ㄒㄧㄣˇ）	深開三上寑心
	伈(2)	
斯氏切 sī shì	徙 xǐ（ㄒㄧˇ）	止開三上紙心
	壐璽⿰亻囟⿱囟女(5)	

① 峻、濬、浚、陖、埈，今读 jùn。

斯義切 sī yì	賜[①] sì（ㄙˋ）	止開三去寘心
	蕮澌凘儩杫(6)	
寺絶切 sì jué	茓 xué（ㄒㄩㄝˊ）	山合三入薛邪
	蜥(2)	
似嗟切 sì jiē	衺 xié（ㄒㄧㄝˊ）	假開三平麻邪
	斜邪䔑(4)	
似面切 sì miàn	羡 xiàn（ㄒㄧㄢˋ）	山開三去線邪
	䢺(2)	
似入切 sì rù	習 xí（ㄒㄧˊ）	深開三入緝邪
	襲隰鰼騽飁槢鳛蓸箵艒褶霫(13)	
似宣切 sì xuān	旋 xuán（ㄒㄩㄢˊ）	山合三平仙邪
	檈璿璿䜡䗠淀琁璇檈蜁㔯還圁暶嫙鏇(17)	
似羊切 sì yáng	詳 xiáng（ㄒㄧㄤˊ）	宕開三平陽邪
	洋翔庠祥跭殍痒(8)	
似用切 sì yòng	頌 sòng（ㄙㄨㄥˋ）	通合三去用邪
	誦訟吅(4)	
似由切 sì yóu	囚 qiú（ㄑㄧㄡˊ）	流開三平尤邪
	泅汓苬㤹鮂(6)	
似祐切 sì yòu	岫 xiù（ㄒㄧㄡˋ）	流開三去宥邪
	畲袖軸(4)	
似魚切 sì yú	徐 xú（ㄒㄩˊ）	遇合三平魚邪

① 賜，今读 cì。

郤羠俆(4)

似兹切 sì zī　詞[①] sī（ㄙ）　止開三平之邪

祠柌辭辤辝絧(7)

似足切 sì zú　續[②] sú（ㄙㄨˊ）　通合三入燭邪

俗藚鸀(4)

俟甾切 sì zī　漦 chí（ㄔˊ）　止開三平之崇

su（ㄙㄨ）

蘇本切 sū běn　損 sǔn（ㄙㄨㄣˇ）　臻合一上混心

箨膹䐣(4)

蘇到切 sū dào　喿 sào（ㄙㄠˋ）　效開一去号心

謏噪瘙燥鱢埽掃傓(9)

蘇典切 sū diǎn　銑 xiǎn（ㄒㄧㄢˇ）　山開四上銑心

洗跣毨姺燹洗筅桄莌毨(11)

蘇佃切 sū diàn　霰 xiàn（ㄒㄧㄢˋ）　山開四去霰心

霓霹忺廠先汛軐𨋪(9)

蘇彫切 sū diāo　蕭 xiāo（ㄒㄧㄠ）　效開四平蕭心

簫彇蟰橚潚飍踃𢹂箾翛毹艘瞍翛撨(16)

蘇弔切 sū diào　嘯 xiào（ㄒㄧㄠˋ）　效開四去嘯心

歗𢹂膷熽(5)

蘇干切 sū gān　珊 sān（ㄙㄢ）　山開一平寒心

---

① 詞，今读 cí。

② 續，今读 xù。

蹦珊姗衞(5)

蘇甘切 sū gān　三 sān（ㄙㄢ）　咸開一平談心

參弎彡鬖(5)

蘇旰切 sū gàn　繖 sàn（ㄙㄢˋ）　山開一去翰心

馓散巘㪚㪟(6)

蘇紺切 sū gàn　俕 sàn（ㄙㄢˋ）　咸開一去勘心

閐傪穇(4)

蘇各切 sū gè　索 suǒ（ㄙㄨㄛˇ）　宕開一入鐸心

摌溹鞡素榡(6)

蘇箇切 sū gè　些 suò（ㄙㄨㄛˋ）　果開一去箇心

蘇公切 sū gōng　檧 sōng（ㄙㄨㄥ）　通合一平東心

憽噌(3)

蘇骨切 sū gǔ　窣 sù（ㄙㄨˋ）　臻合一入没心

䠋䵀毨䳕鶽屑(7)

蘇管切 sū guǎn　算 suǎn（ㄙㄨㄢˇ）　山合一上緩心

匴篹(3)

蘇貫切 sū guàn　筭（算）suàn（ㄙㄨㄢˋ）　山合一去换心

蒜笇祘(4)

蘇果切 sū guǒ　鎖 suǒ（ㄙㄨㄛˇ）　果合一上果心

瑣溑葰䔋䵦鎻䂹鄍惢損貟(12)

蘇含切 sū hán　毶 sān（ㄙㄢ）　咸開一平覃心

蔘犙(3)

蘇旱切 sū hàn　散 sǎn（ㄙㄢˇ）　山開一上旱心

椒㪚饊糤鏾繖𥫱傘糤㯫(11)

蘇禾切 sū hé	莎 suō（ㄙㄨㄛ）	果合一平戈心
	魦莏䓴趖蓑唆誜髿梭桫娑(12)	
蘇合切 sū hé	趿 sà（ㄙㄚˋ）	咸開一入合心
	颯靸䩎馺霅卅馺毢𢕌鈒(11)	
蘇后切 sū hòu	叜 sǒu（ㄙㄡˇ）	流開一上厚心
	叟傁嗾嗾瞍謏擻藪籔瞍廋櫢騡擞(15)	
蘇計切 sū jì	細 xì（ㄒㄧˋ）	蟹開四去霽心
	緆呰栖壻[①] 洒(6)	
蘇可切 sū kě	縒 suǒ（ㄙㄨㄛˇ）	果開一上哿心
	娑褨(3)	
蘇困切 sū kùn	巽 xùn（ㄒㄩㄣˋ）	臻合一去慁心
	顨潠噀遜愻(6)	
蘇來切 sū lái	鰓 sāi（ㄙㄞ）	蟹開一平咍心
	揌栖䚡顋偲鰓毢(8)	
蘇朗切 sū lǎng	顙 sǎng（ㄙㄤˇ）	宕開一上蕩心
	𩑶𩑶磉(4)	
蘇浪切 sū làng	喪 sàng（ㄙㄤˋ）	宕開一去宕心
	𠸶(2)	
蘇老切 sū lǎo	嫂 sǎo（ㄙㄠˇ）	效開一上晧心
	嫂㛐燥埽掃㛮(7)	
蘇内切 sū nèi	碎 suì（ㄙㄨㄟˋ）	蟹合一去隊心
	瓶誶啐繀(5)	

① 今读 xù。

蘇佞切 sū nìng	腥 xìng（ㄒㄧㄥˋ）	梗開四去徑心
	醒睲(3)	
蘇弄切 sū nòng	送 sòng（ㄙㄨㄥˋ）	通合一去送心
	鬆凇(3)	
蘇前切 sū qián	先 xiān（ㄒㄧㄢ）	山開四平先心
	躚躚硄(4)	
蘇挺切 sū tǐng	醒 xǐng（ㄒㄧㄥˇ）	梗開四上迥心
	箵(2)	
蘇統切 sū tǒng	宋 sòng（ㄙㄨㄥˋ）	通合一去宋心
蘇協切 sū xié	燮 xiè（ㄒㄧㄝˋ）	咸開四入帖心
	屧屟躞韘𤫊爕鞢徢䎲䐑蜨𧓈藱㛍艓(16)	
蘇暫切 sū zàn	三 sàn（ㄙㄢˋ）	咸開一去闞心
蘇遭切 sū zāo	騷 sāo（ㄙㄠ）	效開一平豪心
	搔繅繰臊鰠溞颾鱢梭艘傮慅(13)	
蘇則切 sū zé	塞 sè（ㄙㄜˋ）	曾開一入德心
	塞寨𡫳𡫸(5)	
蘇增切 sū zēng	僧 sēng（ㄙㄥ）	曾開一平登心
	鬙𦫷(3)	
蘇奏切 sū zòu	瘶 sòu（ㄙㄡˋ）	流開一去候心
	嗽欶漱鏉謏嗾(7)	
素姑切 sù gū	蘇 sū（ㄙㄨ）	遇合一平模心
	穌𪊿酥(4)	
素官切 sù guān	酸 suān（ㄙㄨㄢ）	山合一平桓心
	狻𤜲痠䨘(5)	

素何切 sù hé　　娑 suō（ㄙㄨㄛ）　　果開一平歌心
抄挲傞鞕鬖莏仯桫鈔肖(11)

素回切 sù huí　　脽 suī（ㄙㄨㄟ）　　蟹合一平灰心
挼韢毸嗺蓑(6)

速侯切 sù hóu　　涑 sōu（ㄙㄡ）　　流開一平侯心
鏉鞍鞦鬆擻漱嫯(8)

sui（ㄙㄨㄟ）

雖遂切 suī suì　　邃 suì（ㄙㄨㄟˋ）　　止合三去至心
祟誶粹[1] 睟敹賥譢檖(9)

隨婢切 suí bì　　㒸 suì（ㄙㄨㄟˋ）　　止合三上紙邪

suo（ㄙㄨㄛ）

所八切 suǒ bā　　殺 shā（ㄕㄚ）　　山開二入黠生
煞鎩潻帴蔱榝(7)

所拜切 suǒ bài　　鎩 shài（ㄕㄞˋ）　　蟹開二去怪生
褩殺閷(4)

所庚切 suǒ gēng　　生 shēng（ㄕㄥ）　　梗開二平庚生
笙牲猩狌鉎甥鼪鼪珄(10)

所化切 suǒ huà　　誜 shuà（ㄕㄨㄚˋ）　　假合二去禡生
傻(2)

所寄切 suǒ jì　　屣 xì（ㄒㄧˋ）　　止開三去寘生

[1] 今读 cuì。

灑𩋬襹囇(5)

所加切 suǒ jiā 鯊 shā（ㄕㄚ） 假開二平麻生

魦沙砂裟毟桬紗髿𩋡硰(11)

所甲切 suǒ jiǎ 翜 shà（ㄕㄚˋ） 咸開二入狎生

萐啑帹翣颯屆𧺆(8)

所嫁切 suǒ jià 嗄 shà（ㄕㄚˋ） 假開二去禡生

茸沙(3)

所姦切 suǒ jiān 删 shān（ㄕㄢ） 山開二平删生

訕潸𣧆狦(5)

所間切 suǒ jiān 山 shān（ㄕㄢ） 山開二平山生

疝𨚓(3)

所簡切 suǒ jiǎn 産[①] shǎn（ㄕㄢˇ） 山開二上産生

簅摌𤛓嵼汕滻㦃𩎕驏(10)

所鑑切 suǒ jiàn 釤 shàn（ㄕㄢˋ） 咸開二去鑑生

肜𢒆(3)

所江切 suǒ jiāng 雙 shuāng（ㄕㄨㄤ） 江開二平江生

艭䉶㩳𪘀瀧䡯(7)

所交切 suǒ jiāo 梢 shāo（ㄕㄠ） 效開二平肴生

捎髾輎旓弰𥲒筲鞘蛸鮹䘯綃颵莦娋𡜏(17)

所教切 suǒ jiào 稍 shào（ㄕㄠˋ） 效開二去效生

潲𢷽㯠娋䣂稍(7)

---

① 産，今读 chǎn。

所犗切 suǒ jiè　嘫 shài（ㄕㄞˋ）　蟹開二去夬生

所今切 suǒ jīn　森 sēn（ㄙㄣ）　深開三平侵生

參曑蔘蓡槮襳穼宷棽(10)

所禁切 suǒ jìn　滲 shèn（ㄕㄣˋ）　深開三去沁生

罧(2)

所景切 suǒ jǐng　省 shěng（ㄕㄥˇ）　梗開二上梗生

眚㾪𡡍䚇闍甑渻鄁(9)

所敬切 suǒ jìng　生 shèng（ㄕㄥˋ）　梗開二去映生

鼪貹(3)

所鳩切 suǒ jiū　捜 sōu（ㄙㄡ）　流開三平尤生

搜餿颼溲鎪廋蒐𡟫獀膄鄋螋騪傁𨢘𧽓

(17)

所矩切 suǒ jǔ　數 shǔ（ㄕㄨˇ）　遇合三上麌生

籔(2)

所眷切 suǒ juàn　篹 shuàn（ㄕㄨㄢˋ）　山合三去線生

孿(2)

所角切 suǒ jué　朔 shuò（ㄕㄨㄛˋ）　江開二入覺生

欶嗽矟槊蒴數箾𦂳㮶𢸓䈾(12)

所類切 suǒ lèi　帥 shuài（ㄕㄨㄞˋ）　止合三去至生

率(2)

所力切 suǒ lì　色 sè（ㄙㄜˋ）　曾開三入職生

㱇嗇䩶穡薔轖繬濇䉢嬙𧓉懎䪪𠡸(15)

所例切 suǒ lì　㡿 shì（ㄕˋ）　蟹開三去祭生

鎩蔱(3)

所劣切 suǒ liè	㕞 shuā（ㄙㄨㄚ）	山合三入薛生
	刷㕞啐(4)	
所六切 suǒ liù	縮 sù（ㄙㄨˋ）	通合三入屋生
	茜䬃趚樎謖䎘摍蹜摍蝋摵謏(13)	
所律切 suǒ lǜ	率 shuò（ㄕㄨㄛˋ）	臻合三入質生
	帥蟀䢦達剶䘤啐傘衛(10)	
所賣切 suǒ mài	曬 shài（ㄕㄞˋ）	蟹開二去卦生
	𩭲䣱汛洒(5)	
所綺切 suǒ qǐ	躧 xǐ（ㄒㄧˇ）	止開三上紙生
	𩌦灑纚縰釃䩥屣矖簁(10)	
所去切 suǒ qù	疏 shù（ㄕㄨˋ）	遇合三去御生
	捒𡰪(3)	
所咸切 suǒ xián	攕 shān（ㄕㄢ）	咸開二平咸生
	摻㯑杉櫼䨮䨹髟韱䄠㺐(11)	
所銜切 suǒ xián	衫 shān（ㄕㄢ）	咸開二平銜生
	纔髟縿彡芟穇䡲(8)	
所蟹切 suǒ xiè	灑 sǎ（ㄙㄚˇ）	蟹開二上蟹生
	䩥躧(3)	
所晏切 suǒ yàn	訕 shàn（ㄕㄢˋ）	山開二去諫生
	汕狦𥌓疝柵𪌳(7)	
所宜切 suǒ yí	釃 shī（ㄕ）	止開三平支生
	簁欐灑褷䶒籭(7)	
所祐切 suǒ yòu	瘦 shòu（ㄕㄡˋ）	流開三去宥生
	瘦漱鏉(4)	

所斬切 suǒ zhǎn　　摻 shǎn（ㄕㄢˇ）　　咸開二上豏生

㺑醦蔪(4)

所臻切 suǒ zhēn　　莘 shēn（ㄕㄣ）　　臻開三平臻生

㜾扟駪籸燊甡毨詵侁鮏屾𡖔燊𤞞㣍榟阠

姺瘁(20)

所櫛切 suǒ zhì　　瑟 sè（ㄙㄜˋ）　　臻開三入櫛生

飋蝨璱瑟縹(6)

所追切 suǒ zhuī　　衰 shuāi（ㄕㄨㄞ）　　止合三平脂生

榱㾰(3)

所葅切 suǒ zū　　疏 shū（ㄕㄨ）　　遇合三平魚生

梳練蔬踈綖釃纚綖䟽疋(11)

T（ㄊ）

ta（ㄊㄚ）

他達切 tā dá　　闥 tà（ㄊㄚˋ）　　山開一入曷透

健撻躂澾獺鱗北羍幸達汏噧(13)

他代切 tā dài　　貸[1] tài（ㄊㄞˋ）　　蟹開一去代透

儓態曃(4)

他旦切 tā dàn　　炭 tàn（ㄊㄢˋ）　　山開一去翰透

歎嘆湠崁嫊(6)

[1] 貸，今读 dài。

他但切 tā dàn	坦 tǎn（ㄊㄢˇ）	山開一上旱透
	亶(2)	
他德切 tā dé	忒 tè（ㄊㄜˋ）	曾開一入德透
	㥂慝貣聽㥂(6)	
他登切 tā dēng	鼟 tēng（ㄊㄥ）	曾開一平登透
	膯澄[illegible](4)	
他典切 tā diǎn	腆 tiǎn（ㄊㄧㄢˇ）	山開四上銑透
	痶圢淟町[illegible]錪[illegible]倎琠蚕跈䟪賟晪(15)	
他甸切 tā diàn	瑱 tiàn（ㄊㄧㄢˋ）	山開四去霰透
	顚滇睼(4)	
他玷切 tā diàn	忝 tiǎn（ㄊㄧㄢˇ）	咸開四上忝透
	[illegible]栝銛悿(5)	
他弔切 tā diào	糶 tiào（ㄊㄧㄠˋ）	效開四去嘯透
	[illegible]眺覜趒咷頫窱銚絩(10)	
他丁切 tā dīng	汀 tīng（ㄊㄧㄥ）	梗開四平青透
	訂桯綎聽廳町艼罜鞓鞓縕綎庁(14)	
他鼎切 tā dǐng	珽 tǐng（ㄊㄧㄥˇ）	梗開四上迥透
	圢脡侹頲徎壬町艼𨢨罜閮(12)	
他定切 tā dìng	聽 tìng（ㄊㄧㄥˋ）	梗開四去徑透
	汀侹(3)	
他冬切 tā dōng	炵 tōng（ㄊㄨㄥ）	通合一平冬透
他端切 tā duān	湍 tuān（ㄊㄨㄢ）	山合一平桓透
	貒䵊[illegible]煓偳(6)	
他蓋切 tā gài	泰 tài（ㄊㄞˋ）	蟹開一去泰透

	忕太汰(4)	
他干切 tā gān	灘 tān（ㄊㄢ）	山開一平寒透
	嘽嘆攤譠痑攤䜿嬗㩥(10)	
他感切 tā gǎn	禫 tǎn（ㄊㄢˇ）	咸開一上感透
	醓肬噉黮(5)	
他紺切 tā gàn	僋 tàn（ㄊㄢˋ）	咸開一去勘透
	灛撢丙傝膞憛譚(8)	
他各切 tā gè	託[①] tuò（ㄊㄨㄛˋ）	宕開一入鐸透
	祏槖魠籜榜欜拓馲驝蹄擇肟侂飥魄沰矺(18)	
他貢切 tā gòng	痛 tòng（ㄊㄨㄥˋ）	通合一去送透
他谷切 tā gǔ	秃 tū（ㄊㄨ）	通合一入屋透
	秃誘捸鵚(5)	
他骨切 tā gǔ	宊 tù（ㄊㄨˋ）	臻合一入没透
	棁厷㐬悇踈(6)	
他怪切 tā guài	顡 tuì（ㄊㄨㄟˋ）	蟹合二去怪透
他衮切 tā gǔn	畽 tǔn（ㄊㄨㄣˇ）	臻合一上混透
	朓吨黗(4)	
他果切 tā guǒ	妥 tuǒ（ㄊㄨㄛˇ）	果合一上果透
	婧隋鰖崼墮橢墮鵽(9)	
他亥切 tā hài	嚘 tǎi（ㄊㄞˇ）	蟹開一上海透
他酣切 tā hān	舑 tān（ㄊㄢ）	咸開一平談透

① 託、侂，今读 tuō。

		聃躭緂坍𦺃𥨲𣲷菼(9)	
他含切 tā hán	探 tān（ㄊㄢ）		咸開一平覃透
		撢貪(3)	
他浩切 tā hào	討 tǎo（ㄊㄠˇ）		效開一上晧透
		𩚀槄(3)	
他合切 tā hé	鎝 tà（ㄊㄚˋ）		咸開一入合透
		嚃𦵔媘踏𢄙鞜𦑣漯濕𤞣䑜謦佮𪑹𪘁䡲𣘤罾𪐴𩿊𥭒(22)	
他紅切 tā hóng	通 tōng（ㄒㄨㄥ）		通合一平東透
		蓪侗恫痌曈俑狪跼(9)	
他候切 tā hòu	透 tòu（ㄊㄡˋ）		流開一去候透
		音敨𨁨𧼦(5)	
他胡切 tā hú	瑹 tū（ㄊㄨ）		遇合一平模透
		稌悇嵞瑹崈庩𧼮梌瑦捈鵌(12)	
他回切 tā huí	蓷 tuī（ㄊㄨㄟ）		蟹合一平灰透
		䅜焞蓷推蘈㞜(7)	
他計切 tā jì	替 tì（ㄊㄧˋ）		蟹開四去霽透
		䶑晵㬱鬀剃戾殢桋涕洟䅠屜达薙悌袟殢 䡡笶(20)	
他兼切 tā jiān	添 tiān（ㄊㄧㄢ）		咸開四平添透
		沾黇䑙(4)	
他結切 tā jié	鐵 tiě（ㄊㄧㄝˇ）		山開四入屑透
		銕僣飻餮蛈𢹂驖(8)	
他孔切 tā kǒng	侗 tǒng（ㄊㄨㄥˇ）		通合一上董透

桶曈捅(4)

他昆切 tā kūn　暾 tūn（ㄊㄨㄣ）　臻合一平魂透

燉涒蘔噋蟞黗(7)

他括切 tā kuò　侻 tuō（ㄊㄨㄛ）　山合一入末透

捝脱莌棁(5)

他朗切 tā lǎng　矘 tǎng（ㄊㄤˇ）　宕開一上蕩透

儻偒戃曭簜帑爣矘崵曭攩(12)

他浪切 tā làng　儻 tàng（ㄊㄤˋ）　宕開一去宕透

摥湯蕩盪鐋(6)

他禮切 tā lǐ　體 tǐ（ㄊㄧˇ）　蟹開四上薺透

軆醍涕軆娣緹趧(8)

他歷切 tā lì　逖 tì（ㄊㄧˋ）　梗開四入錫透

逷倜趯遻剔趷託惕鬄晢摘踢覿鬄焅蓨籊

悐惖䑶(21)

他魯切 tā lǔ　上 tǔ（ㄊㄨˇ）　遇合一上姥透

吐稌芏(4)

他内切 tā nèi　退 tuì（ㄊㄨㄟˋ）　蟹合一去隊透

復退悚㥆(5)

他念切 tā niàn　桥 tiàn（ㄊㄧㄢˋ）　咸開四去㮇透

舔忝阽黏西(6)

他前切 tā qián　天 tiān（ㄊㄧㄢ）　山開四平先透

兲蒖誕吞訮(6)

他外切 tā wài　娧 tuì（ㄊㄨㄟˋ）　蟹合一去泰透

蜕駾毻祱(5)

他鎋切 tā xiá 獺 tǎ（ㄊㄚˇ） 山開二入鎋透

他協切 tā xié 怗 tiè（ㄊㄧㄝˋ） 咸開四入帖透

帖鞊鉆鞊貼跕蝶䂙呫䩞(11)

他綜切 tā zōng 統[①] tòng（ㄊㄨㄥˋ） 通合一去宋透

䈞(2)

tai（ㄊㄞ）

台鄧切 tái dèng 潧 tèng（ㄊㄥˋ） 曾開一去嶝透

tang（ㄊㄤ）

湯故切 tāng gù 菟 tù（ㄊㄨˋ） 遇合一去暮透

兔吐鵵(4)

湯卧切 tāng wò 唾 tuò（ㄊㄨㄛˋ） 果合一去過透

涶毻蜕嫷㾃䅳(7)

唐割切 táng gē 達 dá（ㄉㄚˊ） 山開一入曷定

蓬(2)

唐佐切 táng zuǒ 馱 duò（ㄉㄨㄛˋ） 果開一去箇定

大(2)

堂練切 táng liàn 電 diàn（ㄉㄧㄢˋ） 山開四去霰定

殿奠畋澱淀甸佃鈿闐涏黰填寘壂㞟屍䞩(18)

---

① 統，今读 tǒng。

te（ㄊㄜ）

特丁切 tè dīng　　庭 tíng（ㄊㄧㄥˊ）　　梗開四平青定

停𪘹莛葶筳亭聤霆渟鯙綎娗㼗宁挺榳蜓廷⿰犭廷⿰虫霆(21)

特計切 tè jì　　第 dì（ㄉㄧˋ）　　蟹開四去霽定

弟遰髢鬀締睇悌娣禘軑鈦鷉棣杕踶題遞⿺是見帣禁摕䚦懘鯷騠墆䭪逮(29)

tian（ㄊㄧㄢ）

天口切 tiān kǒu　　鋀 tǒu（ㄊㄡˇ）　　流開一上厚透

飳妵黈䳆䵞斢鈄鋀(9)

田候切 tián hòu　　豆 dòu（ㄉㄡˋ）　　流開一去候定

竇窬逗酘荳脰郖梪餖浢裋毭鞋瀆短(16)

tong（ㄊㄨㄥ）

通貫切 tōng guàn　　彖 tuàn（ㄊㄨㄢˋ）　　山合一去換透

禒貒湪(4)

同都切 tóng dū　　徒 tú（ㄊㄨˊ）　　遇合一平模定

辻屠瘏塗途酴駼𤛗駼涂梌梚荼圖啚廜鄌

菟捈郗稌鵌䣝梌鍍醄潳䖘鶟筡(31)

tu（ㄊㄨ）

徒哀切 tú āi　　臺 tái（ㄊㄞˊ）　　蟹開一平咍定

擡落苔炱嬯薹箈儓檯駘鮐籉跆駘(15)

徒案切 tú àn　憚 dàn（ㄉㄢˋ）　山開一去翰定

彈澶僤但撣(6)

徒刀切 tú dāo　陶 táo（ㄊㄠˊ）　效開一平豪定

啕詢咷桃綯燾[1]逃鼗鞀鞉濤掏檮騊萄翿

鼗匋啕翢錭駣蜪裪(25)

徒到切 tú dào　導[2] dào（ㄉㄠˋ）　效開一去号定

翿纛悼蹈盜燾幬纛僑䠷晵精纙(14)

徒得切 tú dé　特[3] dè（ㄉㄜˋ）　曾開一入德定

貣忒蟘樴犆棏䮉螣(9)

徒登切 tú dēng　騰 téng（ㄊㄥˊ）　曾開一平登定

滕縢幐螣藤膯騰儯癃（疼）騰䕨(12)

徒典切 tú diǎn　殄[4] diàn（ㄉㄧㄢˋ）　山開四上銑定

蜓跈(3)

徒玷切 tú diàn　簟 diàn（ㄉㄧㄢˋ）　咸開四上忝定

店䨮驔潭橝(6)

徒弔切 tú diào　藋 diào（ㄉㄧㄠˋ）　效開四去嘯定

銚掉調莜盗嬥(7)

徒鼎切 tú dǐng　挺[5] dìng（ㄉㄧㄥˋ）　梗開四上迥定

---

① 燾、濤，今读 tāo。

② 導、蹈，今读 dǎo。

③ 特、忒，今读 tè。

④ 殄，今读 tiǎn。

⑤ 挺、艇、梃，今读 tǐng。

艇鋌梃娗町霆莛涏蜓訂誔(12)

徒冬切 tú dōng　彤 tóng（ㄊㄨㄥˊ）　通合一平冬定

疼佟炵蝩鼕𢥞𤿃爞忪痋𤝓鉵赨鼨浵𪓬𡰥

鉖部𢂁赨(22)

徒對切 tú duì　隊 duì（ㄉㄨㄟˋ）　蟹合一去隊定

䨺薱憝憞譈鐓錞硾䯟鐆濧(12)

徒蓋切 tú gài　大 dài（ㄉㄞˋ）　蟹開一去泰定

汏軑鈦馱默忕伏(8)

徒干切 tú gān　壇 tán（ㄊㄢˊ）　山開一平寒定

檀鷤癉撣彈驒驙但胆繟儃耽唌貚(15)

徒甘切 tú gān　談 tán（ㄊㄢˊ）　咸開一平談定

郯惔錟淡痰澹倓餤剡夭(11)

徒敢切 tú gǎn　噉 dàn（ㄉㄢˋ）　咸開一上敢定

啖啗澹䉷淡憺惔(8)

徒感切 tú gǎn　禫 dàn（ㄉㄢˋ）　咸開一上感定

橝䨵黮窞髧萏藫倓窔覃醰嘾贉譚榗(16)

徒紺切 tú gàn　醰 dàn（ㄉㄢˋ）　咸開一去勘定

贉潭瞫鹽(5)

徒亘切 tú gèn　鄧 dèng（ㄉㄥˋ）　曾開一去嶝定

蹬僜殑驓滕(6)

徒古切 tú gǔ　杜 dù（ㄉㄨˋ）　遇合一上姥定

靯坧塿敷肚敿秺土(9)

徒谷切 tú gǔ　獨 dú（ㄉㄨˊ）　通合一入屋定

黷讟髑韣殰讀櫝牘儥瘄犢碡遺騸皾䪅襡

韣瓄瀆隫𧗿韇嬻犢騸罜儩匵(30)

徒故切 tú gù　　渡 dù（ㄉㄨˋ）　　遇合一去暮定

斁鍍度⿱竹度(5)

徒管切 tú guǎn　　斷 duàn（ㄉㄨㄢˋ）　　山合一上緩定

⿰革段緞(3)

徒果切 tú guǒ　　墮 duò（ㄉㄨㄛˋ）　　果合一上果定

垛⿰朵瓦⿰禾垂⿱竹朵陏⿰革朵⿰金隋憜惰嫷鬌鰖隓(14)

徒亥切 tú hài　　駘 dài（ㄉㄞˋ）　　蟹開一上海定

殆待怠迨⿰隶台紿⿱竹怠詒軩⿰口怠(11)

徒含切 tán hán　　覃 tán（ㄊㄢˊ）　　咸開一平覃定

⿰覃阝潭曇藫橝蟫譚⿺走覃燂壜鐔眈⿰甚冘⿰耳覃醰蕁⿱艹尋

⿰米覃瞫(20)

徒旱切 tú hàn　　但 dàn（ㄉㄢˋ）　　山開一上旱定

蜑袒⿰礻亶誕潬⿰革延繵膻僤⿰舟旦(11)

徒晧切 tú hào　　道 dào（ㄉㄠˋ）　　效開一上晧定

衜⿰首寸稻駣⿱⿵木缶木⿰足兆(7)

徒合切 tú hé　　沓 dá（ㄉㄚˊ）　　咸開一入合定

誻①遝⿰扌沓⿰木沓涾⿰馬沓龖⿰亻沓譶⿰木遝蹹⿰石沓⿰言遝⿰糸遝逮⿰虫沓

眔(18)

徒和切 tú hé　　牠 tuó（ㄊㄨㄛˊ）　　果合一平戈定

碢堶(3)

徒河切 tú hé　　駝 tuó（ㄊㄨㄛˊ）　　果開一平歌定

---

① 誻、遝、涾、龖、譶，今读 tà。

驰鼉乾紽鮀陀驒羚沱跎詑池酡瓵馱迱駝
袉鞑乾鼉佗(23)

徒盍切 tú hé　　蹋 tà（ㄊㄚˋ）　　咸開一入盍定

蹹闒爛讕譫跕鷃篛翗(10)

徒紅切 tú hóng　　同 tóng（ㄊㄨㄥˊ）　　通合一平東定

仝童僮銅桐峒硐舸狪筒①曈甋㼧罿犝箽
潼瞳洞侗橦烔鶅挏酮鮦甋羶羾眮董穜衕
鞧肩裲哃弻絧郈鄞翿艟鷻(45)

徒渾切 tú hún　　屯 tún（ㄊㄨㄣˊ）　　臻合一平魂定

豚狁純窀臀屍腓臀軘飩篼坉沌邨燉忳啍
芚庉軘阢(22)

徒活切 tú huó　　奪 duó（ㄉㄨㄛˊ）　　山合一入末定

奪敓脱挩莌痥鮵(8)

徒兼切 tú jiān　　甜 tián（ㄊㄧㄢˊ）　　咸開四平添定

恬湉恭菾(5)

徒減切 tú jiǎn　　湛 zhàn（ㄓㄢˋ）　　咸開二上豏澄

澂偡(3)

徒結切 tú jié　　姪 dié（ㄉㄧㄝˊ）　　山開四入屑定

眣昳胅凸垤耋迭跌絰驖嵽軼駃閿瓞咥墆
戜苵瓞駃荎齷挃恎詄揥駤嗟崟泆硃趃懘
(35)

徒徑切 tú jìng　　定 dìng（ㄉㄧㄥˋ）　　梗開四去徑定

---

① 今读 tǒng。

捝莛鋌(4)

徒可切 tú kě 㸰 duò（ㄉㄨㄛˋ） 果開一上哿定

柁舵陊袉拕沱浵詑(9)

徒口切 tú kǒu 䕱 dòu（ㄉㄡˋ） 流開一上厚定

鋀豎揄𡷓襡(6)

徒困切 tú kùn 鈍 dùn（ㄉㄨㄣˋ） 臻合一去慁定

遁遯鶨頓(5)

徒濫切 tú làn 憺 dàn（ㄉㄢˋ） 咸開一去闞定

惔澹膝淡啗啖倓(8)

徒郎切 tú láng 唐 táng（ㄊㄤˊ） 宕開一平唐定

啺歋煻糖糛堂坣餹棠搪蓎瑭餹篖螗犝糛

螳塘碭鶶鰖踼闛𦂗磄溏鄌傏隚隚闛鎕簜

𨍭樘榶𣯵甐(40)

徒朗切 tú lǎng 蕩 dàng（ㄉㄤˋ） 宕開一上蕩定

嵣婸篡潒像愓盪盪暘簜螗(12)

徒浪切 tú làng 宕 dàng（ㄉㄤˋ） 宕開一去宕定

踼碭逿蕩囥螗(7)

徒禮切 tú lǐ 弟 dì（ㄉㄧˋ） 蟹開四上薺定

娣悌鬀遞䪼媞(7)

徒歷切 tú lì 荻 dí（ㄉㄧˊ） 梗開四入锡定

狄敵籊翟迪覿覿笛蓫糴𥠇邮滌蓧藡踧縪

鰍䶂樀頔楸糴遖犕苗滷䘥(29)

徒聊切 tú liáo 迢 tiáo（ㄊㄧㄠˊ） 效開四平蕭定

條樤髫跳筌筀蜩佻趒苕艻調鮡岧鬌肈嬥

㔽砥卣鰷(22)

徒了切 tú liǎo	窕[1] diào（ㄉㄧㄠˋ）		效開四上篠定
	誂晀誂掉嬥挑磹(8)		
徒落切 tú luò	鐸 duó（ㄉㄨㄛˊ）		宕開一入鐸定
	剫度㥠踱澤襗碩䕾驛膞㤞嚄仛韄(15)		
徒耐切 tú nài	代 dài（ㄉㄞˋ）		蟹開一去代定
	岱黛黱逮埭逯帒袋甙戴瑇靆(13)		
徒年切 tú nián	田 tián（ㄊㄧㄢˊ）		山開四平先定
	佃畋畇填寘闐跙䃅鈿軥沺磌鷏嗔軥滇獮揁(19)		
徒念切 tú niàn	磹 diàn（ㄉㄧㄢˋ）		咸開四去㮇定
	蕇(2)		
徒弄切 tú nòng	洞 dòng（ㄉㄨㄥˋ）		通合一去送定
	恫眮絧洞峒詷胴慟筒駧衕迵戙嗵詷(16)		
徒四切 tú sì	地 dì（ㄉㄧˋ）		止開三去至定
	墬(2)		
徒損切 tú sǔn	囤 dùn（ㄉㄨㄣˋ）		臻合一上混定
	笹盾沌坉庉遁遯楯(9)		
徒玩切 tú wán	段 duàn（ㄉㄨㄢˋ）		山合一去換定
	鍛椴(3)		
徒猥切 tú wěi	錞 duì（ㄉㄨㄟˋ）		蟹合一上賄定
	潰隓鐓薩(5)		
徒沃切 tú wò	毒 dú（ㄉㄨˊ）		通合一入沃定

[1] 窕，今读 tiǎo。

嶹薵𧒻璹虃幬礡(8)

徒卧切 tú wò　惰 duò（ㄉㄨㄛˋ）　果合一去過定

媠𧚋𤠻(4)

徒協切 tú xié　牒 dié（ㄉㄧㄝˊ）　咸開四入帖定

喋蹀諜堞躞氎㲲褺疊疊鍱慴𧽂怗𩹄牒褋
墊惵褶轋蝶㴸鷃揲攝黩睫胢(30)

徒杏切 tú xìng　瑒 zhèng（ㄓㄥˋ）　梗開二上梗澄

徒揔切 tú zǒng　動 dòng（ㄉㄨㄥˋ）　通合一上董定

逋酮峒眮詷桶挏硐(9)

土刀切 tǔ dāo　饕 tāo（ㄊㄠ）　效開一平豪透

洮韜縚謟滔叨弢鵰犊牧慆縧幍絛槄蜪夲
夲綢搯翢瑫叏筄圌詜挑(28)

土骨切 tǔ gǔ　宊 tù（ㄊㄨˋ）　臻合一入没透

土禾切 tǔ hé　詑 tuō（ㄊㄨㄛ）　果合一平戈透

訑涶誘譊(5)

土雞切 tǔ jī　梯 tī（ㄊㄧ）　蟹開四平齊透

睇鷈䶏鶗鷉踶謕虒(9)

土來切 tǔ lái　胎 tāi（ㄊㄞ）　蟹開一平咍透

抬鮐台邰蛤髻(7)

土了切 tǔ liǎo　朓 tiǎo（ㄊㄧㄠˇ）　效開四上篠透

窱䠷(3)

土列切 tǔ liè　闋 tiè（ㄊㄧㄝˋ）　山開三入薛透

吐彫切 tù diāo　祧 tiāo（ㄊㄧㄠ）　效開四平蕭透

佻挑朓恌斛庣銚趒聎蓧(11)

吐敢切 tù gǎn 菼 tǎn（ㄊㄢˇ） 咸開一上敢透

荻緂歂毯緂裧厰(8)

吐根切 tù gēn 吞 tūn（ㄊㄨㄣ） 臻合一平痕透

吐盍切 tù hé 榻 tà（ㄊㄚˋ） 咸開一入盍透

榻艙毾鰈魼鰨蓊傝狧磆譶搨鞳塔搭嗒遢

騔(19)

吐緩切 tù huǎn 疃 tuǎn（ㄊㄨㄢˇ） 山合一上緩透

畽瘓躖(4)

吐可切 tù kě 袉 tuǒ（ㄊㄨㄛˇ） 果開一上哿透

吐濫切 tù làn 賧 tàn（ㄊㄢˋ） 咸開一去闞透

艦窞醈睒瀊錟(7)

吐郎切 tù láng 湯 tāng（ㄊㄤ） 宕開一平唐透

蕩鏜闛趟踼盪蝪鼞殤葛(11)

吐邏切 tù luó 拖 tuò（ㄊㄨㄛˋ） 果開一去箇透

吐猥切 tù wěi 骽 tuǐ（ㄊㄨㄟˇ） 蟹合一上賄透

腿聉儓腇崵娞尯(8)

tuo（ㄊㄨㄛ）

託何切 tuō hé 佗 tuō（ㄊㄨㄛ） 果開一平歌透

他[①]拕它蛇痑駝(7)

託侯切 tuō hóu 偷 tōu（ㄊㄡ） 流開一平侯透

鍮鋀媮(4)

① 今读 tā。

陀骨切 tuó gǔ　突 tū（ㄊㄨ）　臻合一入没定

揬腯䅯葖鶟堗䑽䂽䅵楱凸宊鍎(14)

W（ㄨ）

wang（ㄨㄤ）

亡逼切 wáng bī　䁇 mì（ㄇㄧˋ）　曾開三入職明

亡辨切 wáng biàn　免 miǎn（ㄇㄧㄢˇ）　山開三上獮明

娩勉俛鮸挽冕絻(8)

亡范切 wáng fàn　鋄 wǎn（ㄨㄢˇ）　咸合三上范微

姏䤽(3)

亡果切 wáng guǒ　麼 mǒ（ㄇㄛˇ）　果合一上果明

嚒懡(3)

亡侯切 wáng hóu　呣 móu（ㄇㄡˊ）　流開一平侯明

亡劍切 wáng jiàn　菱 wàn（ㄨㄢˋ）　咸開三去釅微

亡井切 wáng jǐng　眳 mǐng（ㄇㄧㄥˇ）　梗開三上静明

慏(2)

亡救切 wáng jiù　莓 mòu（ㄇㄡˋ）　流開三去宥明

亡列切 wáng liè　滅 miè（ㄇㄧㄝˋ）　山開三入薛明

搣(2)

亡莧切 wáng xiàn　蔄 màn（ㄇㄢˋ）　山開二去襇明

亡遇切 wáng yù　務 wù（ㄨˋ）　遇合三去遇微

嵍霧霚鶩鞪䨁蝥鶩䋄䊪岉敄鶩(14)

亡運切 wáng yùn　問 wèn（ㄨㄣˋ）　臻合三去問微

壆絻汶紊[1]聞莬脕抆䎦娩(11)

亡沼切 wáng zhǎo　眇 miǎo（ㄇㄧㄠˇ）　效開三上小明

渺訬莏淼杪秒藐吵篎(10)

王伐切 wáng fá　越 yuè（ㄩㄝˋ）　山合三入月云

逑粵戉鉞絨樾蚎曰[2]戉娍瓛𧀹栰蛂泧(16)

王分切 wáng fēn　雲 yún（ㄩㄣˊ）　臻合三平文云

芸蕓䉙秐耘郧妘紜溳澐云篔䢵員鼎愪沄貟耺橒篔(22)

王縛切 wáng fù　籰 yuè（ㄩㄝˋ）　宕合三入藥云

䏁蘘㬉還(5)

王矩切 wáng jǔ　羽 yǔ（ㄩˇ）　遇合三上麌云

禹雨宇寓瑀祤栩鄅頨楀萬㻀䴁霱(15)

王眷切 wáng juàn　瑗 yuàn（ㄩㄢˋ）　山合三去線云

援媛褑院(5)

王權切 wáng quán　員 yuán（ㄩㄢˊ）　山合三平仙云

圜圓湲(4)

王問切 wáng wèn　運 yùn（ㄩㄣˋ）　臻合三去問云

暈餫韗韗鄆員䲰忶䳗貟韻䚋覨𤸫緷(16)

王勿切 wáng wù　颵 yù（ㄩˋ）　臻合三入物云

---

① 今读 wěn。
② 今读 yuē。

	揟鸄扻睸徣(6)	
王遇切 wáng yù	芌 yù（ㄩˋ）	遇合三去遇云
	雨羽雩吁(5)	
望發切 wàng fā	韈 wà（ㄨㄚˋ）	山合三入月微
	韤襪曱僟(5)	

wei（ㄨㄟ）

危睡切 wēi shuì	僞[1] wèi（ㄨㄟˋ）	止合三去寘疑
韋委切 wéi wěi	蔿 wěi（ㄨㄟˇ）	止合三上紙云
	鄬儰隝蘤[2]瘍闖薳寪(9)	
委鰥切 wěi guān	嬽 wān（ㄨㄢ）	山合二平山影
洧悲切 wěi bēi	帷 wéi（ㄨㄟˊ）	止合三平脂云
爲立切 wèi lì	煜 yì（ㄧˋ）	深開三入緝云
	曄熠䎳(4)	
爲命切 wèi mìng	詠[3] yòng（ㄩㄥˋ）	梗合三去映云
	咏泳禜醟(5)	
爲贇切 wèi yūn	筠 yún（ㄩㄣˊ）	臻合三平真云
	囩緼苭(4)	

wen（ㄨㄣ）

文彼切 wén bǐ	靡 mǐ（ㄇㄧˇ）	止開三上紙明

---

① 僞，今读 wěi。

② 即蘤，今读 huā。

③ 詠、咏、泳，今读 yǒng。

	𨇤𢕟骳𪎭𥨍蘼(7)	
文弗切 wén fú	物 wù（ㄨˋ）	臻合三入物微
	勿𦬎芴岉伆𨑨昒沕(9)	
文甫切 wén fǔ	武 wǔ（ㄨˇ）	遇合三上麌微
	舞儛嫵侮䉲憮㒇珷碔廡𢊁甒潕䳇鵡煤膴瞴娬敄𦨈䍢𥧱(24)	
文兩切 wén liǎng	网 wǎng（ㄨㄤˇ）	宕合三上養微
	網罔輞棢惘菵誷𦊆𦗔蛧魍(12)	

wo（ㄨㄛ）

握江切 wò jiāng	胦 yāng（ㄧㄤ）	江開二平江影

wu（ㄨ）

巫放切 wū fàng	妄 wàng（ㄨㄤˋ）	宕合三去漾微
	望朢忘汇謹(6)	
烏八切 wū bā	婠 wà（ㄨㄚˋ）	山合二入黠影
	𣁾嗢歍穵唂(6)	
烏板切 wū bǎn	綰 wǎn（ㄨㄢˇ）	山合二上潸影
烏本切 wū běn	穩 wěn（ㄨㄣˇ）	臻合一上混影
	㥋𤺌(3)	
烏荅切 wū dá	咟 è（ㄜˋ）	咸開一入合影
烏代切 wū dài	愛 ài（ㄞˋ）	蟹開一去代影
	㤅𢡆曖僾𥳒靉薆璦(9)	
烏到切 wū dào	奧 ào（ㄠˋ）	效開一去号影

	懊腴饃隩燠謸䞝壊鰞澳(11)	
烏弟切 wū dì	吟 yǐ（ㄧˇ）	蟹開四上薺影
	誇(2)	
烏定切 wū dìng	鎣 yìng（ㄧㄥˋ）	梗開四去徑影
	瑩憆瀅(4)	
烏敢切 wū gǎn	埯 ǎn（ㄢˇ）	咸開一上敢影
	揜(2)	
烏感切 wū gǎn	晻 ǎn（ㄢˇ）	咸開一上感影
	黤揞唵陪罯黤腌灅(9)	
烏旰切 wū gàn	按 àn（ㄢˋ）	山開一去翰影
	案洝晏荌郯案(7)	
烏紺切 wū gàn	暗 àn（ㄢˋ）	咸開一去勘影
	闇(2)	
烏格切 wū gé	啞 è（ㄜˋ）	梗開二入陌影
	餩(2)	
烏葛切 wū gě	遏 è（ㄜˋ）	山開一入曷影
	鶡頞堨閼胺餲靄咹匴庵(11)	
烏各切 wū gè	惡 è（ㄜˋ）	宕開一入鐸影
	悪堊蝁(4)	
烏貢切 wū gòng	瓮 wèng（ㄨㄥˋ）	通合一去送影
	甕罋甕齆(5)	
烏谷切 wū gǔ	屋 wū（ㄨ）	通合一入屋影
	屋臺剭鄔黫膂(7)	
烏瓜切 wū guā	窊 wā（ㄨㄚ）	假合二平麻影

	洼呱蛙窪哇(6)	
烏關切 wū guān	彎 wān（ㄨㄢ）	山合二平刪影
	灣蠻䴘濴(5)	
烏管切 wū guǎn	椀 wǎn（ㄨㄢˇ）	山合一上緩影
	盌晼(3)	
烏貫切 wū guàn	惋 wàn（ㄨㄢˋ）	山合一去換影
	腕腎捥畹琬(6)	
烏光切 wū guāng	汪 wāng（ㄨㄤ）	宕合一平唐影
	尣尪洸𩿧(5)	
烏郭切 wū guō	臒[1] wò（ㄨㄛˋ）	宕合一入鐸影
	蠖頀矆𩦎嫭(6)	
烏果切 wū guǒ	婐 wǒ（ㄨㄛˇ）	果合一上果影
	倭𣜏(3)	
烏含切 wū hán	諳 ān（ㄢ）	咸開一平覃影
	鵪媕庵腤菴馣䣍婩韽盦暗(12)	
烏寒切 wū hán	安 ān（ㄢ）	山開一平寒影
	盇鞌郊侒(5)	
烏晧切 wū hào	襖 ǎo（ㄠˇ）	效開一上晧影
	䴈懊腝芺麇媪燠夭仸䣩蝹䯠䳜(14)	
烏禾切 wū hé	倭 wō（ㄨㄛ）	果合一平戈影
	濄渦涹堝踒𣜏(7)	
烏合切 wū hé	姶 è（ㄜˋ）	咸開一入合影

① 臒、蠖，今读 huò。

	瘟罨罯婩罯庵踠鞥藹揞鞥佮(13)	
烏何切 wū hé	阿 ē（ㄜ）	果開一平歌影
	屙痾妸娿絅錒(7)	
烏痕切 wū hén	恩 ēn（ㄣ）	臻開一平痕影
	衮煾(3)	
烏恨切 wū hèn	饐 èn（ㄣˋ）	臻開一去恨影
烏橫切 wū hèng	宖 wèng（ㄨㄥˋ）	梗開二去映影
烏宏切 wū hóng	泓[1] wēng（ㄨㄥ）	梗合二平耕影
	訇弦閎(4)	
烏紅切 wū hóng	翁 wēng（ㄨㄥ）	通合一平東影
	螉鰞蓊篛鞥榏鰯(8)	
烏侯切 wū hóu	謳 ōu（ㄡ）	流開一平侯影
	嘔歐甌區漚鷗曉嫗樞蓲醧剾褔鏂膒(16)	
烏后切 wū hòu	歐 ǒu（ㄡˇ）	流開一上厚影
	嘔毆牏㔶塸褔(7)	
烏候切 wū hòu	漚 òu（ㄡˋ）	流開一去候影
	褔謽(3)	
烏吴切 wū huà	攨 wà（ㄨㄚˋ）	假合二去禡影
	窊跃(3)	
烏患切 wū huàn	綰 wàn（ㄨㄢˋ）	山合二去諫影
	䁪醃(3)	
烏晃切 wū huǎng	汪 wǎng（ㄨㄤˇ）	宕合一上蕩影

① 泓，今读 hóng。

	瀇(2)	
烏恢切 wū huī	隈 wēi（ㄨㄟ）	蟹合一平灰影
	煨緭渨椳偎颾揋艉葨鰃(11)	
烏賄切 wū huì	猥 wěi（ㄨㄟˇ）	蟹合一上賄影
	腲嵔鍡媦碨䃯㱬䫥鄈(10)	
烏繢切 wū huì	尯 wèi（ㄨㄟˋ）	蟹合一去隊影
	㞇隈(3)	
烏渾切 wū hún	昷 wēn（ㄨㄣ）	臻合一平魂影
	温轀蒀𩢍殟鴛鄖猥縕鞰瓫齫(13)	
烏甲切 wū jiǎ	鴨 yā（ㄧㄚ）	咸開二入狎影
	壓庘䆘閘押(6)	
烏澗切 wū jiàn	晏 yàn（ㄧㄢˋ）	山開二去諫影
	騴䁙鴳鷃(5)	
烏皎切 wū jiǎo	杳 yǎo（ㄧㄠˇ）	效開四上篠影
	窅窈偠騕䮁㘭葽旟䳊婹㠯窅宧𦬣(15)	
烏叫切 wū jiào	窔 yào（ㄧㄠˋ）	效開四去嘯影
	窅(2)	
烏結切 wū jié	噎 yē（ㄧㄝ）	山開四入屑影
	饐䆴蠮㧐咽(6)	
烏界切 wū jiè	噫 ài（ㄞˋ）	蟹開二去怪影
	呃(2)	
烏莖切 wū jīng	罃 yīng（ㄧㄥ）	梗開二平耕影
	罌罃鶯嚶櫻嫈鸚罍罵褮劉莖(13)	
烏迥切 wū jiǒng	濴 yǒng（ㄩㄥˇ）	梗合四上迥影

烏開切 wū kāi　哀 āi（ㄞ）　蟹開一平咍影

埃唉焥欸毒(6)

烏可切 wū kě　閜 ě（ㄜˇ）　果開一上哿影

椏檭婀娿旖裒(7)

烏孔切 wū kǒng　蓊 wěng（ㄨㄥˇ）　通合一上董影

滃暡𩆈勜篛膉塕熻(9)

烏酷切 wū kù　沃[1] wù（ㄨˋ）　通合一入沃影

鋈鱟礐礐鷽鷽(7)

烏快切 wū kuài　黵 wài（ㄨㄞˋ）　蟹合二去夬影

黵憎(3)

烏困切 wū kùn　揾 wèn（ㄨㄣˋ）　臻合一去恩影

饂(2)

烏括切 wū kuò　斡 wò（ㄨㄛˋ）　山合一入末影

焥醃揞斡嬒暡腕眼(9)

烏郎切 wū láng　鴦 āng（ㄤ）　宕開一平唐影

佒咉狭狭眏姎(7)

烏朗切 wū lǎng　坱 ǎng（ㄤˇ）　宕開一上蕩影

姎映泱咉醠英盎駚軮(10)

烏浪切 wū làng　盎 àng（ㄤˋ）　宕開一去宕影

醠(2)

烏浪切 wū làng　汪 wàng（ㄨㄤˋ）　宕合一去宕影

醋(2)

① 沃，今读 wò。

烏路切 wū lù　汙 wù（ㄨˋ）　遇合一去暮影
惡噁謳(4)

烏猛切 wū měng　晵 yǐng（ㄧㄥˇ）　梗開二上梗影
涸䨴(3)

烏沒切 wū mò　頞 wò（ㄨㄛˋ）　臻合一入没影
膃殟嗢歖榲搵溛韞(9)

烏洽切 wū qià　踦 yà（ㄧㄚˋ）　咸開二入洽影
凹浥圔(4)

烏前切 wū qián　煙 yān（ㄧㄢ）　山開四平先影
烟垔甗燕咽橪驠湮胭篶闕(12)

烏媧切 wū wā　蛙 wā（ㄨㄚ）　蟹合二平佳影
鼃(2)

烏外切 wū wài　懀 wèi（ㄨㄟˋ）　蟹合一去泰影
濊薈嬒䲰瞺黯(7)

烏卧切 wū wò　涴 wò（ㄨㄛˋ）　果合一去過影
烏奚切 wū xī　鷖 yī（ㄧ）　蟹開四平齊影
翳警嫛黳揻堅礐黟緊訡檕(12)

烏黠切 wū xiá　軋 yà（ㄧㄚˋ）　山開二入黠影
圠揠嫛貏猰穵䁆魟窫(10)

烏下切 wū xià　啞 yǎ（ㄧㄚˇ）　假開二上馬影
瘂瘂(3)

烏閑切 wū xián　黰 yān（ㄧㄢ）　山開二平山影
䋷殷㮔黫(5)

烏縣切 wū xiàn　鋗 yuàn（ㄩㄢˋ）　山合四去霰影

褍嬛肙(4)

烏項切 wū xiàng　　怏 yǎng（ㄧㄤˇ）　　江開二上講影

烏攜切 wū xié　　烓 wēi（ㄨㄟ）　　蟹合四平齊影

䵶䵷(3)

烏懈切 wū xiè　　隘 ài（ㄞˋ）　　蟹開二去卦影

䪣阸𤺋䅬賹(6)

烏蟹切 wū xiè　　矮 ǎi（ㄞˇ）　　蟹開二上蟹影

㾨躷(3)

烏玄切 wū xuán　　淵 yuān（ㄩㄢ）　　山合四平先影

剈囦痟弲肙蕭䌸鼘蜎(10)

吾甸切 wú diàn　　硯 yàn（ㄧㄢˋ）　　山開四去霰疑

研晛豣䴮趼(6)

吾貨切 wú huò　　臥 wò（ㄨㄛˋ）　　果合一去過疑

吾駕切 wú jià　　迓 yà（ㄧㄚˋ）　　假開二去禡疑

訝犽齖枒砑(6)

吾靳切 wú jìn　　垽 yìn（ㄧㄣˋ）　　臻開三去焮疑

無鄙切 wú bǐ　　美 měi（ㄇㄟˇ）　　止開三上旨明

媺嬍渼媄(5)

無販切 wú fàn　　万 wàn（ㄨㄢˋ）　　山合三去願微

萬輓蔓曼[1]蟃鰻鄤娩獌獌䝡䜟䜱贎鏝䐽脕
鬗(18)

① 今读 màn。

無非切 wú fēi　微[1] wéi (ㄨㄟˊ)　止合三平微微

敚溦薇䥩𧗿癓𪾋(8)

無匪切 wú fěi　尾 wěi (ㄨㄟˇ)　止合三上尾微

亹斖浘娓梶𥝩䊊(8)

無沸切 wú fèi　未 wèi (ㄨㄟˋ)　止合三去未微

味菋䫿𥼶沬𩶬峓(8)

無分切 wú fēn　文 wén (ㄨㄣˊ)　臻合三平文微

聞䎹彣紋雯馼蟁蚊𧒂𢽳䳮閺汶䰚閺(16)

無遠切 wú yuǎn　晚 wǎn (ㄨㄢˇ)　山合三上阮微

娩挽輓𩡓㝃脕(7)

五板切 wǔ bǎn　齗 yǎn (ㄧㄢˇ)　山開二上潸疑

五到切 wǔ dào　傲 ào (ㄠˋ)　效開一去号疑

嫯㰻鏊鷔奡謷鰲(8)

五弔切 wǔ diào　顤 yào (ㄧㄠˋ)　效開四去嘯疑

獟澆䫿嘄(5)

五東切 wǔ dōng　峣 wéng (ㄨㄥˊ)　通合一平東疑

五對切 wǔ duì　磑 wèi (ㄨㄟˋ)　蟹合一去隊疑

五漑切 wǔ gài　礙 ài (ㄞˋ)　蟹開一去代疑

硋㝵閡儗懝叐(7)

五蓋切 wǔ gài　艾 ài (ㄞˋ)　蟹開一去泰疑

㹻䳱(3)

五感切 wǔ gǎn　顉 ǎn (ㄢˇ)　咸開一上感疑

① 微、薇，今读 wēi。

嬸嵁(3)

五旰切 wǔ gàn　岸 àn（ㄢˋ）　山開一去翰疑

犴豻頇䮗㕎㟁㗴䮐(9)

五紺切 wǔ gàn　儑 àn（ㄢˋ）　咸開一去勘疑

五剛切 wǔ gāng　卬 áng（ㄤˊ）　宕開一平唐疑

駠枊昂茚㭿鞥(7)

五割切 wǔ gē　嶭 è（ㄜˋ）　山開一入曷疑

轥屵枿櫱蘖不㕁钀嶭歺頞齾(13)

五革切 wǔ gé　鬲鳥 è（ㄜˋ）　梗開二入麥疑

鴊鞷䃁(4)

五个切 wǔ gè　餓 è（ㄜˋ）　果開一去箇疑

五各切 wǔ gè　咢 è（ㄜˋ）　宕開一入鐸疑

愕鄂諤剻蝷螺遻蕚鍔齶崿鶚鰐噩噁齶顎

讍鑘偔堮壚楞湂(25)

五根切 wǔ gēn　垠 yín（ㄧㄣˊ）　臻開一平痕疑

垳泿(3)

五遘切 wǔ gòu　偶 òu（ㄡˋ）　流開一去候疑

五故切 wǔ gù　誤 wù（ㄨˋ）　遇合一去暮疑

悞寤忤牾迕遻晤悟逜寤捂娛䎸(14)

五瓜切 wǔ guā　佽 wá（ㄨㄚˊ）　假合二平麻疑

䯏(2)

五刮切 wǔ guā　刖 wà（ㄨㄚˋ）　山合二入鎋疑

朗殈詬(4)

五寡切 wǔ guǎ　瓦 wǎ（ㄨㄚˇ）　假合二上馬疑

	邷(2)	
五怪切 wǔ guài	聵 wài（ㄨㄞˋ）	蟹合二去怪疑
	䫿顡(3)	
五郭切 wǔ guō	擭 wò（ㄨㄛˋ）	宕合一入鐸疑
五果切 wǔ guǒ	姬 ě（ㄜˇ）	果合一上果疑
	戹(2)	
五駭切 wǔ hài	騃 ǎi（ㄞˇ）	蟹開二上駭疑
	痿娾覣(4)	
五含切 wǔ hán	譺 án（ㄢˊ）	咸開一平覃疑
	簎嵁(3)	
五禾切 wǔ hé	訛 é（ㄜˊ）	果合一平戈疑
	譌吪鈋囮魤囮(7)	
五合切 wǔ hé	㬎 è（ㄜˋ）	咸開一入合疑
	礏哈儑㘈砐礘瘖䑩鰪(10)	
五何切 wǔ hé	莪 é（ㄜˊ）	果開一平歌疑
	哦娥䄉峩鵝俄頟蛾睋涐誐硪(13)	
五盍切 wǔ hé	儑 è（ㄜˋ）	咸開一入盍疑
	㗁(2)	
五恨切 wǔ hèn	饐 èn（ㄣˋ）	臻開一去恨疑
五乎切 wǔ hū	吾 wú（ㄨˊ）	遇合一平模疑
	䶏䳟蜈吳浯菩䓊珸珸蜈郚䴣䱝娪鋘梧峿麌䲸䄞(21)	
五忽切 wǔ hū	兀 wù（ㄨˋ）	臻合一入没疑
	扤杌屼矹閸䑢刖䑢䯏疕疕軏虮刖芁(16)	

五滑切 wǔ huá	䰳 wā（ㄨㄚ）	山合二入黠疑
	聉䎳(3)	
五化切 wǔ huà	瓦 wà（ㄨㄚˋ）	假合二去禡疑
五還切 wǔ huán	㿸 wán（ㄨㄢˊ）	山合二平删疑
	頑(2)	
五换切 wǔ huàn	玩 wàn（ㄨㄢˋ）	山合一去换疑
	貦翫妧忨(5)	
五患切 wǔ huàn	薍 wàn（ㄨㄢˋ）	山合二去諫疑
五灰切 wǔ huī	鮠 wéi（ㄨㄟˊ）	蟹合一平灰疑
	桅嵬磑峞(5)	
五會切 wǔ huì	外 wài（ㄨㄞˋ）	蟹合一去泰疑
五活切 wǔ huó	枂 wò（ㄨㄛˋ）	山合一入末疑
五稽切 wǔ jī	倪 ní（ㄋㄧˊ）	蟹開四平齊疑
	蜺霓郳齯婗輗棿猊麑貎鯢兒䘽㑆觬槷𣪠(18)	
五計切 wǔ jì	詣 yì（ㄧˋ）	蟹開四去霽疑
	𢍉羿羿睨栺盻䚘甈堄霓(11)	
五加切 wǔ jiā	牙 yá（ㄧㄚˊ）	假開二平麻疑
	衙芽齖呀枒吾(7)	
五夾切 wǔ jiā	㽙 yà（ㄧㄚˋ）	咸開二入洽疑
五佳切 wǔ jiā	崖 yá（ㄧㄚˊ）	蟹開二平佳疑
	涯啀齸猚厓㕦(7)	
五姦切 wǔ jiān	顏 yán（ㄧㄢˊ）	山開二平删疑
	𣘊(2)	

五堅切 wǔ jiān	妍 yán（ㄧㄢˊ）	山開四平先疑
	鳽研硯掔䃔趼俓(8)	
五江切 wǔ jiāng	岘 yáng（ㄧㄤˊ）	江開二平江疑
五交切 wǔ jiāo	聱 yáo（ㄧㄠˊ）	效開二平肴疑
	謷磝敖(4)	
五教切 wǔ jiào	樂 yào（ㄧㄠˋ）	效開二去效疑
	磽䫜(3)	
五結切 wǔ jié	齧 niè（ㄋㄧㄝˋ）	山開四入屑疑
	霓蜺嵲槷臬辥鯢隉褹旹闑巕(13)	
五介切 wǔ jiè	騃 ài（ㄞˋ）	蟹開二去怪疑
	譺懝䗖(4)	
五莖切 wǔ jīng	娙 yíng（ㄧㄥˊ）	梗開二平耕疑
	俓(2)	
五剄切 wǔ jǐng	脛 yǐng（ㄧㄥˇ）	梗開四上迥疑
	㹞(2)	
五角切 wǔ jué	嶽 yuè（ㄩㄝˋ）	江開二入覺疑
	岳樂鸑頢鸒捔榷(8)	
五可切 wǔ kě	我 wǒ（ㄨㄛˇ）	果開一上哿疑
	騀䄉搣硪(5)	
五口切 wǔ kǒu	藕 ǒu（ㄡˇ）	流開一上厚疑
	蕅偶耦髃甌(6)	
五困切 wǔ kùn	顐 wèn（ㄨㄣˋ）	臻合一去慁疑

	諢[1] (2)	
五來切 wǔ lái	皚 ái（ㄞˊ）	蟹開一平咍疑
	嵦敳殨隑剴獃(7)	
五朗切 wǔ lǎng	䭚 ǎng（ㄤˇ）	宕開一上蕩疑
五浪切 wàng	枊 àng（ㄤˋ）	宕開一去宕疑
	䭚岇(3)	
五勞切 wǔ láo	敖 áo（ㄠˊ）	效開一平豪疑
	遨翱聱鷔熬嶅獒滶蔜鼇鼇螯謷嗸嗷顤贅 摮嫯獓獒嶅磝鏖(25)	
五老切 wǔ lǎo	頶 ǎo（ㄠˇ）	效開一上晧疑
	頧(2)	
五歷切 wǔ lì	鷁 yì（ㄧˋ）	梗開四入錫疑
	鶂艗厄虉(5)	
五聊切 wǔ liáo	堯 yáo（ㄧㄠˊ）	效開四平蕭疑
	嶢僥垚顤(5)	
五婁切 wǔ lóu	齵 óu（ㄡˊ）	流開一平侯疑
五陌切 wǔ mò	額[2] è（ㄜˋ）	梗開二入陌疑
	頟鮹峉詻轁(6)	
五巧切 wǔ qiǎo	齩 yǎo（ㄧㄠˇ）	效開二上巧疑
五丸切 wǔ wán	岏 wán（ㄨㄢˊ）	山合一平桓疑
	刓园忨蚖䯈䩊黿抏翫(10)	

① 今读 hùn。

② 額，今读 é。

五沃切 wǔ wò	䅳 wù（ㄨˋ）	通合一入沃疑
五鎋切 wǔ xiá	齾 yà（ㄧㄚˋ）	山開二入鎋疑
	聐髺嶭(4)	
五下切 wǔ xià	雅 yǎ（ㄧㄚˇ）	假開二上馬疑
	疋庌厊瓼(5)	
五咸切 wǔ xián	喦 yán（ㄧㄢˊ）	咸開二平咸疑
	顩黬羬礹巖䃸碞獺諴(10)	
五閑切 wǔ xián	訮 yán（ㄧㄢˊ）	山開二平山疑
	獮𡃴䶬(4)	
五銜切 wǔ xián	巖 yán（ㄧㄢˊ）	咸開二平銜疑
	礹嚴(3)	
五限切 wǔ xiàn	眼 yǎn（ㄧㄢˇ）	山開二上產疑
五懈切 wǔ xiè	睚 yà（ㄧㄚˋ）	蟹開二去卦疑
五晏切 wǔ yàn	鴈 yàn（ㄧㄢˋ）	山開二去諫疑
	鳫雁贗偐豣(6)	
五争切 wǔ zhēng	鞕 yìng（ㄧㄥˋ）	梗開二去諍疑
	硬(2)	
五罪切 wǔ zuì	頠 wěi（ㄨㄟˇ）	蟹合一上賄疑
	顡隗峞嵬䫥磈(7)	
武板切 wǔ bǎn	矕 mǎn（ㄇㄢˇ）	山開二上潸明
	蕎(2)	
武悲切 wǔ bēi	眉 méi（ㄇㄟˊ）	止開三平脂明
	𧖴嵋湄瀶鶥楣瑂𥌒䰨篃黴麋蘪郿溦薇𪎭	
	葿攗(20)	

武彪切 wǔ biāo	缪 móu（ㄇㄡˊ）	流開三平幽明
	鷚⿱敄糸(3)	
武瀌切 wǔ biāo	苗 miáo（ㄇㄧㄠˊ）	效開三平宵明
	描緢貓猫① (5)	
武并切 wǔ bīng	名 míng（ㄇㄧㄥˊ）	梗開三平清明
	洺(2)	
武兵切 wǔ bīng	明 míng（ㄇㄧㄥˊ）	梗開三平庚明
	盟② 盥鵬鳴(5)	
武道切 wǔ dào	蓩 mǎo（ㄇㄠˇ）	效開一上晧明
	菽娼冃(4)	
武登切 wǔ dēng	瞢 méng（ㄇㄥˊ）	曾開一平登明
	莔甍䗈(4)	
武方切 wǔ fāng	亡 wáng（ㄨㄤˊ）	宕合三平陽微
	芒惹鋩硭宗萌邙邬望朢(11)	
武粉切 wǔ fěn	吻 wěn（ㄨㄣˇ）	臻合三上吻微
	脗刎抆伆勿莇(7)	
武夫切 wǔ fū	無 wú（ㄨˊ）	遇合三平虞微
	毋瞴膴蕪誣③巫莁璑陠𥶄鵐舞螸悮无㷻譕墲鴮憮𦉆(22)	
武亘切 wǔ gèn	懵 mèng（ㄇㄥˋ）	曾開一去嶝明

① 今读 māo。

② 今读 méng。

③ 誣、巫，今读 wū。

	䲛懜𨯥蘉(5)	
武庚切 wǔ gēng	盲[1] méng（ㄇㄥˊ）	梗開二平庚明
	蝱鄳䁅莔𨟚𨭥䆹(8)	
武酣切 wǔ hān	姏 mán（ㄇㄢˊ）	咸開一平談明
武簡切 wǔ jiǎn	魍 mǎn（ㄇㄢˇ）	山開二上産明
武巾切 wǔ jīn	珉 mín（ㄇㄧㄣˊ）	臻開三平真明
	岷罠閩緍𩔁笢旻敃痻閺汶㟩忞敃暋鍲鴖鈱(19)	
武盡切 wǔ jìn	泯 mǐn（ㄇㄧㄣˇ）	臻開三上軫明
	䟷僶笢黽澠跟刡𨎅脗(10)	
武項切 wǔ xiàng	傮 mǎng（ㄇㄤˇ）	江開二上講明
	𪁜(2)	
武幸切 wǔ xìng	䁅 měng（ㄇㄥˇ）	梗開二上耿明
	鼆黽(3)	
武延切 wǔ yán	緜 mián（ㄇㄧㄢˊ）	山開三平仙明
	綿棉謾矈蝒蚵矏㦻芇宀𩕄櫋杩鼻楯櫋(17)	
武移切 wǔ yí	彌 mí（ㄇㄧˊ）	止開三平支明
	弥䴢镾罙宷瞇彌獼籋擟麊冞瓕𤭟禰瀰(17)	
武永切 wǔ yǒng	皿[2] mǐng（ㄇㄧㄥˇ）	梗開三上梗明

① 盲，今读 máng。
② 皿，今读 mǐn。

盜盟(3)

武元切 wǔ yuán 樠 mán（ㄇㄢˊ） 山合三平元明

武罪切 wǔ zuì 浼 měi（ㄇㄟˇ） 蟹合一上賄明

潤每挴燗䐣(6)

X（ㄒ）

xi（ㄒㄧ）

夕連切 xī lián 㳄 xián（ㄒㄧㄢˊ） 山開三平仙邪

涎(2)

息弓切 xī gōng 嵩 sōng（ㄙㄨㄥ） 通合三平東心

崧駷娀菘硹倯蜙鬆(9)

息恭切 xī gōng 蜙 sōng（ㄙㄨㄥ） 通合三平鍾心

淞凇鬆倯䢠(6)

息拱切 xī gǒng 悚 sǒng（ㄙㄨㄥˇ） 通合三上腫心

竦慫聳縱摗駷傱傱㧐(10)

息晉切 xī jìn 信 xìn（ㄒㄧㄣˋ） 臻開三去震心

訊① 訙迅囟顖卂汛狦奞阠(11)

息井切 xī jǐng 省 xǐng（ㄒㄧㄥˇ） 梗開三上靜心

渻瞎惺楷惰(6)

息救切 xī jiù 秀 xiù（ㄒㄧㄡˋ） 流開三去宥心

---

① 訊、迅、汛，今读 xùn。

繡琇琇宿(5)
息據切 xī jù　絮 xù（ㄒㄩˋ）　遇合三去御心
息絹切 xī juàn　選 xuàn（ㄒㄩㄢˋ）　山合三去線心
潠選撰巽蹼繏渲(8)
息郎切 xī láng　桑 sāng（ㄙㄤ）　宕開一平唐心
桒嗓喪纕驦(6)
息利切 xī lì　四 sì（ㄙˋ）　止開三去至心
三亖肆肂柶泗牭隸䦒駟膆䔉殔(14)
息廉切 xī lián　銛 xiān（ㄒㄧㄢ）　咸開三平鹽心
暹枮綅縿鐵襳纖憸孅鬙彡思(13)
息良切 xī liáng　襄 xiāng（ㄒㄧㄤ）　宕開三平陽心
廂湘相緗纕儴驤鑲瓖欀箱葙(13)
息兩切 xī liǎng　想 xiǎng（ㄒㄧㄤˇ）　宕開三上養心
鯗(2)
息亮切 xī liàng　相 xiàng（ㄒㄧㄤˋ）　宕開三去漾心
息林切 xī lín　心 xīn（ㄒㄧㄣ）　深開三平侵心
綅軹杺(4)
息鄰切 xī lín　新 xīn（ㄒㄧㄣ）　臻開三平真心
辛薪(3)
息流切 xī liú　脩 xiū（ㄒㄧㄡ）　流開三平尤心
修羞饈鏅䗛樇(7)
息七切 xī qī　悉 xī（ㄒㄧ）　臻開三入質心
刴膝蟋蔾蒁糘傒窸(9)
息淺切 xī qiǎn　獮 xiǎn（ㄒㄧㄢˇ）　山開三上獮心

獮祢鮮尠尟癬燹𤓰䉳廯蟹蘚(13)

息爲切 xī wéi　眭 suī（ㄙㄨㄟ）　止合三平支心

息委切 xī wěi　髓 suǐ（ㄙㄨㄟˇ）　止合三上紙心

巂靃䭉㵦(5)

息夷切 xī yí　私 sī（ㄙ）　止開三平脂心

錗厶䔇㺨(5)

息移切 xī yí　斯 sī（ㄙ）　止開三平支心

虒䨳榹㴲廝㒋澌磃𤸎傂謕䶵鷈誓蜤螔𩒋

纚蘄菥𥗲蟴𤋵禠鐁(26)

息遺切 xī yí　綏[①] suī（ㄙㄨㄟ）　止合三平脂心

雖荾荽芆葰浽奞夊睢濉稄(12)

息營切 xī yíng　騂 xīng（ㄒㄧㄥ）　梗開三平清心

𤚩𡋦觪(4)

息有切 xī yǒu　滫 xiǔ（ㄒㄧㄡˇ）　流開三上有心

糔醙綇(4)

息約切 xī yuē　削 xuē（ㄒㄩㄝ）　宕開三入藥心

息正切 xī zhèng　性 xìng（ㄒㄧㄥˋ）　梗開三去勁心

姓(2)

息逐切 xī zhú　肅 sù（ㄙㄨˋ）　通合三入屋心

宿蓿夙㑛佰玉鷫𪁐蟰驌䎘䫛鱐䃤𡑝潚橚

𢹍𦪇㑉璛𢿐(23)

息兹切 xī zī　思 sī（ㄙ）　止開三平之心

---

① 綏，今读 suí。

	恖司罳伺絲緦篡禗覗獄眮蕬偲楒(15)	
息姊切 xī zǐ	死 sǐ（ㄙˇ）	止開三上旨心
悉姐切 xī jiě	寫 xiě（ㄒㄧㄝˇ）	假開三上馬心
	榽瀉䲨(4)	
羲乙切 xī yǐ	肸 xì（ㄒㄧˋ）	臻開三入質曉
喜皆切 xǐ jiē	俙 xiē（ㄒㄧㄝ）	蟹開二平皆曉
喜夷切 xǐ yí	咦 xī（ㄒㄧ）	止開三平脂曉
	忔脲屎屎(5)	

xia（ㄒㄧㄚ）

下革切 xià gé	覈 hé（ㄏㄜˊ）	梗開二入麥匣
	繳碣翮槅核焧滆蒚(9)	
下各切 xià gè	涸 hé（ㄏㄜˊ）	宕開一入鐸匣
	鶴[1]貈貉狢洛佫騅睢格鮥(11)	
下更切 xià gèng	行 xìng（ㄒㄧㄥˋ）	梗開二去映匣
	絎胻(3)	
下刮切 xià guā	頢 huá（ㄏㄨㄚˊ）	山合二入鎋匣
	潁話敌舌姡咶(7)	
下江切 xià jiāng	栙 xiáng（ㄒㄧㄤˊ）	江開二平江匣
	跭降缸瓨洚夅跭(8)	
下瞰切 xià kàn	憨 hàn（ㄏㄢˋ）	咸開一去闞匣
	獭譀藍脂鉛(6)	

① 今读 hè。

下快切 xià kuài 話 huà（ㄏㄨㄚˋ） 蟹合二去夬匣

下浪切 xià làng 吭 hàng（ㄏㄤˋ） 宕開一去宕匣

行笐(3)

下没切 xià mò 麧 hé（ㄏㄜˊ） 臻合一入没匣

籺齕紇淈(5)

下赧切 xià nǎn 僩 xiàn（ㄒㄧㄢˋ） 山開二上潸匣

憪獼捍橌(5)

下巧切 xià qiǎo 㶾 xiào（ㄒㄧㄠˋ） 效開二上巧匣

豥蔽佼䍐骹(6)

下晏切 xià yàn 骭 xiàn（ㄒㄧㄢˋ） 山開二去諫匣

娨(2)

下斬切 xià zhǎn 豏 xiàn（ㄒㄧㄢˋ） 咸開二上豏匣

減獫喊獮麙槭甗(8)

下珍切 xià zhēn 礥 xín（ㄒㄧㄣˊ） 臻開三平真匣

訡嚽(3)

xian（ㄒㄧㄢ）

先代切 xiān dài 賽 sài（ㄙㄞˋ） 蟹開一去代心

簺塞寨(4)

先篤切 xiān dǔ 洬 sù（ㄙㄨˋ） 通合一入沃心

娕(2)

先稽切 xiān jī 西 xī（ㄒㄧ） 蟹開四平齊心

卤囟棲栖甀屖嘶撕虒撕櫯屖誓粞剓(16)

先擊切 xiān jī 錫 xī（ㄒㄧ） 梗開四入錫心

析枏裼皙緆𪊲蜥菥淅㭊蝷㵿(13)

先頰切 xiān jiá　渫 xià（ㄒㄧㄚˋ）　咸開四入帖心

先結切 xiān jié　屑 xiè（ㄒㄧㄝˋ）　山開四入屑心

楔①揳躤榍糏偰偰㵾蒵腈揟(12)

先孔切 xiān kǒng　敿 sǒng（ㄙㄨㄥˇ）　通合一上董心

篵檧(3)

先禮切 xiān lǐ　洗 xǐ（ㄒㄧˇ）　蟹開四上薺心

洒(2)

先立切 xiān lì　𣪠 xì（ㄒㄧˋ）　深開三入緝心

卌霫趿噏(5)

先念切 xiān niàn　礹 xiàn（ㄒㄧㄢˋ）　咸開四去㮇心

䆨(2)

先鳥切 xiān niǎo　篠 xiǎo（ㄒㄧㄠˇ）　效開四上篠心

筱魡謏謏礵㩋(7)

先外切 xiān wài　䃔 suì（ㄙㄨㄟˋ）　蟹合一去泰心

殰矘(3)

先臥切 xiān wò　膹 suò（ㄙㄨㄛˋ）　果合一去過心

xiang（ㄒㄧㄤ）

相即切 xiāng jí　息 xī（ㄒㄧ）　曾開三入職心

熄鄎瘜蒠熄膄餛潚箵鵖(11)

相居切 xiāng jū　胥 xū（ㄒㄩ）　遇合三平魚心

---

① 今读 xiē。

䱬䈝稰楈蕦諝㥠湑蝑揟(11)

相絕切 xiāng jué 雪 xuě（ㄒㄩㄝˇ） 山合三入薛心

䨮㡜𢲳(4)

相吏切 xiāng lì 笥 sì（ㄙˋ） 止開三去志心

伺思覗(4)

相倫切 xiāng lún 荀[1] xūn（ㄒㄩㄣ） 臻合三平諄心

郇詢胊峋珣槆洵恂眴櫏栒姰欨(14)

相然切 xiāng rán 仙 xiān（ㄒㄧㄢ） 山開三平先心

僊僲秏䉳苮躚秈鮮硟鱻廯(12)

相銳切 xiāng ruì 歲 suì（ㄙㄨㄟˋ） 蟹合三去祭心

檅繀繐(4)

相邀切 xiāng yāo 宵 xiāo（ㄒㄧㄠ） 效開三平宵心

消霄捎逍痟綃銷焇硝蛸萷哨䎄鮹𤞞䶎掣
奞魈(20)

相俞切 xiāng yú 須 xū（ㄒㄩ） 遇合三平虞心

鬚嬃頊䇓繻罯鷾需娶緰蕦鑐隃(14)

相庾切 xiāng yǔ 縃 xǔ（ㄒㄩˇ） 遇合三上麌心

稰(2)

相玉切 xiāng yù 粟 sù（ㄙㄨˋ） 通合三入燭心

㮘㦻涑𣰈玊𠞿(7)

香季切 xiāng jì 瞲 huì（ㄏㄨㄟˋ） 止合三去至曉

婎睢(3)

---

① 今读 xún。

香靳切 xiāng jìn	焮 xìn（ㄒㄧㄣˋ）	臻開三去焮曉
	炘㾙庍𦝫脪(6)	
香句切 xiāng jù	昫 xù（ㄒㄩˋ）	遇合三去遇曉
	煦酗呴姁蟗(6)	
香兖切 xiāng yǎn	蠉 xuǎn（ㄒㄩㄢˇ）	山合三上獮曉
	𧾉(2)	
香衣切 xiāng yī	希 xī（ㄒㄧ）	止開三平微曉
	晞莃鵗睎稀豨𧼮桸悕俙欷(12)	
香義切 xiāng yì	戲 xì（ㄒㄧˋ）	止開三去寘曉
	嚱(2)	
香幽切 xiāng yōu	飍 xiū（ㄒㄧㄡ）	流開三平幽曉
	烋(2)	
香支切 xiāng zhī	訑 xī（ㄒㄧ）	止開三平支曉
	㕧(2)	
香仲切 xiāng zhòng	趮 xiòng（ㄒㄩㄥˋ）	通合三去送曉
	𨂗(2)	
祥吏切 xiáng lì	寺 sì（ㄙˋ）	止開三去志邪
	嗣孠飤飼(5)	
祥容切 xiáng róng	松[1] sóng（ㄙㄨㄥˊ）	通合三平鍾邪
	𥦗淞䜬(4)	
祥歲切 xiáng suì	篲[2] suì（ㄙㄨㄟˋ）	蟹合三去祭邪

① 松，今读 sōng。

② 篲、彗、槥，今读 huì。

	簮錯彗鱔槥𧀼轊嘒(9)	
祥易切 xiáng yì	席 xí（ㄒㄧˊ）	梗開三入昔邪
	夕[①]穸汐郋蓆(6)	
詳里切 xiáng lǐ	似 sì（ㄙˋ）	止開三上止邪
	佀祀禩禩姒巳耜耜汜洍泤攺鈶麀(15)	
詳遵切 xiáng zūn	旬 xún（ㄒㄩㄣˊ）	臻合三平諄邪
	咰巡馴循揗紃紃縙駨洵楯蟁啇趣眗蚼(17)	

xie（ㄒㄧㄝ）

寫邪切 xiě xié	些 xiē（ㄒㄧㄝ）	假開三平麻心

xin（ㄒㄧㄣ）

辛聿切 xīn yù	卹 xù（ㄒㄩˋ）	臻合三入術心
	恤戌[②]訹珬謐鶐賉泧啨蛓鉞歔䬄鄐(15)	
馨皛切 xīn xiào	鐃 xiǎo（ㄒㄧㄠˇ）	效開四上篠曉
	曉嘵膮(4)	

xing（ㄒㄧㄥ）

興腎切 xīng shèn	脪 xǔn（ㄒㄩㄣˇ）	臻合三上準曉
	痛(2)	

---

① 夕、穸、汐，今读 xī。

② 今读 xū。

興倚切 xīng yǐ　𥢺 xǐ（ㄒㄧˇ）　止開三上紙曉

xiu（ㄒㄧㄡ）

休謹切 xiū jǐn　𧓍 xǐn（ㄒㄧㄣˇ）　臻開三上隱曉

休正切 xiū zhèng　敻 xiòng（ㄒㄩㄥˋ）　梗合三去勁曉

詗醟瞁(4)

朽居切 xiǔ jū　虛 xū（ㄒㄩ）　遇合三平魚曉

驉歔噓魖𧝃(6)

xu（ㄒㄩ）

胥里切 xū lǐ　枲 xǐ（ㄒㄧˇ）　止開三上止心

葈𤞟𥳍蒠諰𢊁(7)

虛本切 xū běn　緫 hǔn（ㄏㄨㄣˇ）　臻合一上混曉

惛(2)

虛郭切 xū guō　霍 huò（ㄏㄨㄛˋ）　宕合一入鐸曉

靃霩矐藿曤蟥彍攉瀖劐癨(12)

虛檢切 xū jiǎn　險 xiǎn（ㄒㄧㄢˇ）　咸開三上琰曉

獫玁㛾譣憸𩋆嶮(8)

虛里切 xū lǐ　喜 xǐ（ㄒㄧˇ）　止開三上止曉

憙蟢(3)

虛陵切 xū líng　興 xīng（ㄒㄧㄥ）　曾開三平蒸曉

𨞸(2)

虛呂切 xū lǚ　許 xǔ（ㄒㄩˇ）　遇合三上語曉

鄦(2)

虚豈切 xū qǐ	豨 xǐ（ㄒㄧˇ）	止開三上尾曉
	俙豨䵱唏(5)	
虚器切 xū qì	肆 xì（ㄒㄧˋ）	止開三去至曉
	呬屓呬豷齂(6)	
虚我切 xū wǒ	吹 hě（ㄏㄜˇ）	果開一上哿曉
	㗿吙㱿哯(5)	
虚言切 xū yán	軒[1] xiān（ㄒㄧㄢ）	山開三平元曉
	掀鶱軒蓒搴(6)	
虚嚴切 xū yán	杴 xiān（ㄒㄧㄢ）	咸開三平嚴曉
	杴瘷秋蘞(5)	
虚偃切 xū yǎn	幰 xiǎn（ㄒㄧㄢˇ）	山開三上阮曉
	攇蠍譹(4)	
虚慃切 xū yǎng	僒 xiǎng（ㄒㄧㄤˇ）	江開二上講曉
	惝(2)	
虚業切 xū yè	脅 xié（ㄒㄧㄝˊ）	咸開三入業曉
	歙㬤愶弽嗋熁㴽脇(9)	
虚願切 xū yuàn	楥 xuàn（ㄒㄩㄢˋ）	山合三去願曉
	楦鞙韅(4)	
虚約切 xū yuē	謔 xuè（ㄒㄩㄝˋ）	宕開三入藥曉
須緣切 xū yuán	宣 xuān（ㄒㄩㄢ）	山合三平仙心
	揎揮鶣愃圕顭瑄蝖(9)	
墟彼切 xū bǐ	綺 qǐ（ㄑㄧˇ）	止開三上紙溪

---

① 軒，今读 xuān。

	婍碕䞚㥠觭痵(7)	
墟里切 xū lǐ	起 qǐ（ㄑㄧˇ）	止開三上止溪
	邔杞屺玘芑(6)	
墟正切 xū zhèng	輕 qìng（ㄑㄧㄥˋ）	梗開三去勁溪
徐翦切 xú jiǎn	緩 xiàn（ㄒㄧㄢˋ）	山開三上獮邪
徐兩切 xú liǎng	像 xiàng（ㄒㄧㄤˋ）	宕開三上養邪
	象蟓橡襐勨䣺潒蔘䝯嶑(11)	
徐林切 xú lín	尋 xún（ㄒㄩㄣˊ）	深開三平侵邪
	㣌鐔潯鱘樳鄩隯膞颻襑枔撏灊鬵縄(16)	
徐吕切 xú lǚ	敘 xù（ㄒㄩˋ）	遇合三上語邪
	緒藇序漵抒嶼鱮醑䱷屐(11)	
徐刃切 xú rèn	賮 jìn（ㄐㄧㄣˋ）	臻開三去震邪
	燼朿藎濜壗(6)	
徐鹽切 xú yán	燅 xián（ㄒㄧㄢˊ）	咸開三平鹽邪
	䖮燖燗膶蘔擊檄䋪(9)	
徐野切 xú yě	灺 xiè（ㄒㄧㄝˋ）	假開三上馬邪
	担䵒(3)	
徐盈切 xú yíng	餳 xíng（ㄒㄧㄥˊ）	梗開三平清邪
徐預切 xú yù	屐 xù（ㄒㄩˋ）	遇合三去御邪
徐姊切 xú zǐ	兕 sì（ㄙˋ）	止開三上旨邪
	冢兕光羠薙茙(7)	
徐醉切 xú zuì	遂 suì（ㄙㄨㄟˋ）	止合三去至邪
	彗隧襚旞璲檖椽䥐㒸燧澻轊鐆鐩穟蓫篲 緣豙采穗隊轊(24)	

許昉切 xǔ fǎng	怳 huǎng（ㄏㄨㄤˇ）	宕合三上養曉
	謊(2)	
許訪切 xǔ fǎng	況[1] huàng（ㄏㄨㄤˋ）	宕合三去漾曉
	况貺貺(4)	
許縛切 xǔ fù	矆 xuè（ㄒㄩㄝˋ）	宕合三入藥曉
	矆彏戄(4)	
許干切 xǔ gān	頇 hān（ㄏㄢ）	山開一平寒曉
	鼾(2)	
許戈切 xǔ gē	鞾 xuē（ㄒㄩㄝ）	果合三平戈曉
	靴扡嚡(4)	
許葛切 xǔ gě	顅 hè（ㄏㄜˋ）	山開一入曷曉
	嗷喝猲鶡暍暍𩞄(8)	
許庚切 xǔ gēng	脝 hēng（ㄏㄥ）	梗開三平庚曉
	悙亨(3)	
許更切 xǔ gèng	諻 hèng（ㄏㄥˋ）	梗開三去映曉
許拱切 xǔ gǒng	洶 xiǒng（ㄒㄩㄥˇ）	通合三上腫曉
	詾兇(3)	
許規切 xǔ guī	隓 huī（ㄏㄨㄟ）	止合三平支曉
	墮隳眭觿睢讐鑴蘳(9)	
許歸切 xǔ guī	揮 huī（ㄏㄨㄟ）	止合三平微曉
	煇輝暉徽翬褘徽楎微瀈旛猑(13)	
許貴切 xǔ guì	諱 huì（ㄏㄨㄟˋ）	止合三去未曉

① 況、况，今读 kuàng。

弃蒴洴(4)

許穢切 xǔ huì　　喙 huì（ㄏㄨㄟˋ）　　蟹合三去廢曉

豫殧趪餯顪(6)

許激切 xǔ jī　　赦 xì（ㄒㄧˋ）　　梗開四入錫曉

闃矜潤詠篤悚愬憪(9)

許羈切 xǔ jī　　犧 xī（ㄒㄧ）　　止開三平支曉

羲唏桸巇羛戲瀸曦攕蠘觛虛玁歔戲壏隵(18)

許及切 xǔ jí　　吸 xī（ㄒㄧ）　　深開三入緝曉

噏歙翕譝潝熻嬆翖郄闟鵗(12)

許吉切 xǔ jí　　故 xì（ㄒㄧˋ）　　臻開三入質曉

欯咭恄佶(5)

許極切 xǔ jí　　赩 xì（ㄒㄧˋ）　　曾開三入職曉

衋譆奭愥(5)

許既切 xǔ jì　　欷 xì（ㄒㄧˋ）　　止開三去未曉

唏塈愾氣餼槩鎎慨熂黖虁摡墍豨騃犔忥(18)

許記切 xǔ jì　　憙 xì（ㄒㄧˋ）　　止開三去志曉

嬉(2)

許加切 xǔ jiā　　煆 xiā（ㄒㄧㄚ）　　假開二平麻曉

呀谺痚岈颬(6)

許兼切 xǔ jiān　　馦 xiān（ㄒㄧㄢ）　　咸開四平添曉

獫馦嗛鉙繺妗(7)

許間切 xǔ jiān　　羴 xiān（ㄒㄧㄢ）　　山開二平山曉

許建切 xǔ jiàn 獻 xiàn（ㄒㄧㄢˋ） 山開三去願曉

憲攇瀗(4)

許鑑切 xǔ jiàn 㺝 hàn（ㄏㄢˋ） 咸開二去鑑曉

譀闞(3)

許江切 xǔ jiāng 肛 xiāng（ㄒㄧㄤ） 江開二平江曉

啌谾舡(4)

許交切 xǔ jiāo 虓 xiāo（ㄒㄧㄠ） 效開二平肴曉

猇髇藃稺䆒嗃颮哮[1]庨烋涍嘐顤鴞狰(16)

許嬌切 xǔ jiāo 嚻 xiāo（ㄒㄧㄠ） 效開三平宵曉

枵歊䖀獢獢歊呺嚻藃(10)

許竭切 xǔ jié 歇 xiē（ㄒㄧㄝ） 山開三入月曉

蠍猲獥觹(5)

許介切 xǔ jiè 譮 xiè（ㄒㄧㄝˋ） 蟹開二去怪曉

欸咴齂噧譪眉柴忦(9)

許斤切 xǔ jīn 欣 xīn（ㄒㄧㄣ） 臻開三平欣曉

忻昕訢炘邤(6)

許金切 xǔ jīn 歆 xīn（ㄒㄧㄣ） 深開三平侵曉

廞嬜戡(4)

許錦切 xǔ jǐn 廞 xǐn（ㄒㄧㄣˇ） 深開三上寑曉

許覲切 xǔ jìn 衅 xìn（ㄒㄧㄣˋ） 臻開三去震曉

釁舋(3)

① 今读 xiào。

許久切 xǔ jiǔ　　朽 xiǔ（ㄒㄧㄡˇ）　　流開三上有曉
殠㱙㱗(4)

許救切 xǔ jiù　　齅 xiù（ㄒㄧㄡˋ）　　流開三去宥曉
嘼琇(3)

許角切 xǔ jué　　吒 xuè（ㄒㄩㄝˋ）　　江開二入覺曉
㺸嗀嚳㱿蒗謞瀥礐滈(10)

許良切 xǔ liáng　　香 xiāng（ㄒㄧㄤ）　　宕開三平陽曉
皀薌鄉膷(5)

許兩切 xǔ liǎng　　響 xiǎng（ㄒㄧㄤˇ）　　宕開三上養曉
饗蠁蚼亯享嚮蠁(8)

許亮切 xǔ liàng　　向 xiàng（ㄒㄧㄤˋ）　　宕開三去漾曉
珦蠁闟蠁萫響嚮(8)

許列切 xǔ liè　　娎 xiè（ㄒㄧㄝˋ）　　山開三入薛曉
捓(2)

許劣切 xǔ liè　　旻 xuè（ㄒㄩㄝˋ）　　山合三入薛曉
颰殈威翄吷(6)

許令切 xǔ lìng　　欸 xìng（ㄒㄧㄥˋ）　　梗開三去勁曉
醒(2)

許其切 xǔ qí　　僖 xī（ㄒㄧ）　　止開三平之曉
歖熙嬉禧嬉譆嫠瞦焟熹嘻欯娭誒(15)

許訖切 xǔ qì　　迄① xì（ㄒㄧˋ）　　臻開三入迄曉
仡釳肸忔芞譆茵汔(9)

---

① 迄,今读 qì。

許欠切 xǔ qiàn　脅 xiàn（ㄒㄧㄢˋ）　咸開三去釅曉
姭(2)

許容切 xǔ róng　胷 xiōng（ㄒㄩㄥ）　通合三平鍾曉
凶殈銎洶恟説兇訩匈(10)

許榮切 xǔ róng　兄 xiōng（ㄒㄩㄥ）　梗合三平庚曉

許爲切 xǔ wéi　麾 huī（ㄏㄨㄟ）　止合三平支曉
麾噅撝鰞䧦(6)

許維切 xǔ wéi　倠 huī（ㄏㄨㄟ）　止合三平脂曉
婎睢眭廋廆(6)

許委切 xǔ wěi　毁 huǐ（ㄏㄨㄟˇ）　止合三上紙曉
燬檓毇𥳍媿譭𢹍烜嫛(10)

許偉切 xǔ wěi　虺 huǐ（ㄏㄨㄟˇ）　止合三上尾曉
焜𩂯虫卉(5)

許位切 xǔ wèi　豷 huì（ㄏㄨㄟˋ）　止合三去至曉
燹(2)

許勿切 xǔ wù　䬍 xù（ㄒㄩˋ）　臻合三入物曉
䬍欻㷟㗵㷗(6)

許郤切 xǔ xì　虩 xì（ㄒㄧˋ）　梗開三入陌曉

許鎋切 xǔ xiá　瞎 xiā（ㄒㄧㄚ）　山開二入鎋曉
齘𪀉㔓(4)

許下切 xǔ xià　閜 xiǎ（ㄒㄧㄚˇ）　假開二上馬曉
閜襾(3)

許咸切 xǔ xián　㰹 xiān（ㄒㄧㄢ）　咸開二平咸曉
蝛妗谽䤫(5)

許縣切 xǔ xiàn	絢 xuàn（ㄒㄩㄢˋ）	山合四去霰曉
	絃敻眴駽趮拘讂(8)	
許延切 xǔ yán	嗎 xiān（ㄒㄧㄢ）	山開三平仙曉
	仚嫣翾(4)	
許幺切 xǔ yāo	膮 xiāo（ㄒㄧㄠ）	效開四平蕭曉
	噢憢窯膮翗顤(7)	
許役切 xǔ yì	瞁 xù（ㄒㄩˋ）	梗合三入昔曉
	眘(2)	
許應切 xǔ yìng	興 xìng（ㄒㄧㄥˋ）	曾開三去證曉
	釁嬹(3)	
許永切 xǔ yǒng	兄 xiǒng（ㄒㄩㄥˇ）	梗合三上梗曉
許尤切 xǔ yóu	休 xiū（ㄒㄧㄡ）	流開三平尤曉
	貅烋鵂髹庥咻貅脙髤鬏咻潶(13)	
許玉切 xǔ yù	旭 xù（ㄒㄩˋ）	通合三入燭曉
	頊① 勗顧髗(5)	
許聿切 xǔ yù	獝 xù（ㄒㄩˋ）	臻合三入術曉
	怴颰䀲(4)	
許御切 xǔ yù	嘘 xù（ㄒㄩˋ）	遇合三去御曉
許緣切 xǔ yuán	翾 xuān（ㄒㄩㄢ）	山合三平仙曉
	儇弲蠉趯嬛譞翾矎(9)	
許月切 xǔ yuè	颰 xuè（ㄒㄩㄝˋ）	山合三入月曉
	跋泧狘獝岴(6)	

① 今读 xū。

許云切 xǔ yún　　薰 xūn（ㄒㄩㄣ）　　臻合三平文曉

曛勳勛熏燻獯纁醺葷焄臐(12)

許運切 xǔ yùn　　訓 xùn（ㄒㄩㄣˋ）　　臻合三去問曉

爋臐薰鑂(5)

許竹切 xǔ zhú　　蓄 xù（ㄒㄩˋ）　　通合三入屋曉

稸畜鄐嬌鄐堇蓫慉畜(10)

xun（ㄒㄩㄣ）

旬爲切 xún wéi　　隨 suí（ㄙㄨㄟˊ）　　止合三平支邪

隋隨(3)

Y（ㄧ）

yan（ㄧㄢ）

烟涬切 yān xìng　　㶏 yǐng（ㄧㄥˇ）　　梗開四上迥影

䁝瀴(3)

研啓切 yán qǐ　　埳 nǐ（ㄋㄧˇ）　　蟹開四上薺疑

鬩掜觬䝟晲(6)

研峴切 yán xiàn　　齞 yǎn（ㄧㄢˇ）　　山開四上銑疑

yang（ㄧㄤ）

央居切 yāng jū　　於 yū（ㄩ）　　遇合三平魚影

扵箊淤唹(5)

央炎切 yāng yán	淹 yān（丨ㄢ）	咸開三平鹽影
	菴崦醃郶閹(6)	
羊捶切 yáng chuí	蔿 wěi（ㄨㄟˇ）	止合三上紙以
	蒍芛撱䝐瘍(6)	
羊己切 yáng jǐ	以 yǐ（丨ˇ）	止開三上止以
	㠯已苡苢佁攺(7)	
羊晉切 yáng jìn	胤 yìn（丨ㄣˋ）	臻開三去震以
	酳靷引𨍭濥朄㧊湚鈏𨊠(11)	
羊吏切 yáng lì	異 yì（丨ˋ）	止開三去志以
	异潩食已䔬廙(7)	
羊列切 yáng liè	抴 yè（丨ㄝˋ）	山開三入薛以
羊倫切 yáng lún	匀 yún（ㄩㄣˊ）	臻合三平諄以
	昀(2)	
羊入切 yáng rù	熠 yì（丨ˋ）	深開三入緝以
	昚(2)	
羊洳切 yáng rù	豫 yù（ㄩˋ）	遇合三去御以
	預譽礜鸒輿鷽悆䳂舉萸蕷穥屛忬歟悇與澦𡑤(20)	
羊戍切 yáng shù	裕 yù（ㄩˋ）	遇合三去遇以
	衮覦諭喻籲扁(7)	
羊謝切 yáng xiè	夜 yè（丨ㄝˋ）	假開三去禡以
	射䳡(3)	
羊益切 yáng yì	繹 yì（丨ˋ）	梗開三入昔以

罣亦弈奕帟譯懌斁驛嶧醳腋[1]掖袘易液瘍蜴埸圛襗射墿焲襗滐燡釋昜嶧䆁䕉 (33)

羊者切 yáng zhě 野 yě（丨ㄝ̌） 假開三上馬以

壄(埜)也冶虵(5)

羊至切 yáng zhì 肄 yì（丨̀） 止開三去至以

𣨀𢈘貤勩隶𣬍䇣(8)

羊朱切 yáng zhū 逾 yú（ㄩ́） 遇合三平虞以

踰窬臾楰腴諛隃鄃覦闟俞歈愉廠揄褕瑜崳𢚀羭蝓榆萸堬牏渝媮欥洩瑰瘉鍮蕍萮輸蹁萮蕍舀𤭛騟偷箯硬(45)

ye（丨ㄝ）

謁言切 yè yán 蔫 yān（丨ㄢ） 山開三平元影

焉(2)

yi（丨）

一虢切 yī guó 擭 wò（ㄨㄛ̀） 梗合二入陌影

濩蠖韄嚄(5)

一丸切 yī wán 剜 wān（ㄨㄢ） 山合一平桓影

智豌蜿惋婠(6)

一鹽切 yī yán 懕 yān（丨ㄢ） 咸開三平鹽影

---

① 腋、掖、液，今读 yè。

	猒黶魘懕稽醃(7)	
伊謬切 yī miù	幼 yòu（ㄧㄡˋ）	流開三去幼影
伊入切 yī rù	揖 yī（ㄧ）	深開三入緝影
	挹(2)	
伊昔切 yī xī	益 yì（ㄧˋ）	梗開三入昔影
	謚嗌鄎鷁膉葢鹢(8)	
衣嫁切 yī jià	亞 yà（ㄧㄚˋ）	假開二去禡影
	俹晋欧稏腟啞娅迓亜(10)	
衣儉切 yī jiǎn	奄 yǎn（ㄧㄢˇ）	咸開三上琰影
	罨郁椬闇掩揜裺晻渰罨弇旝媕腌崦旝(17)	
衣遇切 yī yù	嫗 yù（ㄩˋ）	遇合三去遇影
	蓲饇(3)	
依倨切 yī jù	飫 yù（ㄩˋ）	遇合三去御影
	飫瘀鄔醧扵淤菸棜㾓(10)	
翳迸切 yī bèng	褸 yìng（ㄧㄥˋ）	梗開二去諍影
	婴(2)	
夷在切 yí zài	佁 ǎi（ㄞˇ）	蟹開一上海以
夷質切 yí zhì	逸 yì（ㄧˋ）	臻開三入質以
	佚佾溢軼鎰泆齸劮昳駃鴃(12)	
宜戟切 yí jǐ	逆 nì（ㄋㄧˋ）	梗開三入陌疑
	屰縌嚴綈咿(6)	
宜寄切 yí jì	議 yì（ㄧˋ）	止開三去寘疑
	誼竩蟻䤈義(6)	

宜禁切 yí jìn	吟 yìn（ㄧㄣˋ）	深開三去沁疑
宜引切 yí yǐn	釿 yǐn（ㄧㄣˇ）	臻開三上軫疑
	碃䶗齗听(5)	
移爾切 yí ěr	酏 yǐ（ㄧˇ）	止開三上紙以
	迆匜袘肔箷抴㔴嫷(9)	
疑古切 yí gǔ	五 wǔ（ㄨˇ）	遇合一上姥疑
	午旿伍仵(5)	
乙白切 yǐ bái	韄 wò（ㄨㄛˋ）	梗開二入陌影
乙冀切 yǐ jì	懿 yì（ㄧˋ）	止開三去至影
	饐𡔷欭鷧撎𪔹(7)	
乙減切 yǐ jiǎn	黯[①] ǎn（ㄢˇ）	咸開二上豏影
乙皆切 yǐ jiē	崴 wāi（ㄨㄞ）	蟹開二平皆影
	碨䫌渨(4)	
乙劣切 yǐ liè	噦 yuě（ㄩㄝˇ）	山合三入薛影
乙鎋切 yǐ xiá	鶡 yà（ㄧㄚˋ）	山開二入鎋影
	闇圔呾乢(5)	
乙咸切 yǐ xián	猎 ān（ㄢ）	咸開二平咸影
	淊黯(3)	
乙諧切 yǐ xié	挨 āi（ㄞ）	蟹開二平皆影
以成切 yǐ chéng	盈 yíng（ㄧㄥˊ）	梗開三平清以
	嬴𡣍瀛籯楹贏溋蠃郢盈攍(12)	
以豉切 yǐ chǐ	易 yì（ㄧˋ）	止開三去寘以

① 黯，今读 àn。

傷貤伿𢑱豛(6)
以絹切 yǐ juàn 掾 yuàn（ㄩㄢˋ） 山合三去線以
緣𢐛颺(4)
以淺切 yǐ qiǎn 演 yǎn（ㄧㄢˇ） 山開三上獮以
衍縯蔩噴戭蝒衡(8)
以然切 yǐ rán 延 yán（ㄧㄢˊ） 山開三平仙以
埏筵狿郔綖蜒裖鋋䀽道遈莚(13)
以冉切 yǐ rǎn 琰 yǎn（ㄧㄢˇ） 咸開三上琰以
剡棪棪餤淡扊滔夵棪䌪(11)
以荏切 yǐ rěn 潭 yǐn（ㄧㄣˇ） 深開三上寑以
以戎切 yǐ róng 融[①] yóng（ㄩㄥˊ） 通合三平東以
融肜瀜(4)
以芮切 yǐ ruì 鋭[②] yuè（ㄩㄝˋ） 蟹合三去祭以
䥶叡睿莸蜹(6)
以贍切 yǐ shàn 豔 yàn（ㄧㄢˋ） 咸開三去豔以
艷爓焰焱掞鹽灩灧(9)
以水切 yǐ shuǐ 唯 wěi（ㄨㄟˇ） 止合三上旨以
蓶鮪壝瀢孈揟踓(8)
以睡切 yǐ shuì 瓗 wèi（ㄨㄟˋ） 止合三去寘以
纗譿𧷤(4)
以沼切 yǐ zhǎo 鷕 yǎo（ㄧㄠˇ） 效開三上小以

---

① 融，今读 róng。
② 鋭、叡、睿，今读 ruì。

溔舀眑抭䯂䁘(7)

以遮切 yǐ zhē　　邪 yé（丨せ）　　假開三平麻以

耶琊釾鋣椰①擨斜𦬆𦯀蒣𠊗𥳑(13)

以整切 yǐ zhěng　　郢 yǐng（丨ㄥ）　　梗開三上静以

浧梬(3)

以證切 yǐ zhèng　　孕② yìng（丨ㄥ）　　曾開三去證以

䵴䑉媵侀鱦賸(7)

以脂切 yǐ zhī　　姨 yí（丨）　　止開三平脂以

彝寅夷峓恞眱𣞗珆蕢巸痍陝荑桋蛦胰鮧
羠羨鏔徺鴺㡾跠洟(26)

以周切 yǐ zhōu　　猷 yóu（丨又）　　流開三平尤以

猶悠③油由攸蕕滺卣㢈冘邎輶蘨柚蚰蝣
櫾楢莤斿游遊逌𠧴畬鮋鯈抌揄舀偤䍃醞
邮繇洩痼囮圝庮甹𣘩覦菡(45)

以諸切 yǐ zhū　　余 yú（ㄩ）　　遇合三平魚以

蜍萸澦餘輿旟駼璵艅畬盱瀩歟與譽嬩舁
擧妤伃悆籅予𤢖鸒趣狳鵌雓(30)

以主切 yǐ zhǔ　　庾 yǔ（ㄩ）　　遇合三上麌以

窳窐抌㥚蕍愈瘉㼌貐楰斞(12)

以轉切 yǐ zhuǎn　　兖 yǎn（丨ㄢ）　　山合三上獮以

渷沇㧤抁兗駀㕣𦄂䬝(10)

---

① 今读 yē。
② 孕，今读 yùn。
③ 悠、攸，今读 yōu。

以追切 yǐ zhuī　　惟 wéi（ㄨㄟˊ）　　止合三平脂以

旞維遺[1] 瀢壝䠿䨊讙琟唯䕭(12)

以灼切 yǐ zhuó　　藥[2] yuè（ㄩㄝˋ）　　宕開三入藥以

躍礿禴蘥鑰鸑瀹瀹濼爚櫟龠葯岸敫籥㿑
䁯蠀纅鸙嬫龥趯瘱闟覦踚躍䖃(31)

以醉切 yǐ zuì　　遺 wèi（ㄨㄟˋ）　　止合三去至以

䜋䜅蜼瞶蠵䨊(7)

弋雪切 yì xuě　　悅 yuè（ㄩㄝˋ）　　山合三入薛以

說閱蛻娧閲㭷(7)

弋照切 yì zhào　　燿 yào（ㄧㄠˋ）　　效開三去笑以

鷂搖覞䚻耀曜覦睔旭歗笓趭鸐萿䑬論
(17)

弋支切 yì zhī　　移 yí（ㄧˊ）　　止開三平支以

秕迻瓵杝簃袲箷椸㒾訑簃䔟熪㕸袘暆迆
狢栘歋酏匜扅誃漇蛇虵螔㒾㰴䞔(32)

挹淫切 yì yín　　愔 yīn（ㄧㄣ）　　深開三平侵影

醫(2)

憶俱切 yì jù　　紆 yū（ㄩ）　　遇合三平虞影

軒陓扜軀褔蓲迂醧尪虷雩(12)

翼真切 yì zhēn　　寅 yín（ㄧㄣˊ）　　臻開三平真以

夤螾黄螾墳(6)

---

① 今读 yí。

② 藥、鑰，今读 yào，白读音。

ying（ㄧㄥ）

謍隻切 yíng zhī　役[①] yù（ㄩˋ）　梗合三入昔以

蓰疫鮁坄坄炈䜝鈠䨞豛蛜(12)

yong（ㄩㄥ）

永兵切 yǒng bīng　禜[②] yóng（ㄩㄥˊ）　梗合三平庚云

禜蠑瑩揘嵘(6)

you（ㄧㄡ）

憂縛切 yōu fù　嫿 yuè（ㄩㄝˋ）　宕合三入藥影

嬳彠臒(4)

有乾切 yǒu qián　漹 yán（ㄧㄢˊ）　山開三平仙云

蔫焉(3)

yu（ㄩ）

紆往切 yū wǎng　枉 wǎng（ㄨㄤˇ）　宕合三上養影

尪欺汪(4)

紆物切 yū wù　鬱 yù（ㄩˋ）　臻合三入物影

欝灪爩畬黦礊菀尉熨蔚鬰(12)

于筆切 yú bǐ　颶 yù（ㄩˋ）　臻開三入質云

---

① 今读 yì。

② 禜、蠑、嵘，今读 róng。

冃汩莛抗(5)

于放切 yú fàng　迋 wàng（ㄨㄤˋ）　宕合三去漾云

旺睢㺢王(5)

于鬼切 yú guǐ　韙 wěi（ㄨㄟˇ）　止合三上尾云

煒暐偉瑋葦椲韡颹媁愇鍏揋(13)

于貴切 yú guì　胃 wèi（ㄨㄟˋ）　止合三去未云

謂蝟媦䏿緯彙[1]蝟渭煟鮇䉪緭䲁蔚颸圍
(17)

于紀切 yú jì　矣 yǐ（ㄧˇ）　止開三上止云

苿(2)

于嬌切 yú jiāo　鴞[2] yáo（ㄧㄠˊ）　效開三平宵云

鄂(2)

于禁切 yú jìn　類 yìn（ㄧㄣˋ）　深開三去沁云

䫏(2)

于憬切 yú jǐng　永 yǒng（ㄩㄥˇ）　梗合三上梗云

栐(2)

于救切 yú jiù　宥 yòu（ㄧㄡˋ）　流開三去宥云

又佑右祐盍盍酭䪻疚囿姷忧趙侑莤(16)

于愧切 yú kuì　位 wèi（ㄨㄟˋ）　止合三去至云

于廉切 yú lián　炎 yán（ㄧㄢˊ）　咸開三平鹽云

于兩切 yú liǎng　往 wǎng（ㄨㄤˇ）　宕合三上養云

---

① 今读 huì。

② 鴞，今读 xiāo。

	暀(2)	
于六切 yú liù	囿 yòu (ㄧㄡˋ)	通合三入屋云
	哊(2)	
于敏切 yú mǐn	殞 yǔn (ㄩㄣˇ)	臻合三上軫云
	溳磒隕霣愪荺(7)	
于歲切 yú suì	衞 wèi (ㄨㄟˋ)	蟹合三去祭云
	軎轊瓗衞䘗𧓓槥彗𢖍䡺𨍴篲(13)	
于僞切 yú wěi	爲 wèi (ㄨㄟˋ)	止合三去寘云
于線切 yú xiàn	衍 yàn (ㄧㄢˋ)	山開三去線以
	莚羡狿延涎𨓚㖗(8)	
于願切 yú yuàn	遠 yuàn (ㄩㄢˋ)	山合三去願云
于罪切 yú zuì	倄 wěi (ㄨㄟˇ)	蟹合一上賄云
余救切 yú jiù	狖 yòu (ㄧㄡˋ)	流開三去宥以
	貁鼬槱柚蜼褎油猶𣢾櫾輶牰蜏(14)	
余廉切 yú lián	鹽 yán (ㄧㄢˊ)	咸開三平鹽以
	盐𣚐閻壛阽檐簷櫩櫩𤄷䳺閻𤺊𤅐(15)	
余陵切 yú líng	蠅 yíng (ㄧㄥˊ)	曾開三平蒸以
余隴切 yú lǒng	勇 yǒng (ㄩㄥˇ)	通合三上腫以
	恿涌甬踊𨘂𧼰塎悀埇溶蛹傛俑衕(15)	
余六切 yú liù	育 yù (ㄩˋ)	通合三入屋以
	毓鸒粥鬻𦂶賣儥棛錥煜焴昱萑淯蜟弆堉喅霱睢遹䓣蘛(24)	
余吕切 yú lǚ	與 yǔ (ㄩˇ)	遇合三上語以
	与舁歟予藇懙(7)	

余傾切 yú qīng	營 yíng（ㄧㄥˊ） 鎣塋䁝瀠謍(6)	梗合三平清以
余忍切 yú rěn	引 yǐn（ㄧㄣˇ） 弘蚓螾弞噖𢭃朄濥廴戭縯鈏靷(14)	臻開三上軫以
余蜀切 yú shǔ	欲 yù（ㄩˋ） 浴鵒䧳鋊輍慾𤞞谷(9)	通合三入燭以
余頌切 yú sòng	用 yòng（ㄩㄥˋ）	通合三去用以
余業切 yú yè	殜 yè（ㄧㄝˋ） 諜(2)	咸開三入業以
余準切 yú zhǔn	尹① yǔn（ㄩㄣˇ） 䫃允狁馻玧沇𧉖(8)	臻合三上準以
於筆切 yú bǐ	乙 yǐ（ㄧˇ） 鳦𣅻(3)	臻開三入質影
於避切 yú bì	恚 wèi（ㄨㄟˋ） 娡(2)	止合三去寘影
於丙切 yú bǐng	影 yǐng（ㄧㄥˇ） 璟境𩞄擏𢍄㔀𩙬(8)	梗開三上梗影
於賜切 yú cì	縊 yì（ㄧˋ） 𣩳螠(3)	止開三去寘影
於刀切 yú dāo	爊 āo（ㄠ） 鑣鏖(3)	效開一平豪影
於甸切 yú diàn	宴 yàn（ㄧㄢˋ）	山開四去霰影

① 尹，今读 yǐn。

	驠燕鷰醼讌嬿嚥咽䜩[illegible]酀䁙(13)	
於非切 yú fēi	威 wēi (ㄨㄟ)	止合三平微影
	葳隇嵔蝛鰄媁楲(8)	
於廢切 yú fèi	穢① wèi (ㄨㄟˋ)	蟹合三去廢影
	薉濊獩饖䮹(6)	
於粉切 yú fěn	惲② yǔn (ㄩㄣˇ)	臻合三上吻影
	蕰蘊韞緼褞輐賱醞搵(10)	
於改切 yú gǎi	欸 ǎi (ㄞˇ)	蟹開一上海影
	㕈毐挨(4)	
於蓋切 yú gài	藹③ ài (ㄞˋ)	蟹開一去泰影
	壒馤靄𡄷藹𣩎㨎䨠曖(10)	
於革切 yú gé	戹 è (ㄜˋ)	梗開二入麥影
	厄搤扼軶阸豟呝䰛貖蚅餩啞覤(14)	
於鬼切 yú guǐ	磈 wěi (ㄨㄟˇ)	止合三上尾影
	嵔(2)	
於詭切 yú guǐ	委 wěi (ㄨㄟˇ)	止合三上紙影
	骫媧蜲捼(5)	
於駭切 yú hài	挨④ ǎi (ㄞˇ)	蟹開二上駭影
	唉(2)	
於汲切 yú jí	邑 yì (ㄧˋ)	深開三入緝影

① 穢,今读 huì。
② 惲,今读 yùn。
③ 藹,今读 ǎi。
④ 挨,今读 āi。

	悒唈裛浥邑䓃䆿(8)	
於几切 yú jǐ	㱦 yǐ (ㄧˇ)	止開三上旨影
於計切 yú jì	翳 yì (ㄧˋ)	蟹開四去霽影
	曀枍瘱瘗堅殪瞖医嫕蘙繄殪翳壹譩毉(17)	
於既切 yú jì	衣 yì (ㄧˋ)	止開三去未影
於記切 yú jì	意 yì (ㄧˋ)	止開三去志影
	鷾亄黓(4)	
於罽切 yú jì	緆 yì (ㄧˋ)	蟹開三去祭影
	瘞餲腨藹(5)	
於加切 yú jiā	鴉 yā (ㄧㄚ)	假開二平麻影
	鵶錏埡椏丫砑鴉(8)	
於佳切 yú jiā	娃 wā (ㄨㄚ)	蟹合二平佳影
	洼哇䞨唲(5)	
於蹇切 yú jiǎn	放 yǎn (ㄧㄢˇ)	山開三上獮影
	鶠嫣(3)	
於建切 yú jiàn	堰 yàn (ㄧㄢˋ)	山開三去願影
	鄢郾鶠傿褗歇潒嫣鶠(10)	
於劒切 yú jiàn	俺 yàn (ㄧㄢˋ)	咸開三去梵影
	俺淹掩婩裺諳眨(8)	
於檻切 yú jiàn	黤 yǎn (ㄧㄢˇ)	咸開二上檻影
	黯(2)	
於交切 yú jiāo	顤 yāo (ㄧㄠ)	效開二平肴影
	㕭坳窅軪眑咬柪窅(9)	

於絞切 yú jiǎo	拗 yǎo (ㄧㄠˇ)	效開二上巧影
	鴢𢂊𠑷㺠(5)	
於教切 yú jiào	靿 yào (ㄧㄠˋ)	效開二去效影
	袎𪝎𦀒𨋮(5)	
於犗切 yú jiè	噫 ài (ㄞˋ)	蟹開二去夬影
	餲嗄餩欬(5)	
於巾切 yú jīn	𪘏 yīn (ㄧㄣ)	臻開三平真影
	𪘏駰(3)	
於斤切 yú jīn	殷 yīn (ㄧㄣ)	臻開三平欣影
	慇濦溵(4)	
於金切 yú jīn	音 yīn (ㄧㄣ)	深開三平侵影
	陰隌瘖霒𨂴喑醅(8)	
於錦切 yú jǐn	歆 yǐn (ㄧㄣˇ)	深開三上寑影
	飲㶏(3)	
於謹切 yú jǐn	隱 yǐn (ㄧㄣˇ)	臻開三上隱影
	磤癮繶㥯𨼆嶾乚濦肙轞(11)	
於靳切 yú jìn	㥯 yìn (ㄧㄣˋ)	臻開三去焮影
	㦩隱檼𢪔㥯濦𢅏(8)	
於禁切 yú jìn	蔭 yìn (ㄧㄣˋ)	深開三去沁影
	稖窨喑癊䧃飲(7)	
於驚切 yú jīng	霙 yīng (ㄧㄥ)	梗開三平庚影
	鍈譻渶鶧英瑛蝧媖楧(10)	
於敬切 yú jìng	映 yìng (ㄧㄥˋ)	梗開三去映影
	暎䁐詇(4)	

於糾切 yú jiū	黝 yǒu (ㄧㄡˇ)	流開三上黝影
	怮𩗺蚴泑眑𣢾(7)	
於角切 yú jué	渥 wò (ㄨㄛˋ)	江開二入覺影
	握偓箹幄楃喔鸑葯腛黳齷媉葹𢍰咢鷽(17)	
於決切 yú jué	抉 yuē (ㄩㄝ)	山合四入屑影
	窫妜焆䀸䆗(6)	
於離切 yú lí	漪 yī (ㄧ)	止開三平支影
	猗椅旖禕陭欹痵犄䕜檹(11)	
於力切 yú lì	憶 yì (ㄧˋ)	曾開三入職影
	億臆肊啻繶醷澺薏菩螠䡾檍檍抑坾癔(17)	
於良切 yú liáng	央 yāng (ㄧㄤ)	宕開三平陽影
	鴦殃袂鉠秧雵胦泱(9)	
於兩切 yú liǎng	鞅[1] yǎng (ㄧㄤˇ)	宕開三上養影
	柍秧鞅詇岟駚炴䀹怏紻(11)	
於亮切 yú liàng	怏 yàng (ㄧㄤˋ)	宕開三去漾影
	鞅詇蚗(4)	
於列切 yú liè	焆 yè (ㄧㄝˋ)	山開三入薛影
	噎(2)	
於陵切 yú líng	膺 yīng (ㄧㄥ)	曾開三平蒸影
	應蠅鷹(4)	

① 鞅，今读 yāng，《集韵》於良切。

於柳切 yú liǔ	䬀 yǒu（ㄧㄡˇ）	流開三上有影
	𩶓懮(3)	
於六切 yú liù	郁 yù（ㄩˋ）	通合三入屋影
	觨彧燠栯噢墺䐿薁澳隩𥳾㛧𨜏黬稶懊𣢖㖪𨧫(20)	
於隴切 yú lǒng	擁[1] yǒng（ㄩㄥˇ）	通合三上腫影
	𢹬壅(3)	
於略切 yú lüè	約 yuē（ㄩㄝ）	宕開三入藥影
	葯(2)	
於倫切 yú lún	贇 yūn（ㄩㄣ）	臻合三平真影
	𣸊頵蝹(4)	
於孟切 yú mèng	瀴 yìng（ㄧㄥˋ）	梗開三去映影
於擬切 yú nǐ	譩 yǐ（ㄧˇ）	止開三上止影
	醷(2)	
於念切 yú niàn	酓 yàn（ㄧㄢˋ）	咸開四去㮇影
於其切 yú qí	醫 yī（ㄧ）	止開三平之影
	毉譩瘱噫(5)	
於豈切 yú qǐ	扆 yǐ（ㄧˇ）	止開三上尾影
	㥋偯扆僾𧭈(6)	
於綺切 yú qǐ	倚 yǐ（ㄧˇ）	止開三上紙影
	猗椅旖輢(5)	
於乾切 yú qián	焉 yān（ㄧㄢ）	山開三平仙影

① 擁，今读 yōng，《集韵》於容切。

	閼蔫嫣鄢(5)	
於喬切 yú qiáo	妖 yāo（丨ㄠ）	效開三平宵影
	祅枖訞夭(5)	
於求切 yú qiú	憂 yōu（丨ㄡ）	流開三平尤影
	優瀀𢟍麀𪊨櫌鄾𢆶怮嚘耰獶蘷纋𣢧妖(17)	
於虯切 yú qiú	幽 yōu（丨ㄡ）	流開三平幽影
	泑呦𣣖𧍧怮𢆶(7)	
於權切 yú quán	嬽 yuān（ㄩㄢ）	山合三平仙影
	潫(2)	
於刃切 yú rèn	印 yìn（丨ㄣˋ）	臻開三去震影
	鮣䃌𩃬(4)	
於容切 yú róng	邕 yōng（ㄩㄥ）	通合三平鍾影
	雍噰嗈𤞼澭灉癰𧞣廱饔壅雝鶅𡓞𧱓(16)	
於阮切 yú ruǎn	婉 wǎn（ㄨㄢˇ）	山合三上阮影
	菀苑[①]踠蜿蝐晼琬宛惌倇鞔鞭裷夗𩌾晼畹𤗸䛄(20)	
於扇切 yú shàn	躽 yàn（丨ㄢˋ）	山開三去線影
	䁙堰(3)	
於殄切 yú tiǎn	蝘 yǎn（丨ㄢˇ）	山開四上銑影
	躽䁙宴嬿(5)	
於爲切 yú wéi	逶 wēi（ㄨㄟ）	止合三平支影

① 今读 yuàn,《集韵》紆願切。

	𣨙萎𣐊覣蜲痿倭委𩩲蟡(11)	
於僞切 yú wěi	餧 wèi（ㄨㄟˋ）	止合三去寘影
	萎𦍧𣨙(4)	
於胃切 yú wèi	尉 wèi（ㄨㄟˋ）	止合三去未影
	尉熨慰畏罻犚蔚螱䘸䵳鳚(12)	
於問切 yú wèn	醞 yùn（ㄩㄣˋ）	臻合三去問影
	慍縕薀(4)	
於武切 yú wǔ	傴 yǔ（ㄩˇ）	遇合三上麌影
	噢迂(3)	
於希切 yú xī	依 yī（丨）	止開三平微影
	郼衣譩𡛕肻𨸏𢖻(8)	
於悉切 yú xī	一 yī（丨）	臻開三入質影
	弌壹(3)	
於幰切 yú xiǎn	偃 yǎn（丨ㄢˇ）	山開三上阮影
	㫃䁙鶠郾褗堰匽鄢鼴蝘鰋(12)	
於陷切 yú xiàn	韽 àn（ㄢˋ）	咸開二去陷影
	𤞤淊揞(4)	
於霄切 yú xiāo	要 yāo（丨ㄠ）	效開三平宵影
	腰葽喓𧍷𧙍邀𪇆蟯(9)	
於小切 yú xiǎo	𨶹 yǎo（丨ㄠˇ）	效開三上小影
於笑切 yú xiào	要 yào（丨ㄠˋ）	效開三去笑影
	葽約(3)	
於歇切 yú xiē	謁 yè（丨ㄝˋ）	山開三入月影
	閼暍𢉨𩏂(5)	

於許切 yú xǔ	扵 yǔ（ㄩˇ）	通合三上語影
	[illegible](2)	
於靴切 yú xuē	[illegible] yuē（ㄩㄝ）	果合三平戈影
	[illegible](2)	
於嚴切 yú yán	醃 yān（ㄧㄢ）	咸開三平嚴影
	腌(2)	
於广切 yú yǎn	埯 yǎn（ㄧㄢˇ）	咸開三上儼影
	[illegible](2)	
於琰切 yú yǎn	黶 yǎn（ㄧㄢˇ）	咸開三上琰影
	[illegible]檿厭魘[illegible]擪酓(8)	
於驗切 yú yàn	[illegible] yàn（ㄧㄢˋ）	咸開三去豔影
	俺(2)	
於豔切 yú yàn	厭 yàn（ㄧㄢˋ）	咸開三去豔影
	[illegible]猒饜嬮(5)	
於堯切 yú yáo	幺 yāo（ㄧㄠ）	效開四平蕭影
	怮葽[illegible][illegible](5)	
於葉切 yú yè	魘 yè（ㄧㄝˋ）	咸開三入葉影
	擪[illegible]嬮[illegible]猒[illegible](7)	
於業切 yú yè	腌 yè（ㄧㄝˋ）	咸開三入業影
	[illegible]罨裛[illegible]殗[illegible]浥[illegible][illegible][illegible][illegible][illegible][illegible](14)	
於義切 yú yì	倚 yì（ㄧˋ）	止開三去寘影
	輢陭(3)	
於盈切 yú yíng	嬰 yīng（ㄧㄥ）	梗開三平清影
	瓔纓攖[illegible]賏蘡(7)	

於營切 yú yíng	縈① yīng（ㄧㄥ）	梗合三平清影
	褮嫈謍帶(5)	
於郢切 yú yǐng	廮 yǐng（ㄧㄥˇ）	梗開三上静影
	䣐癭𣤹賏(5)	
於用切 yú yòng	雍 yòng（ㄩㄥˋ）	通合三去用影
	灉壅(3)	
於袁切 yú yuán	鴛 yuān（ㄩㄢ）	山合三平元影
	冤帵鵷涴惌鋺宛蜿䬼菀怨婉葾輐鞔裷眢(18)	
於緣切 yú yuán	娟 yuān（ㄩㄢ）	山合三平仙影
	嬛悁蜎𡸓潫嬽(7)	
於願切 yú yuàn	怨 yuàn（ㄩㄢˋ）	山合三去願影
	䛄(2)	
於月切 yú yuè	㞝 yuē（ㄩㄝ）	山合三入月影
	餐噦黦(4)	
於悦切 yú yuè	妜 yuē（ㄩㄝ）	山合三入薛影
於云切 yú yún	煴 yūn（ㄩㄣ）	臻合三平文影
	氳緼韞蒀榅輼蘊蝹壼(10)	
於兆切 yú zhào	夭 yǎo（ㄧㄠˇ）	效開三上小影
	殀芺仸(4)	
於輒切 yú zhé	敆 yè（ㄧㄝˋ）	咸開三入葉影
	裛腌𦀝(4)	

① 縈，今读 yíng。

於真切 yú zhēn	因 yīn（ㄧㄣ）	臻開三平真影
	茵鞇禋䨺闉駰湮烟氤絪垔陻堙堙洇姻婣	
	諲裀𢮠歅捆(23)	
於證切 yú zhèng	應 yìng（ㄧㄥˋ）	曾開三去證影
	譍膺(3)	
於脂切 yú zhī	伊 yī（ㄧ）	止開三平脂影
	咿蛜黝黟(5)	
魚窆切 yú biǎn	驗 yàn（ㄧㄢˋ）	咸開三去豔疑
	噞⿰方僉(3)	
魚變切 yú biàn	彥 yàn（ㄧㄢˋ）	山開三去線疑
	唁喭甗諺這(6)	
魚肺切 yú fèi	刈 yì（ㄧˋ）	蟹開三去廢疑
	乂汉忞鳰艾𤈦𡏩(8)	
魚貴切 yú guì	魏 wèi（ㄨㄟˋ）	止合三去未疑
	犩(2)	
魚毀切 yú huǐ	硊 wěi（ㄨㄟˇ）	止合三上紙疑
	頠姽䲸(4)	
魚羈切 yú jī	宜 yí（ㄧˊ）	止開三平支疑
	宐𡖄冡儀蟻䣡鸃轙涯崖(11)	
魚及切 yú jí	岌 yì（ㄧˋ）	深開三入緝疑
	⿰歹立(2)	
魚既切 yú jì	毅 yì（ㄧˋ）	止開三去未疑
	忍豙藙藙顡毅(7)	
魚紀切 yú jì	擬 nǐ（ㄋㄧˇ）	止開三上止疑

	儗薿䔟譺㘈(6)	
魚記切 yú jì	䰯 yì (ㄧˋ)	止開三去志疑
	豙㘈譺㲩儗(6)	
魚祭切 yú jì	藝 yì (ㄧˋ)	蟹開三去祭疑
	埶蓺䆊㥶囈槸褹(8)	
魚檢切 yú jiǎn	顩 yǎn (ㄧㄢˇ)	咸開三上琰疑
	广隒嬐鹼嶮噞(7)	
魚蹇切 yú jiǎn	齴 yǎn (ㄧㄢˇ)	山開三上獮疑
	巘𨖷嵃讞巘甗(7)	
魚金切 yú jīn	吟 yín (ㄧㄣˊ)	深開三平侵疑
	訡訡唫崟吟碒霠乑廞(10)	
魚覲切 yú jìn	憖 yìn (ㄧㄣˋ)	臻開三去震疑
	猌垽(3)	
魚敬切 yú jìng	迎 yìng (ㄧㄥˋ)	梗開三去映疑
魚菊切 yú jú	砡 yù (ㄩˋ)	通合三入屋疑
魚巨切 yú jù	語 yǔ (ㄩˇ)	遇合三上語疑
	簎籞圄敔圉衙齬鋙鋤禦蘌(12)	
魚厥切 yú jué	月 yuè (ㄩㄝˋ)	山合三入月疑
	刖跀䟸軏抈扤枂鈅玥䏍(11)	
魚力切 yú lì	嶷 nì (ㄋㄧˋ)	曾開三入職疑
	薿嶷㱦䰯(5)	
魚兩切 yú liǎng	仰 yǎng (ㄧㄤˇ)	宕開三上養疑
	茚卬(3)	
魚列切 yú liè	孽 niè (ㄋㄧㄝˋ)	山開三入薛疑

𩥍讞䜩𧄈䕌闑㖕鑯𩥍䖸𨏊(12)

魚陵切 yú líng　凝 níng（ㄋㄧㄥˊ）　曾開三平蒸疑

魚豈切 yú qǐ　顗 yǐ（ㄧˇ）　止開三上尾疑

螘(2)

魚迄切 yú qì　疙 yì（ㄧˋ）　臻開三入迄疑

屹圪齕仡(5)

魚器切 yú qì　劓 yì（ㄧˋ）　止開三去至疑

魚欠切 yú qiàn　釅 yàn（ㄧㄢˋ）　咸開三去釅疑

𪘓(2)

魚怯切 yú qiè　業 yè（ㄧㄝˋ）　咸開三入業疑

𤔬鄴驜䕩𠝗𨽹𡄰𠃼䜓𪓸𢤹𩹹𪁳𣾎(15)

魚容切 yú róng　顒 yóng（ㄩㄥˊ）　通合三平鍾疑

䮶鰅喁(4)

魚爲切 yú wéi　危① wéi（ㄨㄟˊ）　止合三平支疑

㕒洈峗(4)

魚吻切 yú wěn　齳 yǔn（ㄩㄣˇ）　臻合三上吻疑

齫会喗䞇(5)

魚勿切 yú wù　崛 wù（ㄨˋ）　臻合三入物疑

魚向切 yú xiàng　軮 yàng（ㄧㄤˋ）　宕開三去漾疑

仰(2)

魚掩切 yú yǎn　儼 yǎn（ㄧㄢˇ）　咸開三上儼疑

广伈㡋礹庈巖(7)

---

① 危，今读 wēi。

魚衣切 yú yī　　沂 yí（ㄧˊ）　　止開三平微疑
溰(2)

魚乙切 yú yǐ　　耴 yì（ㄧˋ）　　臻開三入質疑
聉艗𠃷圪𦨶劜(7)

魚倚切 yú yǐ　　螘 yǐ（ㄧˇ）　　止開三上紙疑
蟻蛾錡礒齮艤檥𧞣轙羛敧(12)

魚欲切 yú yù　　玉 yù（ㄩˋ）　　通合三入燭疑
獄瑀頊(4)

魚怨切 yú yuàn　　願 yuàn（ㄩㄢˋ）　　山合三去願疑
顛傆愿(4)

魚約切 yú yuē　　虐 nüè（ㄋㄩㄝˋ）　　宕開三入藥疑
硸瘧(3)

虞矩切 yú jǔ　　麌 yǔ（ㄩˇ）　　遇合三上麌疑
俁噳(3)

虞遠切 yú yuǎn　　阮[1] yuǎn（ㄩㄢˇ）　　山合三上阮疑
𨑖邧(3)

愚袁切 yú yuán　　元 yuán（ㄩㄢˊ）　　山合三平元疑
原邍源厵杬嫄沅騵黿羱蚖鼀芫邧榞謜𤛚
䬧獂阮蒝(22)

餘封切 yú fēng　　容 yóng（ㄩㄥˊ）　　通合三平鍾以

---

① 阮，今读 ruǎn。

溶滽庸膏鏞㺢犝墉鎔鏞銿鄘傭鷛㼀甋鱅
蓉�康㣑褣搈瑢簃峪頌公䀩嵱踊䳕槦彫
鄘[1] (35)

餘兩切 yú liǎng　養 yǎng（ㄧㄤˇ）　宕開三上養以
痒癢瀁蛘勨蝆(7)

餘亮切 yú liàng　漾 yàng（ㄧㄤˋ）　宕開三去漾以
恙羕颺煬㨾養眻諹餸㺊瀁(12)

餘律切 yú lǜ　聿 yù（ㄩˋ）　臻合三入術以
鴥燏遹鷸驈繘飅潏矞霱蟠建茟欥鱊噊繘
鍏獝鷸(21)

餘頃切 yú qǐng　潁 yǐng（ㄧㄥˇ）　梗合三上静以
穎(2)

餘昭切 yú zhāo　遥 yáo（ㄧㄠˊ）　效開三平宵以
媱傜謠飖歙窯窰蘨銚珧鰩銚姚摇謡軺愮
恌邎陶蘨繇鷂洮烑摇猺旚榣嗂踰瑶猺餆
褕(36)

餘針切 yú zhēn　淫 yín（ㄧㄣˊ）　深開三平侵以
霪婬筌蟫鷣芜冘䂳醰撢鄩至鐔鱏(15)

餘制切 yú zhì　曳 yì（ㄧˋ）　蟹開三去祭以
裔瑰勩泄洩瘱䦳枻詍怈𦔻鞢跇厂袣𥢑鷃
潏㑇抴㖤笹㹭丿蓺蒣呭𧎳(29)

予割切 yǔ gē　藹 è（ㄜˋ）　山開一入曷以

---

① 容、溶、鎔、蓉，今读 róng；庸、墉、鏞、傭、螭，今读 yōng。

羽弓切 yǔ gōng　雄[1] yóng（ㄩㄥˊ）　通合三平東云

熊(2)

羽俱切 yǔ jù　于 yú（ㄩˊ）　遇合三平虞云

迂盂邘雩䨒竽玗芋汙酑杅釪衧骬䨞謣軒迋䔡(20)

羽求切 yǔ qiú　尤 yóu（ㄧㄡˊ）　流開三平尤云

杺脜疣肬默沋郵訧(9)

雨逼切 yǔ bī　域 yù（ㄩˋ）　曾合三入職云

蜮罭棫𡚁䳼鱊琙黬緎䮙魊淢䓿(14)

雨方切 yǔ fāng　王 wáng（ㄨㄤˊ）　宕合三平陽云

虹魟往(4)

雨非切 yǔ fēi　幃 wéi（ㄨㄟˊ）　止合三平微云

韋闈圍禕韓違湋口韡瀾婔褱㥜韍(15)

雨元切 yǔ yuán　袁 yuán（ㄩㄢˊ）　山合三平元云

爰垣鞬園援榬轅鶢媛洹溒趄蝯猨猿(16)

與改切 yǔ gǎi　䏈 ǎi（ㄞˇ）　蟹開一上海以

脌(2)

與久切 yǔ jiǔ　酉 yǒu（ㄧㄡˇ）　流開三上有以

丣誘羑誧牖卣槱栖莠羑庮蜏䆜歈琇栖壏

輶醭羐(21)

與涉切 yǔ shè　葉 yè（ㄧㄝˋ）　咸開三入葉以

楪揲鍱偞業欜煠箂殜(10)

① 今读 xióng。

與章切 yǔ zhāng　陽 yáng（ㄧㄤˊ）　宕開三平陽以

暘楊揚颺易羊垟𣉻佯詳徉洋烊煬鍚鸉輰敭瘍羏鰑鸒蛘禓崵諹瑒𥂕荓羘(31)

與之切 yǔ zhī　飴 yí（ㄧˊ）　止開三平之以

𩞁飤怡弫㼢异瓵栕鏔圯貽配洍𦣞𨆹頤詒瑿泺宧脛鮔姬台眙瓻(27)

與職切 yǔ zhí　弋 yì（ㄧˋ）　曾開三入職以

翊翌廙默翼𩐅扺𢧜谁𦳊妷潩杙芅匴𧾅選穓蝴𢦦忕瀷𢦤𠥛熼釴𤻹蜈䄬杙代衪酏(34)

與專切 yǔ zhuān　沿[1] yuán（ㄩㄢˊ）　山合三平仙以

沿鉛[2]鈆櫞捐[3]鳶蝝緣𩸞鳶旋(12)

語訐切 yǔ jié　钀 niè（ㄋㄧㄝˋ）　山開三入月疑

語巾切 yǔ jīn　銀 yín（ㄧㄣˊ）　臻開三平真疑

犾狺𪆷橍鄞圁誾訔嚚犾珢䃺垠釿泿(16)

語斤切 yǔ jīn　虒 yín（ㄧㄣˊ）　臻開三平欣疑

犾圻垠齗齦䃺斦釿犾狺鄞(12)

語京切 yǔ jīng　迎 yíng（ㄧㄥˊ）　梗開三平庚疑

語居切 yǔ jū　魚 yú（ㄩˊ）　遇合三平魚疑

鰲漁瀿魰𢿔齬鋙䁩衙(10)

語廉切 yǔ lián　𪙁 yán（ㄧㄢˊ）　咸開三平鹽疑

---

① 沿，今读 yán。

② 今读 qiān。

③ 今读 juān。

語其切 yǔ qí	疑 yí（ㄧˊ）	止開三平之疑
	嶷礙(3)	
語求切 yǔ qiú	牛 niú（ㄋㄧㄡˊ）	流開三平尤疑
語虯切 yǔ qiú	聱 yóu（ㄧㄡˊ）	流開三平幽疑
語韋切 yǔ wéi	巍[①] wéi（ㄨㄟˊ）	止合三平微疑
	犩(2)	
語驗切 yǔ xiān	嚴 yán（ㄧㄢˊ）	咸開三平嚴疑
	巖(2)	
語軒切 yǔ xuān	言 yán（ㄧㄢˊ）	山開三平元疑
	琂甗管訔(5)	
語偃切 yǔ yǎn	言 yǎn（ㄧㄢˇ）	山開三上阮疑
	钀齴屵(4)	
語堰切 yǔ yàn	甗 yàn（ㄧㄢˋ）	山開三去願疑
	鬳(2)	
玉陷切 yù xiàn	顩 yàn（ㄧㄢˋ）	咸開二去陷疑
遇俱切 yù jù	虞 yú（ㄩˊ）	遇合三平虞疑
	騪愚娛澞堣䳘嵎髃禺隅鸆鰅鍝澞蠂煣齵鸆鄅(20)	

yuan（ㄩㄢ）

蒬支切 yuǎn zhī	爲 wéi（ㄨㄟˊ）	止合三平支云
	為潙隝鄬鰞(6)	

---

① 巍，今读 wēi。

yue（ㄩㄝ）

悦吹切 yuè chuī　蘬 wéi（ㄨㄟˊ）　止合三平支以

𨽍蠵欈𤢿𧳜(6)

yun（ㄩㄣ）

云粉切 yún fěn　抎 yǔn（ㄩㄣˇ）　臻合三上吻云

䫻𩕀𤸫(4)

云久切 yún jiǔ　有 yǒu（ㄧㄡˇ）　流開三上有云

右鴧友𠬝𥁒𥁒栯萿(9)

雲阮切 yún ruǎn　遠 yuǎn（ㄩㄢˇ）　山合三上阮云

䪴(2)

筠輒切 yún zhé　曄 yè（ㄧㄝˋ）　咸開三入葉云

曅饁燁爗皣曄(7)

Z（ㄗ）

zai（ㄗㄞ）

在到切 zài dào　漕 zào（ㄗㄠˋ）　效開一去号從

𢷊(2)

在甸切 zài diàn　荐 jiàn（ㄐㄧㄢˋ）　山開四去霰從

洊𤥐栫瀳袸𨶀(7)

在各切 zài gè　昨 zuó（ㄗㄨㄛˊ）　宕開一入鐸從

酢[1]苲怍齰鑿筰䇥柞㑅岝䈟飵䂵帓䋏秨
砟葃鈼(20)

在九切 zài jiǔ　湫 jiù（ㄐㄧㄡˋ）　流開三上有從
㣺(2)

在爵切 zài jué　皭 jué（ㄐㄩㄝˊ）　宕開三入藥從
嚼爝(3)

在良切 zài liáng　牆 qiáng（ㄑㄧㄤˊ）　宕開三平陽從
廧墻戕嬙檣薔蘠戕[2]奘(10)

在丸切 zài wán　欑 cuán（ㄘㄨㄢˊ）　山合一平桓從
巑攢菆禶酇穳篹劗(9)

在玩切 zài wán　攢 zuàn（ㄗㄨㄢˋ）　山合一去換從

在協切 zài xié　蘸 jiá（ㄐㄧㄚˊ）　咸開四入帖從

在詣切 zài yì　嚌 jì（ㄐㄧˋ）　蟹開四去霽從
劑穧醕呰齊齌瘠懠鱭(10)

zan（ㄗㄢ）

簪摑切 zān guó　撮 zuó（ㄗㄨㄛˊ）　梗合二入麥莊

zang（ㄗㄤ）

臧回切 zāng huí　嗺 zuī（ㄗㄨㄟ）　蟹合一平灰精
朘峻厜(4)

---

① 酢、怍、柞，今读 zuò。
② 今读 qiāng。

臧可切 zāng kě　左 zuǒ（ㄗㄨㄛˇ）　果開一上哿精
䦈𢇁(3)

臧没切 zāng mò　卒 zú（ㄗㄨˊ）　臻合一入没精
倅稡(3)

臧祚切 zāng zuò　作（做）zuò（ㄗㄨㄛˋ）　遇合一去暮精

ze（ㄗㄜ）

則到切 zé dào　竈 zào（ㄗㄠˋ）　效開一去号精
躁趮(3)

則旰切 zé gàn　賛 zàn（ㄗㄢˋ）　山開一去翰精
讚酇饡趲濽㜺𡢕鬢襸攢(11)

則箇切 zé gè　佐 zuò（ㄗㄨㄛˋ）　果開一去箇精
左旌䦈祚作(6)

則古切 zé gǔ　祖 zǔ（ㄗㄨˇ）　遇合一上姥精
珇組蒩菹䩣(6)

則候切 zé hòu　奏 zòu（ㄗㄡˋ）　流開一去候精
走(2)

則郎切 zé láng　臧 zāng（ㄗㄤ）　宕開一平唐精
䳜牂牂贓样(6)

則浪切 zé làng　葬 zàng（ㄗㄤˋ）　宕開一去宕精

則歷切 zé lì　績 jì（ㄐㄧˋ）　梗開四入錫精
勣積鶺(4)

則落切 zé luò　作 zuò（ㄗㄨㄛˋ）　宕開一入鐸精
迮柞鑿鑿嘬(6)

則前切 zé qián 箋 jiān（ㄐㄧㄢ） 山開四平先精

牋棧濺幭韉淺湔翦機輚濺錢欃遷(15)

則卧切 zé wò 挫[①] zuò（ㄗㄨㄛˋ） 果合一去過精

莝侳(3)

則吾切 zé wú 租 zū（ㄗㄨ） 遇合一平模精

葙(2)

仄謹切 zè jǐn 鰇 zhěn（ㄓㄣˇ） 臻開三上隱莊

亲(2)

崱瑟切 zè sè 齜 zhé（ㄓㄜˊ） 臻開三入櫛崇

zhai（ㄓㄞ）

宅耕切 zhái gēng 橙 chéng（ㄔㄥˊ） 梗開二平耕澄

揨敦敳湞朾虰憕瞪竲脝穻(12)

宅加切 zhái jiā 宲 chá（ㄔㄚˊ） 假開二平麻澄

躇荼鄌樣茶秅嵞瘵奝筡塗隮梌秺(15)

宅江切 zhái jiāng 幢 chuáng（ㄔㄨㄤˊ） 江開二平江澄

撞橦旂噇艟(6)

宅買切 zhái mǎi 廌 zhì（ㄓˋ） 蟹開二上蟹澄

豸猘(3)

zhan（ㄓㄢ）

占琰切 zhàn yǎn 颭 zhǎn（ㄓㄢˇ） 咸開三上琰章

① 挫，今读 cuò。

zhang（ㄓㄤ）

章盍切 zhāng hé　　讁 zhé（ㄓㄜˊ）　　咸開一入盍章

章俱切 zhāng jù　　朱 zhū（ㄓㄨ）　　遇合三平虞章

珠侏絑袾咮鴸鮢㺷硃(10)

章倫切 zhāng lún　　諄 zhūn（ㄓㄨㄣ）　　臻合三平諄章

㥮盹肫訰(5)

章忍切 zhāng rěn　　軫 zhěn（ㄓㄣˇ）　　臻開三上軫章

縝胗疹畛賑㐱鬒槙紾縝眡診袗裖敐眕䫬

黰縝稹𠘰(22)

章荏切 zhāng rěn　　枕 zhěn（ㄓㄣˇ）　　深開三上寑章

煩䫖(3)

章刃切 zhāng rèn　　震 zhèn（ㄓㄣˋ）　　臻開三去震章

振賑娠侲挋袗䪴䟴𨛍鬞(11)

章恕切 zhāng shù　　翥 zhù（ㄓㄨˋ）　　遇合三去御章

翥𪘏𩜋蠹庶䗪蟅斫(9)

章豔切 zhāng yàn　　占 zhàn（ㄓㄢˋ）　　咸開三去豔章

章也切 zhāng yě　　者 zhě（ㄓㄜˇ）　　假開三上馬章

赭堵(3)

章移切 zhāng yí　　支 zhī（ㄓ）　　止開三平支章

䌃只汥㚰卮梔枝衹疷衼肢胑㞍禔馶氏疻

𢻱鳷雄觶榰𥭊鷙螲眵軙𩌥(29)

章魚切 zhāng yú　　諸 zhū（ㄓㄨ）　　遇合三平魚章

櫧瀦藷藸䃴蠩(7)

章与切 zhāng yǔ	鬻 zhǔ（ㄓㄨˇ） **煑陼渚(4)**	遇合三上語章
張梗切 zhāng gěng	盯 zhěng（ㄓㄥˇ）	梗開二上梗知
張絞切 zhāng jiǎo	獠 zhǎo（ㄓㄠˇ） **獠(2)**	效開二上巧知
張連切 zhāng lián	邅 zhān（ㄓㄢ） **趲驙鱣鱣(5)**	山開三平仙知
張廉切 zhāng lián	霑 zhān（ㄓㄢ） **沾覱(3)**	咸開三平鹽知
張流切 zhāng liú	輈 zhōu（ㄓㄡ） **盩啁譸侜駲調啁趙舟舟(11)**	流開三平尤知
張六切 zhāng liù	竹 zhú（ㄓㄨˊ） **竺筑築①篫茿(6)**	通合三入屋知
張略切 zhāng lüè	芍 zhuó（ㄓㄨㄛˊ） **著礋櫡鐯斮擆(7)**	宕開三入藥知
張甚切 zhāng shèn	戡 zhěn（ㄓㄣˇ） **炈(2)**	深開三上寑知
丈夥切 zhàng huǒ	拏 zhuò（ㄓㄨㄛˋ）	蟹合二上蟹澄
丈甲切 zhàng jiǎ	渫 zhá（ㄓㄚˊ） **喋揲霅濇韘(6)**	咸開二入狎澄
丈井切 zhàng jǐng	徎 zhèng（ㄓㄥˋ） **浧(2)**	梗開三上静澄

① 今读 zhù。

丈莧切 zhàng xiàn　　袒 zhàn（ㄓㄢˋ）　　山開二去襉澄

綻組(3)

丈證切 zhàng zhèng　　瞪 dèng（ㄉㄥˋ）　　曾開三去證澄

蹬䠬(3)

zhen（ㄓㄣ）

珍忍切 zhēn rěn　　辰 zhǔn（ㄓㄨㄣˇ）　　臻合三上準知

zheng（ㄓㄥ）

争義切 zhēng yì　　裝 zhì（ㄓˋ）　　止開三去寘莊

柴(2)

征例切 zhēng lì　　制 zhì（ㄓˋ）　　蟹開三去祭章

利胑淛製䏿晢銴悊㪿䱥晢猘狾靳䶩𧾷逝

(18)

正奢切 zhèng shē　　遮 zhē（ㄓㄜ）　　假開三平麻章

偖奢諸(4)

zhi（ㄓ）

之九切 zhī jiǔ　　帚 zhǒu（ㄓㄡˇ）　　流開三上有章

箒歸晭猧(5)

之累切 zhī lěi　　捶 zhuǐ（ㄓㄨㄟˇ）　　止合三上紙章

箠腨騒棶(5)

之亮切 zhī liàng　　障 zhàng（ㄓㄤˋ）　　宕開三去漾章

廧墇嶂瘴(5)

之六切 zhī liù　粥[1] zhù（ㄓㄨˋ）　通合三入屋章

粥祝柷琡(5)

之隴切 zhī lǒng　腫 zhǒng（ㄓㄨㄥˇ）　通合三上腫章

種踵⿰山重徸喠(6)

之任切 zhī rèn　枕 zhèn（ㄓㄣˋ）　深開三去沁章

針(2)

之日切 zhī rì　質 zhì（ㄓˋ）　臻開三入質章

晊郅桎櫍蛭騭劕銍膭鑕�櫍礩侄[2] (15)

之入切 zhī rù　執 zhí（ㄓˊ）　深開三入緝章

汁[3] 瓡蟄槷慹(6)

之芮切 zhī ruì　贅 zhuì（ㄓㄨㄟˋ）　蟹合三去祭章

敤(2)

之閏切 zhī rùn　稕 zhùn（ㄓㄨㄣˋ）　臻合三去稕章

蕣諄眕盹訰(6)

之若切 zhī ruò　灼 zhuó（ㄓㄨㄛˊ）　宕開三入藥章

斫彴杓勺酌繳焯穛妁謶斱犳犦礿袸(16)

之膳切 zhī shàn　戰 zhàn（ㄓㄢˋ）　山開三去線章

顫(2)

之少切 zhī shǎo　沼 zhào（ㄓㄠˇ）　效開三上小章

菬箈(3)

---

① 粥，今读 zhōu，白读音。

② 今读 zhí。

③ 今读 zhī。

之少切 zhī shào　照 zhào（ㄓㄠˋ）　效開三去笑章

炤詔㷊㲛(5)

之涉切 zhī shè　讋 zhé（ㄓㄜˊ）　咸開三入葉章

囁㒤[①] 慴慹霅摺㡇㦿讋襵𤢕(12)

之盛切 zhī shèng　政 zhèng（ㄓㄥˋ）　梗開三去勁章

正証䲀(4)

之石切 zhī shí　隻 zhī（ㄓ）　梗開三入昔章

適炙[②] 墌摭拓蹠跖[③] 蟅𩃽䟫䗪䙝(13)

之戍切 zhū shù　注 zhù（ㄓㄨˋ）　遇合三去遇章

疰罜炷鑄𢍭註炷澍霔𤜡䏿袾蛀䡡蛀(16)

之睡切 zhī shuì　惴 zhuì（ㄓㄨㄟˋ）　止合三去寘章

腄䗁(3)

之夜切 zhī yè　柘 zhè（ㄓㄜˋ）　假開三去禡章

樜鷓蟅嗻炙蔗(7)

之役切 zhī yì　蟙 zhí（ㄓˊ）　梗開三入昔章

之翼切 zhī yì　職 zhí（ㄓˊ）　曾開三入職章

軄戠織[④] 䐈蟙蘵膱樴(9)

之尹切 zhī yǐn　準 zhǔn（ㄓㄨㄣˇ）　臻合三上準章

准埻純(4)

---

① 今读 shè。

② 今读 zhì。

③ 今读 zhí。

④ 今读 zhī。

之郢切 zhī yǐng 整 zhěng（ㄓㄥˇ） 梗開三上静章

整(2)

之用切 zhī yòng 種 zhòng（ㄓㄨㄥˋ） 通合三去用章

偅甀(3)

之庾切 zhī yǔ 主 zhǔ（ㄓㄨˇ） 遇合三上麌章

麈枓宔炷(5)

之欲切 zhī yù 燭 zhú（ㄓㄨˊ） 通合三入燭章

屬属矚纑囑鸀趨歜噣蠋韣蝎(13)

之仲切 zhī zhòng 衆 zhòng（ㄓㄨㄥˋ） 通合三去送章

之囀切 zhī zhuàn 剸 zhuàn（ㄓㄨㄢˋ） 山合三去線章

支義切 zhī yì 寘 zhì（ㄓˋ） 止開三去寘章

忮伎觶伿跂敍嵮(8)

知戀切 zhī liàn 囀 zhuàn（ㄓㄨㄢˋ） 山合三去線知

傳轉(3)

知亮切 zhī liàng 帳 zhàng（ㄓㄤˋ） 宕開三去漾知

脹痮漲張(5)

知林切 zhī lín 碪 zhēn（ㄓㄣ） 深開三平侵知

砧椹枮坫(5)

知隴切 zhī lǒng 冢 zhǒng（ㄓㄨㄥˇ） 通合三上腫知

塚(2)

知演切 zhī yǎn 展 zhǎn（ㄓㄢˇ） 山開三上獮知

屧搌皽輾紾琠娠蹍襢(10)

知義切 zhī yì 智 zhì（ㄓˋ） 止開三去寘知

智潪(3)

知庾切 zhī yǔ	拄 zhǔ（ㄓㄨˇ）	遇合三上麌知
	柱丶黈(4)	
知丈切 zhī zhàng	長 zhǎng（ㄓㄤˇ）	宕開三上養知
知鴆切 zhī zhèn	椹 zhèn（ㄓㄣˋ）	深開三去沁知
	鈂(2)	
脂利切 zhī lì	至 zhì（ㄓˋ）	止開三去至章
	摯贄鷙礩鏊鴲懥縶鞊輊帯婺(13)	
直垂切 zhí chuí	鬌 chuí（ㄔㄨㄟˊ）	止合三平支澄
	錘甀(3)	
直庚切 zhí gēng	棖 chéng（ㄔㄥˊ）	梗開二平庚澄
	盯澄振党揨憕(7)	
直弓切 zhí gōng	蟲 chóng（ㄔㄨㄥˊ）	通合三平東澄
	沖种盅爞茽狆(7)	
直几切 zhí jǐ	雉 zhì（ㄓˋ）	止開三上旨澄
	滍薙(3)	
直絳切 zhí jiàng	幢 zhuàng（ㄓㄨㄤˋ）	江開二去絳澄
	憧戇幢撞艟(6)	
直交切 zhí jiāo	鼂 cháo（ㄔㄠˊ）	效開二平肴澄
直教切 zhí jiào	棹 zhào（ㄓㄠˋ）	效開二去效澄
	櫂濯䓬(4)	
直禁切 zhí jìn	鴆 zhèn（ㄓㄣˋ）	深開三去沁澄
	沈酖(3)	
直角切 zhí jué	濁 zhuó（ㄓㄨㄛˊ）	江開二入覺澄
	擢濯鵫嬥藋鐲擉𤢲鸀蠗鸐𧬉𢡸𩅥戳(16)	

直類切 zhí lèi	墜 zhuì（ㄓㄨㄟˋ） **懟鎚(3)**	止合三去至澄
直離切 zhí lí	馳 chí（ㄔˊ） **趍池簃篪䶵踟褫訑䶔誃傂趧(13)**	止開三平支澄
直里切 zhí lǐ	峙 zhì（ㄓˋ） **跱峙痔待洔畤秲庤(9)**	止開三上止澄
直立切 zhí lì	蟄 zhé（ㄓㄜˊ） **䐲俋㙷𡰪讋(6)**	深開三入緝澄
直吏切 zhí lì	值 zhì（ㄓˋ） **植治㨁𧵩(5)**	止開三去志澄
直利切 zhí lì	緻 zhì（ㄓˋ） **稚遟稺𦇭𩹐治𠐕𢲹𧭈𩌔𦃂(12)**	止開三去至澄
直例切 zhí lì	滯 zhì（ㄓˋ） **彘蹛𧜵𤩅𦯃鯯(7)**	蟹開三去祭澄
直連切 zhí lián	纏 chán（ㄔㄢˊ） **纏躔瀍鄽𨶚𧽢𧕋廛壥(10)**	山開三平仙澄
直廉切 zhí lián	㢆 chán（ㄔㄢˊ） **䶣䛳(3)**	咸開三平鹽澄
直戀切 zhí liàn	傳 zhuàn（ㄓㄨㄢˋ） **縳(2)**	山合三去線澄
直良切 zhí liáng	長 cháng（ㄔㄤˊ） **萇腸場踼埸蛖瓺(8)**	宕開三平陽澄
直兩切 zhí liǎng	丈 zhàng（ㄓㄤˋ） **杖仗扙(4)**	宕開三上養澄

直亮切 zhí liàng	仗 zhàng（ㄓㄤˋ） **長瓺(3)**	宕開三去漾澄
直列切 zhí liè	轍 zhé（ㄓㄜˊ） **徹撤澈[1]橄(5)**	山開三入薛澄
直陵切 zhí líng	澂 chéng（ㄔㄥˊ） **澄瞪憕懲(5)**	曾開三平蒸澄
直六切 zhí liù	逐 zhú（ㄓㄨˊ） **軸[2]碡妯舳鱁[illegible]筑蓫柚[illegible]篴(12)**	通合三入屋澄
直隴切 zhí lǒng	重 zhòng（ㄓㄨㄥˋ） **憧襱鮦(4)**	通合三上腫澄
直録切 zhí lù	躅 zhú（ㄓㄨˊ） **[illegible]蠋(3)**	通合三入燭澄
直吕切 zhí lǚ	佇 zhù（ㄓㄨˋ） **竚芧苧紵杼羜宁眝(9)**	通合三上語澄
直律切 zhí lǜ	术 zhú（ㄓㄨˊ） **[illegible][illegible](3)**	臻合三入術澄
直攣切 zhí luán	椽 chuán（ㄔㄨㄢˊ） **傳(2)**	山合三平仙澄
直略切 zhí lüè	著 zhuó（ㄓㄨㄛˊ）	宕開三入藥澄
直倫切 zhí lún	酏 chún（ㄔㄨㄣˊ） **[illegible](2)**	臻合三平諄澄

① 今读 chè。

② 軸、妯，今读 zhóu，白读音。

直尼切 zhí ní　墀 chí（ㄔˊ）　止開三平脂澄

墀坻泜遲遟蚳岻祗阺荎菭謘莉貾(15)

直稔切 zhí rěn　朕 zhèn（ㄓㄣˋ）　深開三上寢澄

𦨣𦢊塍栚䫖(6)

直刃切 zhí rèn　敶 zhèn（ㄓㄣˋ）　臻開三去震澄

陳陣診甽(5)

直容切 zhí róng　重 chóng（ㄔㄨㄥˊ）　通合三平鍾澄

穜緟褈鶇蝩(6)

直深切 zhí shēn　沈 chén（ㄔㄣˊ）　深開三平侵澄

沉犹莐芜霃湛枕鈂(9)

直閑切 zhí xián　獑 chán（ㄔㄢˊ）　山開二平山澄

直遙切 zhí yáo　鼂 cháo（ㄔㄠˊ）　效開三平宵澄

晁鼌朝潮(5)

直葉切 zhí yè　牒 zhé（ㄓㄜˊ）　咸開三入葉澄

墲殜(3)

直一切 zhí yī　秩 zhì（ㄓˋ）　臻開三入質澄

紩帙袠柣豑姪妷䄺鉄越戜(12)

直引切 zhí yǐn　紖 zhèn（ㄓㄣˋ）　臻開三上軫澄

肕眲眹(4)

直由切 zhí yóu　儔 chóu（ㄔㄡˊ）　流開三平尤澄

檮躊幬幗裯𠷎疇紬綢稠燽薵籌𨿅𪆽𦉈

椆怞𤻲懤鮋䬞菗鄯㥣(27)

直祐切 zhí yòu　冑 zhòu（ㄓㄡˋ）　流開三去宥澄

胄輩酎宙𨂫籒伷詘疛𤺥䛆懤(13)

直魚切 zhí yú	除 chú（ㄔㄨˊ）	遇合三平魚澄
	躇儲涂篨蒢宁𤸎著滁蒢屠豬(13)	
直照切 zhí zhào	召 zhào（ㄓㄠˋ）	效開三去笑澄
直珍切 zhí zhēn	陳 chén（ㄔㄣˊ）	臻開三平真澄
	敶蔯趁塵(5)	
直貞切 zhí zhēn	呈 chéng（ㄔㄥˊ）	梗開三平清澄
	程酲郕珵筳裎(7)	
直正切 zhí zhèng	鄭 zhèng（ㄓㄥˋ）	梗開三去勁澄
	呈甀(3)	
直之切 zhí zhī	治 chí（ㄔˊ）	止開三平之澄
	持莉(3)	
直炙切 zhí zhì	擲 zhì（ㄓˋ）	梗開三入昔澄
	擿蹢躑蹢蠀滴(7)	
直衆切 zhí zhòng	仲 zhòng（ㄓㄨㄥˋ）	通合三去送澄
	蟲幒(3)	
直誅切 zhí zhū	廚 chú（ㄔㄨˊ）	遇合三平虞澄
	躕趎幮裯(5)	
直主切 zhí zhǔ	柱 zhù（ㄓㄨˋ）	遇合三上麌澄
	跓拄(3)	
直追切 zhí zhuī	鎚 chuí（ㄔㄨㄟˊ）	止合三平脂澄
	椎槌椎顀(5)	
植鄰切 zhí lín	辰 chén（ㄔㄣˊ）	臻開三平真禪
	晨晨㫳宸鷐麎桭茞屒臣𨛖郕(13)	
殖酉切 zhí yǒu	受 shòu（ㄕㄡˋ）	流開三上有禪

壽[illegible]璹綬(5)

職救切 zhí jiù　呪 zhòu（ㄓㄡˋ）　流開三去宥章

鬻裯祝(4)

職吏切 zhí lì　志 zhì（ㄓˋ）　止開三去志章

娡[illegible]誌痣織識(7)

職廉切 zhí lián　詹 zhān（ㄓㄢ）　咸開三平鹽章

瞻占蟾噡[illegible](6)

職流切 zhí liú　周 zhōu（ㄓㄡ）　流開三平尤章

州[illegible]輖洲賙[illegible]舟郮婤(10)

職戎切 zhí róng　終 zhōng（ㄓㄨㄥ）　通合三平東章

衆潨[illegible]螽[illegible]鼨蔠柊[illegible][illegible][illegible][illegible]泈[illegible](15)

職容切 zhí róng　鍾 zhōng（ㄓㄨㄥ）　通合三平鍾章

鐘蚣忪[illegible]蹱彸衳伀橦[illegible]妐[illegible][illegible][illegible][illegible][illegible]鈆(18)

職深切 zhí shēn　斟 zhēn（ㄓㄣ）　深開三平侵章

針鍼[illegible]箴葴瑊鱵[illegible](9)

職勇切 zhí yǒng　憁 zhǒng（ㄓㄨㄥˇ）　通合三上腫章

幒(2)

職緣切 zhí yuán　專 zhuān（ㄓㄨㄢ）　山合三平仙章

甎顓篿嫥諯湍膞鱄鷒[illegible]鄟(12)

職悦切 zhí yuè　拙 zhuō（ㄓㄨㄛ）　山合三入薛章

炪[illegible]棁蝃準[illegible][illegible]䪼醊[illegible](11)

職雉切 zhí zhì　旨 zhǐ（ㄓˇ）　止開三上旨章

指恉祁[illegible]厎砥茋(8)

職追切 zhí zhuī	錐 zhuī（ㄓㄨㄟ）	止合三平脂章
	隹麈騅萑鵻萑騅(8)	
止而切 zhǐ ér	之 zhī（ㄓ）	止開三平之章
	䟈芝㞢(4)	
止遥切 zhǐ yáo	昭 zhāo（ㄓㄠ）	效開三平宵章
	鵃鉊招釗盄皽(7)	
止姊切 zhǐ zǐ	䟡 zhǐ（ㄓˇ）	止開三上旨章
旨熱切 zhǐ rè	晢 zhè（ㄓㄜˋ）	山開三入薛章
	晣淛折[①] 靼䩡靳䏳晣(9)	
旨善切 zhǐ shàn	膳 zhǎn（ㄓㄢˇ）	山開三上獮章
	剶樿顫饘醆皽燀穃軇瞻譱樿皽剷鐔嫸(17)	
旨兗切 zhǐ yǎn	剸 zhuǎn（ㄓㄨㄢˇ）	山合三上獮章
	剬孨䡱竱膞闒囝鶨(9)	
旨夷切 zhǐ yí	脂 zhī（ㄓ）	止開三平脂章
	祗汦砥栺鴲湢疷蒧泜(10)	
徵筆切 zhǐ bǐ	茁 zhí（ㄓˊ）	臻開三入質知
治小切 zhì xiǎo	肇 zhào（ㄓㄠˋ）	效開三上小澄
	肁兆趙旐狣䍜鮡駣垗粃(11)	
陟侈切 zhì chǐ	撴 zhǐ（ㄓˇ）	止開三上紙知
	襂(2)	
陟革切 zhì gé	摘 zhé（ㄓㄜˊ）	梗開二入麥知

① 今读 zhé。

	讁讁狾桿圓樀尾矺(9)	
陟格切 zhì gé	磔 zhé（ㄓㄜˊ）	梗開二入陌知
	蚝舴犴鶙馲頙豴嫡簓杔(11)	
陟弓切 zhì gōng	中 zhōng（ㄓㄨㄥ）	通合三平東知
	衷忠苗(4)	
陟瓜切 zhì guā	檛 zhuā（ㄓㄨㄚ）	假合二平麻知
	簻䈾膼(4)	
陟賄切 zhì huì	鬌 zhuǐ（ㄓㄨㄟˇ）	蟹合一上賄知
陟加切 zhì jiā	奓 zhā（ㄓㄚ）	假開二平麻知
	譇觰秅瘵咤䶥膝(8)	
陟駕切 zhì jià	吒 zhà（ㄓㄚˋ）	假開二去禡知
	咤奼炨哆奓膝徖膪秅詫闆(12)	
陟降切 zhì jiàng	戇 zhuàng（ㄓㄨㄤˋ）	江開二去絳知
陟交切 zhì jiāo	嘲 zhāo（ㄓㄠ）	效開二平肴知
	趙啁鵃鵤(5)	
陟教切 zhì jiào	罩 zhào（ㄓㄠˋ）	效開二去效知
	箌罹趙鵫(5)	
陟救切 zhì jiù	晝 zhòu（ㄓㄡˋ）	流開三去宥知
	咮噣(3)	
陟離切 zhì lí	知 zhī（ㄓ）	止開三平支知
	鼅鼄蜘鬙賀(6)	
陟里切 zhì lǐ	徵 zhǐ（ㄓˇ）	止開三上止知
	譢撴(3)	
陟立切 zhì lì	縶 zhí（ㄓˊ）	深開三入緝知

靏𩆨𠾃(4)

陟吏切 zhì lì　　置 zhì（ㄓˋ）　　止開三去志知

䞃(2)

陟利切 zhì lì　　致 zhì（ㄓˋ）　　止開三去至知

懫疐㨖𨅔躓𨎮輊鷙𧸖𥗿懥𢫬質騺(15)

陟栗切 zhì lì　　窒 zhì（ㄓˋ）　　臻開三入質知

挃庢銍秷𠩺𧿹咥𪘂𨖿螲𥏼(12)

陟良切 zhì liáng　　張 zhāng（ㄓㄤ）　　宕開三平陽知

餦粻漲(4)

陟列切 zhì liè　　哲 zhé（ㄓㄜˊ）　　山開三入薛知

悊喆嚞蜇(5)

陟劣切 zhì liè　　輟[①] zhuō（ㄓㄨㄛ）　　山合三入薛知

畷惙餟罬剟醊啜𨂂綴掇腏輟叕𧓍(15)

陟鄰切 zhì lín　　珍 zhēn（ㄓㄣ）　　臻開三平真知

鎮填(3)

陟陵切 zhì líng　　徵 zhēng（ㄓㄥ）　　曾開三平蒸知

𨞒癥㞟(4)

陟柳切 zhì liǔ　　肘 zhǒu（ㄓㄡˇ）　　流開三上有知

疛㽙扭(4)

陟盧切 zhì lú　　著 zhù（ㄓㄨˋ）　　遇合三去御知

箸(2)

陟綸切 zhì lún　　屯 zhūn（ㄓㄨㄣ）　　臻合三平諄知

---

① 輟，今读 chuò。

窀迍帾(4)

陟刃切 zhì rèn　鎮 zhèn（ㄓㄣˋ）　臻開三去震知

瑱填(3)

陟山切 zhì shān　譠 zhān（ㄓㄢ）　山開二平山知

襢(2)

陟扇切 zhì shàn　驏 zhàn（ㄓㄢˋ）　山開三去線知

袲襢(3)

陟輸切 zhì shū　株 zhū（ㄓㄨ）　遇合三平虞知

誅邾鼄蛛跦袾列秼鴸銖(11)

陟衛切 zhì wèi　綴 zhuì（ㄓㄨㄟˋ）　蟹合三去祭知

醊畷笍裰啜餟腏錣卂輟(11)

陟鎋切 zhì xiá　哳 zhá（ㄓㄚˊ）　山開二入鎋知

䫄晰眣(4)

陟陷切 zhì xiàn　鮎 zhàn（ㄓㄢˋ）　咸開二去陷知

站涅(3)

陟邪切 zhì xié　爹 diē（ㄉㄧㄝ）　假開三平麻知

陟兖切 zhì yǎn　轉 zhuǎn（ㄓㄨㄢˇ）　山合三上獮知

槫(2)

陟遥切 zhì yáo　朝 zhāo（ㄓㄠ）　效開三平宵知

鵫(2)

陟葉切 zhì yè　輒 zhé（ㄓㄜˊ）　咸開三入葉知

耴襵菆掫鮿帺椫(8)

陟盈切 zhì yíng	貞[1] zhēng（ㄓㄥ）	梗開三平清知
	楨禎郎湞隕(6)	
陟魚切 zhì yú	豬 zhū（ㄓㄨ）	遇合三平魚知
	賭猪瀦櫫藸(6)	
陟玉切 zhì yù	瘃 zhú（ㄓㄨˊ）	通合三入燭知
	瘃孎斸钃欘豖(7)	
陟仲切 zhì zhòng	中 zhòng（ㄓㄨㄥˋ）	通合三去送知
	衷(2)	
陟隹切 zhì zhuī	追 zhuī（ㄓㄨㄟ）	止合三平脂知
	这娺(3)	

zhong（ㄓㄨㄥ）

中莖切 zhōng jīng	朾 zhēng（ㄓㄥ）	梗開二平耕知
	丁玎儜釘盯甇(7)	
中句切 zhōng jù	註 zhù（ㄓㄨˋ）	遇合三去遇知
	鉒駐軴住邁壴咮亍(9)	

zhu（ㄓㄨ）

猪孟切 zhū mèng	倀 zhèng（ㄓㄥˋ）	梗開二去映知
	趟偵橙鞚(5)	
豬几切 zhū jǐ	黹 zhǐ（ㄓˇ）	止開三上旨知

① 貞、楨、禎，今读 zhēn。

	鼓夂撴(4)	
諸良切 zhū liáng	章 zhāng（ㄓㄤ）	宕開三平陽章
	漳樟慞璋彰墇障麞獐鄣蔁鷾韓暲(15)	
諸兩切 zhū liǎng	掌 zhǎng（ㄓㄤˇ）	宕開三上養章
	仉尢(3)	
諸氏切 zhū shì	紙 zhǐ（ㄓˇ）	止開三上紙章
	帋只坻軹枳恀抵汦砥坻泜抧恀稸觗(16)	
諸市切 zhū shì	止 zhǐ（ㄓˇ）	止開三上止章
	畤沚洔茝趾址阯芷阺(10)	
諸延切 zhū yán	饘 zhān（ㄓㄢ）	止開三平仙章
	饘旃旜栴氈鸇鱣(8)	
諸盈切 zhū yíng	征 zhēng（ㄓㄥ）	梗開三平清章
	延鯖罂脏鉦怔正鴊紅眐袵佂(13)	
諸應切 zhū yìng	證 zhèng（ㄓㄥˋ）	曾開三去證章
	烝(2)	
竹垂切 zhú chuí	腄 zhuī（ㄓㄨㄟ）	止合三平支知
	箠鼓(3)	
竹恚切 zhú huì	娷 zhuì（ㄓㄨㄟˋ）	止合三去寘知
	諈(2)	
竹角切 zhú jué	斲 zhuó（ㄓㄨㄛˊ）	江開二入覺知
	涿諑捔琢孎卓桌[①]䦃啄斵啅噣䅵豚倬晫	
	穀菿(19)	

① 今读 zhuō。

竹力切 zhú lì	陟 zhì（ㄓˋ）	曾開三入職知
	稙(2)	
竹例切 zhú lì	滯 zhì（ㄓˋ）	蟹開三去祭知
竹律切 zhú lǜ	炪 zhú（ㄓㄨˊ）	臻合三入術知
	窋絀炪咄遻罬泏(8)	
竹賣切 zhú mài	膪 zhài（ㄓㄞˋ）	蟹開二去卦知
	徸(2)	
竹盲切 zhú máng	趟 zhēng（ㄓㄥ）	梗開二平庚知
	䚯(2)	
竹洽切 zhú qià	劄 zhā（ㄓㄚ）	咸開二入洽知
	偛蝈(3)	
竹下切 zhú xià	緣 zhǎ（ㄓㄚˇ）	假開二上馬知
竹咸切 zhú xián	詀 zhān（ㄓㄢ）	咸開二平咸知
	䩆鴘䱠(4)	
竹益切 zhú yì	䅩 zhí（ㄓˊ）	梗開三入昔知
竹用切 zhú yòng	湩 zhòng（ㄓㄨㄥˋ）	通合三去用知
	堹諥(3)	
奍仍切 zhǔ réng	蒸 zhēng（ㄓㄥ）	曾開三平蒸章
	烝烝胚蒸篜脀(7)	
助庚切 zhù gēng	傖 chéng（ㄔㄥˊ）	梗開二平庚崇
	傖髶搴峥(5)	
佇陷切 zhù xiàn	賺[①] zhàn（ㄓㄢˋ）	咸開二去陷澄

① 賺今作赚，今读 zhuàn/zuàn。

	詀䜩(3)	
柱用切 zhù yòng	重 zhòng（ㄓㄨㄥˋ）	通合三去用澄
	緟𩀀(3)	

zhuang（ㄓㄨㄤ）

莊華切 zhuāng huá	髽 zhuā（ㄓㄨㄚ）	假合二平麻莊
莊俱切 zhuāng jù	傷 zhū（ㄓㄨ）	遇合三平虞莊
	𢯱(2)	
莊眷切 zhuāng juàn	孨 zhuàn（ㄓㄨㄢˋ）	山合三去線莊
莊陷切 zhuāng xiàn	蘸 zhàn（ㄓㄢˋ）	咸開二去陷莊
莊蔭切 zhuāng yìn	譖 zhèn（ㄓㄣˋ）	深開三去沁莊
莊緣切 zhuāng yuán	恮 zhuān（ㄓㄨㄢ）	山合三平仙莊
	跧硂蟤(4)	
莊助切 zhuāng zhù	詛[1] zù（ㄗㄨˋ）	遇合三去御莊
	阻(2)	

zhui（ㄓㄨㄟ）

追萃切 zhuī cuì	轛 zhuì（ㄓㄨㄟˋ）	止合三去至知
墜頑切 zhuì wán	窀 chuán（ㄔㄨㄢˊ）	山合二平山澄

zhuo（ㄓㄨㄛ）

卓皆切 zhuó jiē	𪗨 zhāi（ㄓㄞ）	蟹開二平皆知

① 今读 zǔ,《集韵》壯所切。

	榩(2)	

zi（ㄗ）

茲損切 zī sǔn	𠜱 zǔn（ㄗㄨㄣˇ）	臻合一上混精
	撙噂譐蕁僔(6)	
茲野切 zī yě	姐 jiě（ㄐㄧㄝˇ）	假開三上馬精
	担姐(3)	
資四切 zī sì	恣 zì（ㄗˋ）	止開三去至精
	㱴(2)	
資昔切 zī xī	積 jī（ㄐㄧ）	梗開三入昔精
	脊蹐借迹跡速踖鷩鰿螓鯽鯽蹟瀻襀磧唶(18)	
資悉切 zī xī	堲 jí（ㄐㄧˊ）	臻開三入質精
	㘉唧𣲖抧蝍蝍榔(8)	
子垂切 zǐ chuí	騹 zuī（ㄗㄨㄟ）	止合三平支精
子寸切 zǐ cùn	焌 zùn（ㄗㄨㄣˋ）	臻合一去慁精
	鬊捘(3)	
子荅切 zǐ dá	帀 zā（ㄗㄚ）	咸開一入合精
	迊咂噆歃鉔㯎㖨沞趣(10)	
子德切 zǐ dé	則 zé（ㄗㄜˊ）	曾開一入德精
	賏鼎(3)	
子鄧切 zǐ dèng	增 zèng（ㄗㄥˋ）	曾開一去嶝精
子對切 zǐ duì	晬 zuì（ㄗㄨㄟˋ）	蟹合一去隊精
	䘹䜊綷崒捘㚬(7)	

子敢切	zǐ gǎn	𩯏 zǎn（ㄗㄢˇ）	咸開一上敢精
子感切	zǐ gǎn	昝 zǎn（ㄗㄢˇ） 寁揝(3)	咸開一上感精
子苟切	zǐ gǒu	走 zǒu（ㄗㄡˇ）	流開一上厚精
子晧切	zǐ hào	早 zǎo（ㄗㄠˇ） 澡藻薻𧒉蚤鱢璪璅棗繰繅(12)	效開一上晧精
子紅切	zǐ hóng	葼 zōng（ㄗㄨㄥ） 鬷嵕猣豵鯼椶騣鬆蜙嵸艐蝬堫䃎㨾緵㚇㣭稯鬉(21)	通合一平東精
子侯切	zǐ hóu	繓 zōu（ㄗㄡ） 緅陬棷掫(5)	流開一平侯精
子計切	zǐ jì	霽 jì（ㄐㄧˋ） 隮躋濟擠𩯭𢅥穧(8)	蟹開四去霽精
子賤切	zǐ jiàn	箭 jiàn（ㄐㄧㄢˋ） 䈈鬋葥湔榗鑯濺煎(9)	山開三去線精
子鑑切	zǐ jiàn	𧢄 jiàn（ㄐㄧㄢˋ） 黵𩆷(3)	咸開二去鑑精
子結切	zǐ jié	節 jié（ㄐㄧㄝˊ） 卪癤蝍楶瀸𤐶岊𩯀鰿蠞𠬝𧜑(13)	山開四入屑精
子句切	zǐ jù	緅 jù（ㄐㄩˋ） 足(2)	遇合三去遇精
子峻切	zǐ jùn	儁 jùn（ㄐㄩㄣˋ） 俊晙餕畯駿䞭鵔寯焌𪗾𪘲(12)	臻合三去稕精
子括切	zǐ kuò	繓 zuǒ（ㄗㄨㄛˇ）	山合一入末精

撮攥(3)

子朗切 zǐ lǎng　駔 zǎng（ㄗㄤˇ）　宕開一上蕩精

鸗髒(3)

子禮切 zǐ lǐ　濟 jǐ（ㄐㄧˇ）　蟹開四上薺精

批𦋺癠夘(5)

子力切 zǐ lì　即 jí（ㄐㄧˊ）　曾開三入職精

卽稷①㮨稯蝍楖畟𨁂鯽猣堲脚唧鷑揤(16)

子例切 zǐ lì　祭 jì（ㄐㄧˋ）　蟹開三去祭精

際穄鰶𩮣懘穧(7)

子廉切 zǐ lián　尖 jiān（ㄐㄧㄢ）　咸開三平鹽精

殲瀸幨𡅏㵾𤃣熸笺𩅰鑯鋟𩃷(13)

子亮切 zǐ liàng　醬 jiàng（ㄐㄧㄤˋ）　宕開三去漾精

𥂦牆將(4)

子了切 zǐ liǎo　湫 jiǎo（ㄐㄧㄠˇ）　效開四上篠精

劋杪𥟴㨍(5)

子六切 zǐ liù　蹙② zú（ㄗㄨˊ）　通合三入屋精

踧𧎂啾𠴫𡃸摵槭𣨿歒䈞縬䞍膱顣䙯蹴(17)

子念切 zǐ niàn　僭 jiàn（ㄐㄧㄢˋ）　咸開四去㮇精

子泉切 zǐ quán　鐫 juān（ㄐㄩㄢ）　山合三平仙精

① 今读 jì。

② 蹙，今读 cù。

鋑朘剶(4)

子𩨷切 zǐ quē　　脞 juē（ㄐㄩㄝ）　　果合三平戈精

䬾(2)

子冉切 zǐ rǎn　　𩟄 jiǎn（ㄐㄧㄢˇ）　　咸開三上琰精

子入切 zǐ rù　　⿰口集 jí（ㄐㄧˊ）　　深開三入緝精

潗⿰糸集湒咠蕺緁葺⿰目咠楫⿱集木(11)

子芮切 zǐ ruì　　蕝 zuì（ㄗㄨㄟˋ）　　蟹合三去祭精

䮔揕(3)

子宋切 zǐ sòng　　綜 zòng（ㄗㄨㄥˋ）　　通合一去宋精

豵錝(3)

子筭切 zǐ suàn　　穳 zuàn（ㄗㄨㄢˋ）　　山合一去換精

鑚(2)

子仙切 zǐ xiān　　煎 jiān（ㄐㄧㄢ）　　山開三平仙精

湔䓍鬋(4)

子小切 zǐ xiǎo　　剿 jiǎo（ㄐㄧㄠˇ）　　效開三上小精

勦勦灑邩灑膘㷮(8)

子肖切 zǐ xiào　　醮 jiào（ㄐㄧㄠˋ）　　效開三去笑精

樵釂皭潐爝醮僬趭䴛曒(11)

子邪切 zǐ xié　　嗟 jiē（ㄐㄧㄝ）　　假開三平麻精

着罝䔾謯瘥髊祖嫭怚㾓䢐(12)

子協切 zǐ xié　　浹 jiá（ㄐㄧㄚˊ）　　咸開四入帖精

浹瓨(3)

子心切 zǐ xīn　　祲 jīn（ㄐㄧㄣ）　　深開三平侵精

梫㾛埐䰣鬵綅稜鬻(9)

子姓切 zǐ xìng	精 jìng（ㄐㄧㄥˋ）	梗開三去勁精
子兗切 zǐ yǎn	臇 jiǎn（ㄐㄧㄢˇ）	山開三上獮精
	熸巂(3)	
子艷切 zǐ yàn	𡁠 jiàn（ㄐㄧㄢˋ）	咸開三去艷精
子夜切 zǐ yè	唶 jiè（ㄐㄧㄝˋ）	假開三去禡精
	借(2)	
子盈切 zǐ yíng	精 jīng（ㄐㄧㄥ）	梗開三平清精
	氏菁鶄蜻晶鼱婧睛游旌旍箐靘晴(15)	
子郢切 zǐ yǐng	井 jǐng（ㄐㄧㄥˇ）	梗開三上静精
	郱(2)	
子用切 zǐ yòng	縱 zòng（ㄗㄨㄥˋ）	通合三去用精
	瘲(2)	
子幽切 zǐ yōu	稵 jiū（ㄐㄧㄡ）	流開三平幽精
子酉切 zǐ yǒu	酒 jiǔ（ㄐㄧㄡˇ）	流開三上有精
子于切 zǐ yú	諏 jū（ㄐㄩ）	遇合三平虞精
	㖩𡽀娵陬嗺掫(7)	
子魚切 zǐ yú	且 jū（ㄐㄩ）	遇合三平魚精
	蛆苴沮(4)	
子與切 zǐ yǔ	苴 jǔ（ㄐㄩˇ）	遇合三上語精
	咀䃊(3)	
子聿切 zǐ yù	卒 zú（ㄗㄨˊ）	臻合三入術精
	𣨛䱣䘹啐(5)	
子悅切 zǐ yuè	蕝 jué（ㄐㄩㄝˊ）	山合三入薛精
	劈隚(3)	

子孕切 zǐ yùn	甑[①] jìng（ㄐㄧㄥˋ）	曾開三去證精
	䰝鬵䙢(4)	
子朕切 zǐ zhèn	䣧 jǐn（ㄐㄧㄣˇ）	深開三上寑精
	濅䭙𦞣(4)	
子鴆切 zǐ zhèn	浸 jìn（ㄐㄧㄣˋ）	深開三去沁精
	濅寖祲(4)	
子之切 zǐ zhī	兹 zī（ㄗ）	止開三平之精
	孳嵫孜滋嗞鶅鎡孖鼒鰦仔鶿䅆(14)	
子智切 zǐ zhì	積 zì（ㄗˋ）	止開三去寘精
	㰷𥢶𤞊(4)	
子冢切 zǐ zhǒng	䙕 zǒng（ㄗㄨㄥˇ）	通合三上腫精
子罪切 zǐ zuì	嶊 zuǐ（ㄗㄨㄟˇ）	蟹合一上賄精
	洅(2)	
姊規切 zǐ guī	厜 zuī（ㄗㄨㄟ）	止合三平支精
	觜纗惢嫢策(6)	
姊列切 zǐ liè	蠽 jié（ㄐㄧㄝˊ）	山開三入薛精
	蠘鸖㣇抴歺䪜吡(8)	
姊末切 zǐ mò	䰖 zá（ㄗㄚˊ）	山合一入末精
	拶𣻛𠟻𨂝𣿪(6)	
自秋切 zì qiū	酋 qiú（ㄑㄧㄡˊ）	流開三平尤從
	㥢遒𦕋崷鰌蝤煪艏湭(10)	

① 今读 zèng。

zou（ㄗㄡ）

鄒滑切 zōu huá	茁 zhuó（ㄓㄨㄛˊ）	山合二入黠莊

zu（ㄗㄨ）

阻力切 zǔ lì	稄 zè（ㄗㄜˋ）	曾開三入職莊
	稷昃捑仄庂汄萴側[①] 夨灰(11)	
阻立切 zǔ lì	戢 jí（ㄐㄧˊ）	深開三入緝莊
	䁒䈕䳭䣨蕺濈㗨䨸(9)	
阻瑟切 zǔ sè	櫛 zhì（ㄓˋ）	臻開三入櫛莊
	楖瀄㗻楖擳(6)	
阻史切 zǔ shǐ	滓 zǐ（ㄗˇ）	止開三上止莊
	笫胏莘朿(5)	
阻頑切 zǔ wán	跧 zhuān（ㄓㄨㄢ）	山合二平刪莊
阻限切 zǔ xiàn	醆 zhǎn（ㄓㄢˇ）	山開二上産莊
	琖盞醆(4)	
祖才切 zǔ cái	烖 zāi（ㄗㄞ）	蟹開一平咍精
	灾災扷栽哉巛菑𢦏䵵溨䏁(12)	
祖郭切 zǔ guō	嘬 zuò（ㄗㄨㄛˋ）	宕合一入鐸精
祖稽切 zǔ jī	齎 jī（ㄐㄧ）	蟹開四平齊精
	賷韲齏虀銕檱𪗋擠賫躋隮䶒懠齜(15)	
祖昆切 zǔ kūn	尊 zūn（ㄗㄨㄣ）	臻合一平魂精

---

① 今读 cè。

	鐏樽嶟繜(5)	
祖外切 zǔ wài	最 zuì（ㄗㄨㄟˋ）	蟹合一去泰精
	崪𩭹(3)	
祖贊切 zǔ zàn	㜺 zàn（ㄗㄢˋ）	山開一去翰從
	𦚢㱍穳囋(5)	

zui（ㄗㄨㄟ）

醉綏切 zuì suí	嶉 zuī（ㄗㄨㄟ）	止合三平脂精
	檇(2)	

zun（ㄗㄨㄣ）

遵誄切 zūn lěi	濢 zuǐ（ㄗㄨㄟˇ）	止合三上旨精
	噿嗺臎(4)	
遵爲切 zūn wéi	劑 zuī（ㄗㄨㄟ）	止合三平支精
	觜䔢臇㷪熼(6)	

zuo（ㄗㄨㄛ）

銼瓦切 zuō wǎ	蛆 zuǎ（ㄗㄨㄚˇ）	假合二上馬精
昨代切 zuó dài	載 zài（ㄗㄞˋ）	蟹開一去代從
	裁纔在截栽溨(7)	
昨干切 zuó gān	殘 cán（ㄘㄢˊ）	山開一平寒從
	𦚢𣧛戔盞㕚嶘(7)	
昨甘切 zuó gān	慙 cán（ㄘㄢˊ）	咸開一平談從
	慚鏨𪆧𢷾(5)	

昨亘切 zuó gèn	贈 zèng（ㄗㄥˋ）	曾開一去嶝從
	䙢(2)	
昨含切 zuó hán	蠶 cán（ㄘㄢˊ）	咸開一平覃從
	撏鄠蹭(4)	
昨禾切 zuó hé	矬 cuó（ㄘㄨㄛˊ）	果合一平戈從
	痤銼梐睉(5)	
昨何切 zuó hé	醝 cuó（ㄘㄨㄛˊ）	果開一平歌從
	𥈞瘥䣜𣨼齹嵳蒫䂳艖蔖䴾嗟䠓躦虘𥵯䕭鬌(19)	
昨胡切 zuó hú	徂 cú（ㄘㄨˊ）	遇合一平模從
	退殂殂(4)	
昨回切 zuó huí	摧①cuí（ㄘㄨㄟˊ）	蟹合一平灰從
	崔催榷檇(5)	
昨焦切 zuó jiāo	樵 qiáo（ㄑㄧㄠˊ）	效開三平宵從
	藮劁憔顦瞧譙嶕䕴鐎鄡僬醮撨蕉(15)	
昨結切 zuó jié	𢧜（截）jié（ㄐㄧㄝˊ）	山開四入屑從
	𧾍岊巀𥵩蕺鐡(7)	
昨郎切 zuó láng	藏 cáng（ㄘㄤˊ）	宕開一平唐從
昨劳切 zuó láo	曹 cáo（ㄘㄠˊ）	效開一平豪從
	𨍤槽螬嘈鏪褿艚䐬鶆䏆蓸漕褿(14)	
昨棱切 zuó léng	層 céng（ㄘㄥˊ）	曾開一平登從
	曾贈(3)	

① 摧，今读 cuī。

昨没切 zuó mò	捽 zú（ㄗㄨˊ）	臻合一入没從
	椊䯿䟶崪髀(6)	
昨木切 zuó mù	族 zú（ㄗㄨˊ）	通合一入屋從
	銼鑿(3)	
昨三切 zuó sān	蠶 cán（ㄘㄢˊ）	咸開一平談從
昨誤切 zuó wù	祚 zuò（ㄗㄨㄛˋ）	遇合一去暮從
	胙阼蔖飵䶥秨(7)	
昨仙切 zuó xiān	錢 qián（ㄑㄧㄢˊ）	山開三平仙從
	⿱戔金(2)	
昨先切 zuó xiān	前 qián（ㄑㄧㄢˊ）	山開四平先從
	歬騚湔⿱竹沾籛(6)	
昨閑切 zuó xián	戔 cán（ㄘㄢˊ）	山開二平山從
	㙻(2)	
昨旬切 zuó xún	鷷 cún（ㄘㄨㄣˊ）	臻合三平諄從
昨鹽切 zuó yán	潛 qián（ㄑㄧㄢˊ）	咸開三平鹽從
	朁鬵⿱竹沾灊䁮燂燅螹(9)	
昨淫切 zuó yín	鮗 qín（ㄑㄧㄣˊ）	深開三平侵從
	魿鬵䁮梣埐䰼鈂灊醰(10)	
昨哉切 zuó zāi	裁 cái（ㄘㄞˊ）	蟹開一平咍從
	纔財才材豺溨⿱肅才芓(9)	
昨宰切 zuó zǎi	在 zài（ㄗㄞˋ）	蟹開一上海從
昨早切 zuó zǎo	阜 zào（ㄗㄠˋ）	效開一上晧從
	草造艁(4)	

昨則切 zuó zé　賊[1] zé（ㄗㄜˊ）　曾開一入德從

賊鱡鰂蠈灗䞍(7)

作曹切 zuò cáo　糟 zāo（ㄗㄠ）　效開一平豪情

蓸醩遭熸槽傮殩螬(9)

作代切 zuò dài　載 zài（ㄗㄞˋ）　蟹開一去代精

再縡㦸䣢戴(6)

作甸切 zuò diàn　薦 jiàn（ㄐㄧㄢˋ）　山開四去霰精

虃(2)

作冬切 zuò dōng　宗 zōng（ㄗㄨㄥ）　通合一平冬精

倧(2)

作紺切 zuò gàn　篸 zàn（ㄗㄢˋ）　咸開一去勘精

撍(2)

作管切 zuò guǎn　纂 zuǎn（ㄗㄨㄢˇ）　山合一上緩精

穳纘儹籫酇纂繤(8)

作亥切 zuò hài　宰 zǎi（ㄗㄞˇ）　蟹開一上海精

縡䏁載(4)

作含切 zuò hán　簪 zān（ㄗㄢ）　咸開一平覃精

撍篸鐕朁糣鐟(7)

作旱切 zuò hàn　鬢 zǎn（ㄗㄢˇ）　山開一上旱精

作可切 zuò kě　硰 zuǒ（ㄗㄨㄛˇ）　果合一上果精

作孔切 zuò kǒng　總 zǒng（ㄗㄨㄥˇ）　通合一上董精

揔惣嵸㢔鬉蓯磫猣㩀䁓熜𢈈輚傯(15)

---

① 賊，今读 zéi，白读音。

作木切 zuò mù　　鏃 zú（ㄗㄨˊ）　　通合一入屋精
鏇(2)

作弄切 zuò nòng　　糉 zòng（ㄗㄨㄥˋ）　　通合一去送精
粽瞛傯葼鯼緵(7)

作滕切 zuò téng　　增 zēng（ㄗㄥ）　　曾開一平登精
憎磳曾矰罾熷䎖璔橧譄曽(12)

蒸上聲（無韻切）　　拯 zhěng（ㄓㄥˇ）　　曾開三上拯章
抍撜氶丞(5)

反切上字笔画索引

附录

《广韵》简介

一、什么是韵和韵书

（一）汉字的字音结构

汉字代表汉语的一个音节，每个字从语音材料上讲，可以分析为辅音和元音。光从语音材料上来分析是不够的，还需要从它结构上的特点来分析。传统音韵学正是这样来分析的。汉字的字音结构可分为两部分：居于音节开头的是声母，另外的一部分（字音的中心和结尾部分）是韵母。例如“中”zhong，zh 是声母，ong 是韵母。如果仅仅从语音材料来分析，就只好说 zh、ng 是辅音，o 是元音，这样便没有说明字音的结构上的特点，实用价值小多了。

汉语是一种有声调的语言，中古汉语有平声、上声、去声、入声四个声调。现代各方言声调多不相同。普通话分为阴平、阳平、上声、去声四个声调。zhong 这个音节，分 zhōng（终）、zhǒng（肿）、zhòng（众）[①]三个声调，人们将声母、韵母和声调称为汉字字音的三要素。

---

① zhong 音节的阳平，没有字。

(二)声母、韵母和韵

上面已经介绍了声母和韵母在音节中的位置,这里进而介绍它们的语音成分。

声母是由辅音来充当的,如:

美	丽	的	祖	国	河	山
měi	lì	de	zǔ	guó	hé	shān

音节的开头部分 m、l、d、z、g、h、sh 都是辅音。

但是,音节也有以元音开头的,如:

欧	澳	爱	鹌
ōu	ào	ài	ān

出现这种情况,意味声母的位置有了空缺,我们说这样的音节其声母是零,称它为零声母。

韵母主要由元音充当,如上面举例中的 ei、i、e、u、uo、ao、ai,都是元音。辅音也可以出现在韵母里,但是:1.数量少;2.位置都在韵尾部分。北京话里有两个鼻辅音韵尾:n、ng。

韵母就其组成成分说可分三种类型:

1. 单韵母,是由一个元音构成的韵母,如:(l)i、(d)e、(z)u。

2. 复韵母,是由两个或三个元音构成的韵母,如(m)ei、(g)uo、(j)iao。

3. 鼻音韵母,是由元音加鼻辅音构成的韵母,如(sh)an、(zh)ang。

韵母中的音素,按其位置,可分为韵头、韵腹、韵尾,如:

字	声母	韵母		
		韵头	韵	
			韵腹	韵尾
坚	j	i	a	n
家	j	i	a	
山	sh		a	n
光	g	u	a	ng
桑	s		a	ng
瓜	g	u	a	
高	g		a	o
交	j	i	a	o
他	t		a	
衣			i	
亲	q		i	n
该	g		a	i

韵头又称介音,发音轻而短,是声母和韵母的中介。韵尾在韵母的尾部,可以是元音,如上表所列的 o(实际的音是 u)、i;也可以是辅音。中古汉语有六个辅音韵尾:-m、-n、-ng、-p、-t、-k,普通话里只有-n、-ng。韵腹居于韵母的中间,是韵母的主体,发音清晰,响度大,是主要元音部分。一个韵母可以没有韵头或韵尾,但不能没有韵腹。

韵和韵母不同。韵不计算介音,所以坚/船、光/桑、茅/交、家/华,是同韵的。韵把韵尾计算在内,韵尾不同,韵便不同,所以山/桑不同韵。

做诗讲究押韵,押韵字,韵相同:

黄　河　远　上　白　云　间 jiān

一　片　孤　城　万　仞　山 shān
羌　笛　何　须　怨　杨　柳
春　风　不　度　玉　门　关 guān

这首诗间、山、关三字押韵。

（三）韵书

韵书就是按字韵编的书。上面介绍了什么是韵，目的在于使大家知道什么是韵书。“韵”这个概念不是孤立的，它与韵母有密切的关系，而韵母与声母是构成音节的两个部分。我们懂得上面介绍的内容，也就懂得什么是韵书了。然而我们还需要注意以下两点：第一，韵书的时代性。语言是发展变化的，不同时代的韵书，在音韵系统上有很大的差异。例如明代《洪武正韵》是 76 韵，近年上海古籍出版社出版的《诗韵新编》分 18 韵，每韵再分平仄两类，平声类里阴平字与阳平字分列，仄声类里上声字、去声字以及旧读入声的字分列。北京话里已无入声，把旧读入声的字在仄声里单列，是为了照顾有入声的方言和照顾旧体诗。总之，汉语的韵由中古发展下来，渐趋简单，像辅音韵尾由 6 个减为 2 个。第二，韵书编纂的体制不同。例如元周德清编的《中原音韵》是分韵编的字表，没有注音，没有对字义的解释，而《切韵》《广韵》都有反切注音，每个字下都有释义，实际上是按韵编的字典。

二、《广韵》的前身——《切韵》

《切韵》和《广韵》这两部古代韵书，实际上是一部书，《切韵》

是《广韵》的前身,《广韵》是《切韵》的增订本。《切韵》的产生,在我国韵书的发展史上有重大的意义。

(一)《切韵》产生的时代

《切韵》于隋代仁寿元年(公元 601 年)问世,距今已有 1400 多年了。

《切韵》的产生不是偶然的。

据史籍记载,最早的韵书是三国时代魏人李登的《声类》,稍后有晋代吕静的《韵集》。进入南北朝时期,韵书大增。《隋书·经籍志》著录这一时期的韵书有数十种之多,如周研《声韵》、张谅《四声韵林》、段弘《韵集》、阳休之《韵略》、李季节《音谱》、刘善经《四声指归》、沈约《四声》、夏侯咏《四声韵略》等,除此之外,如周颙《四声切韵》、杜台卿《韵略》、王斌《四声论》等,是《隋书·经籍志》没有著录的,这样的韵书也有数十种之多。韵书的大量产生,必然使韵书编纂经验不断丰富起来。然而问题的另一面是:南朝与北朝的分裂局面,也反映到韵书上来了。南朝有南朝的韵书,北朝有北朝的韵书,取音标准等多不一致。隋朝的建立,结束南北分割的局面,与这种大一统的政治局面相适应,需要有一本新的韵书:在编纂上能够吸收以往韵书的成果,在取音上要照顾到南北。它就是《切韵》。

(二)《切韵》的作者

《切韵》的作者是陆法言。参加过大纲讨论的有刘臻、颜之推、魏渊、卢思道、李若、萧该、辛德源、薛道衡,他们都是地位很高的学者、文人。《切韵·序》对此书的写作缘起和最后编成，曾有简要的介绍，大意是：隋朝开皇初年某天，上述刘臻等八人同到陆法言家，夜深，酒喝得将要尽兴的时候，大家讨论到反切问题，纵论各地方言的不同以及各种韵书审音分韵的差异。碰到有争论的问题，大多由萧该、颜之推做出决定。陆法言当时只有20多岁，担任记录，即席整理出一份大纲。20年以后，陆法言便据此份大纲编成《切韵》这样一部划时代的专著。

（三）《切韵》的性质

作为韵书，它的性质取决于所采用的音系。对《切韵》的性质，有两种不同的意见。一种意见，认为《切韵》代表一时一地的语音。至于代表哪个地方的语音，唐末李涪（fú）认为代表南方话“吴音”，近代学者陈寅恪等认为代表隋唐时代的洛阳音，近人周法高和瑞典汉学家高本汉认为是隋唐时代的长安音。另一种意见认为《切韵》是一种综合音，包括了古今音和南北方音。持这种意见的有章太炎、王国维等。王力先生说：“《切韵》的语音系统是以一个方言的语音系统为基础（可能是洛阳话），同时照顾古音系统的混合物。陆法言等人并没有进行实地的方言调查，他们谈及方言时，只凭笼统的印象；但是，他们照顾了古音系统，自然也就照顾了方音，因为方音正是从古音发展来的。”（《中国语言学史》第67页）周祖谟先生说：“它的音系不是单纯以某一地区用的方言为准……这个系统既然是由南北儒学文艺之士共同讨论而得，必定与南北的语言都能相应。”（《切韵的性质和它的音系基础》，收入《问学集》上卷）

（四）《切韵》的流传

《切韵》是参酌南北韵书而编定的。它既照顾书面语语音上的继承性，又注意河北（即北方）与江东（即江南）的不同，不以某一个地方方音为准，以便于南北不同地区的人应用。因此，问世以后，很快流传开来。这样，以往编的各种韵书便销声匿迹了，连一本也没有保存下来。《切韵》在流传过程中不断被修订补充，书名也被改换。从唐代，历经五代至宋，《切韵》经过多次增订。开始仍称《切韵》，后来称《广切韵》，即增广补充的意思。也有称《刊谬补缺切韵》的。天宝年间孙愐等增修的《切韵》称作《唐韵》，是仿《周礼》命名的。宋代在雍熙年间和大中祥符年间两次增修《切韵》《唐韵》，大中祥符元年问世的称《大宋重修广韵》。当时依靠发达的印刷业，《广韵》得以广泛流传。此后人们仅仅从《广韵》书前保留的一篇《切韵·序》，才知道有《切韵》这本书，而实际见到的是《广韵》。人们把《广韵》当《切韵》对待，例如清代陈澧的《切韵考》，实际考的是《广韵》。

20 世纪才见到《切韵》。在甘肃的敦煌和新疆和田、吐鲁番等地先后发现了唐代手写本《切韵》和五代刻本《切韵》，都是不完整的残卷，据统计前后发现的《切韵》残卷有 30 多种。有没有一本完整的《切韵》呢？有的，那是 1947 年故宫博物院在清理图书中发现的，是唐写本王仁昫《刊谬补缺切韵》，书上还有明初宋濂的跋，是真品。

下面我们对《切韵》的修订本情况做一简要介绍。

(五)《切韵》三种修订本

审音分韵是韵书主要的内容。对《切韵》的修订,主要是增加字数、增补注释,也就是说偏重在形体和字义方面。尽管增补的量不算小,但是,《切韵》的语音系统并没有实质性的改变。因此,前人将《广韵》作《切韵》对待,是可以允许的。

《切韵》的修订本主要有以下三种①:

一、长孙讷言笺注本《切韵》②。发现的残卷仅179行,其中有陆法言的《切韵序》和长孙讷言本人另作的序(写于唐高宗仪凤二年,即公元677年)。字数小有增加,对《切韵》原书的字形和释义,添加了一些注解(以《说文解字》为根据),因此人们称其为笺注本《切韵》。

二、王仁昫《刊谬补缺切韵》。此书作于唐中宗神龙二年(公元706年)。作者定这样一个书名,意在说明本书的宗旨是:1.刊谬,即订正《切韵》的错误;2.补缺,即补充《切韵》的遗漏和不足。当时的书是通过手写而流行的,在传写过程中又会有种种改动。现在发现的有三种王仁昫的《刊谬补缺切韵》,为便于称说,将它们分别称作王一、王二、王三。上面提到的有宋濂跋的《刊谬补缺切韵》,就属于王三。

三、孙愐《唐韵》。作于唐玄宗开元二十年(公元732年)之后,时间晚于上两种。这部书在唐代影响很大,宋代著名学者王

① 参见周祖谟先生《唐五代韵书集成·总述》。

② 长孙讷言,人名,姓长孙,名讷言。

应麟的《困学纪闻》,竟认为它是与《切韵》不同的另外一部书。此书已亡佚,现发现它的两种残卷。宋代徐铉等在校定《说文解字》时,在每字的字下补充了反切注音,其反切便采自孙愐的《唐韵》。

《切韵》的残卷和完备的唐写本一种,发现偏晚,主要是供研究者用的,因此它的体例、内容我们就从略不介绍了。而且这方面的内容在介绍《广韵》时会谈到。

三、《广韵》的成书时代及其基本内容

(一)《广韵》成书时代

宋太祖赵匡胤结束五代十国纷争的局面,统一了中国。封建统一的中央王朝,在武功上取得胜利后,必然要"兴文治",于是语言文字专著的整理也提到日程上来了。在宋太宗雍熙三年(公元987年)徐铉等奉皇帝之命,对《说文解字》做了校订,使这部文字学重要著作得以流传。与此同时,命陈鄂等校订《玉篇》和《切韵》,对《切韵》的校订其结果是编成《雍熙广韵》一百卷。到宋真宗时,命陈彭年等对《广韵》再做校订,于大中祥符元年(公元1008年)完成,命名为《大宋重修广韵》,简称《广韵》。"广"是扩充的意思,是对《切韵》的扩充。《切韵》问世以后,修订本可谓多矣,但都是私人修的,而这次是官修的,其影响自然大得多。不久《广韵》一书便取代了《切韵》。

(二)《广韵》的基本内容

了解一部韵书,首先要了解它的分韵情况。《广韵》全书共分

206韵，其中平声韵57，上声韵55，去声韵60，入声韵34。对于《广韵》的分韵情况我们需要从两个方面来考察：一、从韵的四声分配来考察，为什么四声的韵数不一致？二、与《切韵》做比较，看它有什么变化。

《广韵》平声57韵，上声也应该是57，现在是55，少了两韵。这是因为与平声冬韵、臻韵相匹配的两个上声韵，韵内所辖字少，合并于别的韵里，因此减少了两个上声韵目。去声韵特别，它的祭韵、泰韵、夬韵、废韵是独有的，没有与之相匹配的平声韵和上声韵，57＋4＝61，应该有61韵，但有一个去声韵，因为所辖字少，合并于别的韵里，因此是60韵。入声韵是指带-p、-t、-k韵尾的字，与平声韵中带-m、-n、-ng韵尾的字（音韵学上称作阳声韵）相匹配。《广韵》里阳声韵35个，入声韵也应该35个，但因为与平声的阳声韵“痕”相匹配的入声韵所辖字少，附在了入声韵“没”韵里，故为34个。

《切韵》本来是193韵，到《唐韵》增至195韵[1]，《广韵》再增至206韵。增加的原因是：在《唐韵》里真谆、寒桓、歌戈（包括相匹配的上去入的韵）是合而为一的，到《广韵》里分为二：

《唐韵》	《广韵》
（真谆）（轸準）（震稕）（质术）	（真）（轸）（震）（质）＋4
	（谆）（準）（稕）（术）
（寒桓）（旱缓）（翰换）（曷末）	（寒）（旱）（翰）（曷）＋4

① 从上声琰韵里分出广（yǎn）韵；从去声艳韵里分出酽（yàn）韵。

	(桓)(缓)(换)(末)	
(歌戈)(哿果)(箇过)	(歌)(哿)(箇)	+3
	(戈)(果)(过)	

这只是将开口呼与合口呼分开[1]，仅仅是为了检字方便，并未影响到《切韵》的语音系统。因此，《广韵》从音系上讲，就是《切韵》音系。

《广韵》收单字 26194 个，较《切韵》的 12150 个，增加字数一倍多。《广韵》注文 19 万多字，较《切韵》也有很大的增加。《广韵》注意引证文献资料，据统计所引的书达 270 多种。作为一部辞书，它的内容较《切韵》大大丰富了。

（三）《广韵》是如何排列单字的

一部韵书首要的任务是排列单字。《广韵》排列单字，分两步走。第一步，先将汉字按韵编在一起。例如将与“东”字韵相同的字如红、公、弓、戎、中、融、宫、终、隆等排在一起，编为一个“班”。“东”字打头，是“班长”，音韵学上称为“韵目”，这一韵称为东韵。东韵完了，依次排其他的平声韵：冬、钟、江……。平声韵完了是上声韵，还是老办法，将与“董”字韵相同的字，如孔、桶、宠、汞等排在一起，称作董韵。去声韵第一个韵是送韵，送韵里有贡、弄、控、痛等字。入声依例排下去。《广韵》收字 26194 个，按 206 韵归

① 中古汉语只有两呼：开口呼（没有介音 u），合口呼（有介音 u）。呼下再分四等，一二等无介音 i，三四等有介音 i（早期四等也不带介音 i）。二呼四等后来发展为四呼：这就是开口呼的三四等成为齐齿呼，合口呼的三四等成为撮口呼，加上开口呼、合口呼，成为四呼。

字，说得形象一点，就是将 26194 字编为 206 个以韵为单位的班。

每卷开头有一个韵目表，相当于目录，便于循韵目查字。全书五卷，上平声、下平声、上声、去声、入声各为一卷。平声分为上平声、下平声是因为平声字多，在一卷书里容纳不下。

请看上平声卷第一、入声卷第五的韵目表。

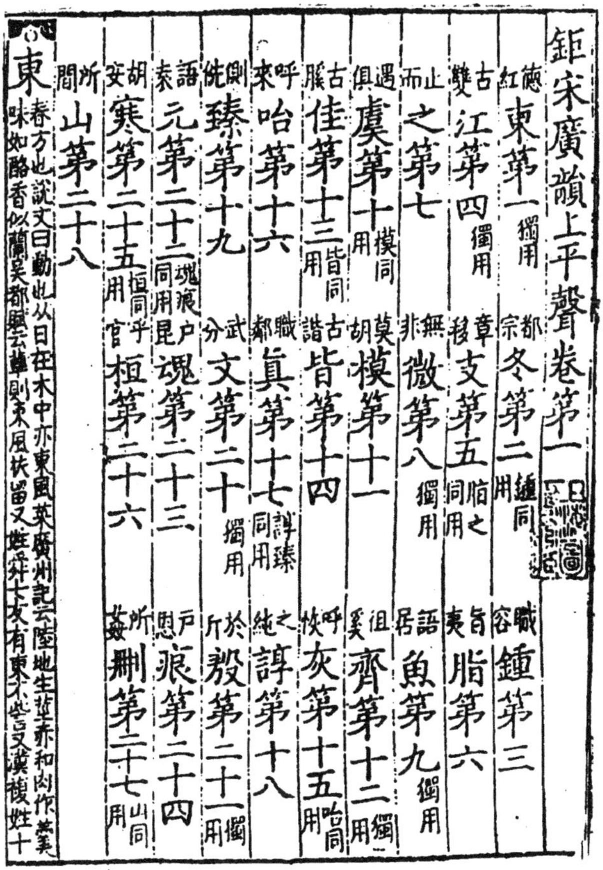
鉅宋廣韻上平聲卷第一

德紅東第一獨用　都宗冬第二鍾同用　職容鍾第三
古雙江第四獨用　章移支第五脂之同用　旨夷脂第六
止而之第七　無非微第八獨用　語居魚第九獨用
遇俱虞第十模同用　莫胡模第十一　徂奚齊第十二獨用
古膎佳第十三皆同用　古諧皆第十四　呼恢灰第十五咍同用
呼來咍第十六　職鄰真第十七諄臻同用　之純諄第十八
側詵臻第十九　武分文第二十獨用　於斤殷第二十一獨用
語袁元第二十二魂痕同用　戶昆魂第二十三　戶恩痕第二十四
胡安寒第二十五桓同用　乎官桓第二十六　所姦刪第二十七山同用
所間山第二十八

東　春方也說文曰動也从日在木中亦東風菜廣州記云陸地生莖赤和肉作羹味如酪香似蘭吳都賦云草則東風扶留又姓舜七友有東不訾又漢複姓十

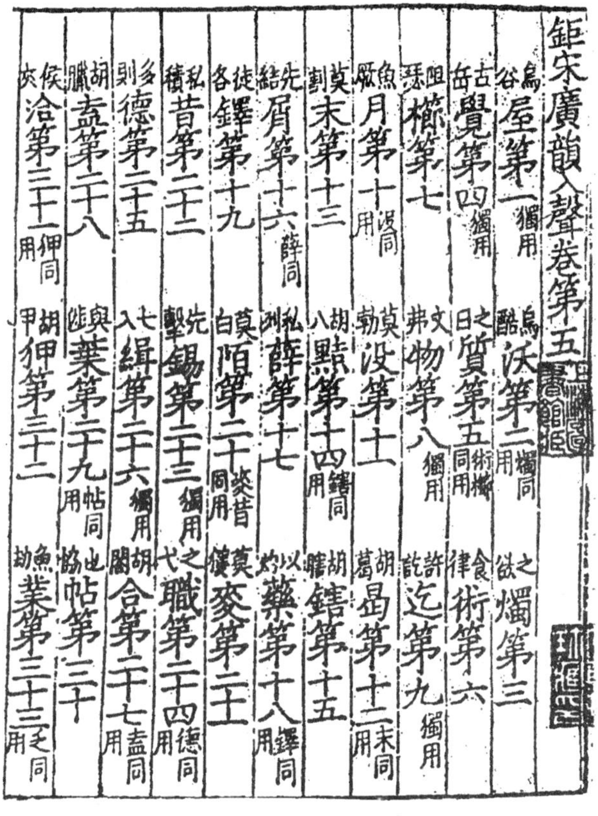

鉅宋廣韻入聲卷第五

烏谷 屋第一 獨用　烏酷 沃第二 燭同用　之欲 燭第三

古岳 覺第四 獨用　之日 質第五 術櫛同用　食律 術第六

阻瑟 櫛第七　文弗 物第八 獨用　許訖 迄第九 獨用

魚厥 月第十 沒同用　莫勃 沒第十一　胡葛 曷第十二 末同用

莫割 末第十三　胡八 黠第十四 鎋同用　胡瞎 鎋第十五

先結 屑第十六 薛同用　私列 薛第十七　以灼 藥第十八 鐸同用

徒各 鐸第十九　莫白 陌第二十 麥昔同用　莫獲 麥第二十一

私積 昔第二十二　先擊 錫第二十三 獨用　之弋 職第二十四 德同用

多則 德第二十五　七入 緝第二十六 獨用　胡閤 合第二十七 盍同用

胡臘 盍第二十八　與涉 葉第二十九 帖同用　他協 帖第三十

侯夾 洽第三十一 狎同用　胡甲 狎第三十二　魚劫 業第三十三 乏同用

这种按四声分韵排字的做法，便于按韵索字。例如律诗要求用平声押韵，那么在平声韵里挑选字好了。但是，我们要研究韵之间的关系，研究语音系统，就不方便了。东、董、送、屋，从主要元音和韵尾看，应是两个韵 ong｜ok，现在四字被分别排在了四卷书里，对从语音上做分析研究十分不便。经过音韵学家研究，已搞清楚了 206 韵之间四声相配的关系。现将 206 韵按四声相配的要求列表如下：

上平声	上声	去声	入声
一　东	一　董	一　送	一　屋
二　冬	（湩）①	二　宋	二　沃
三　锺	二　肿	三　用	三　烛
四　江	三　讲	四　绛	四　觉
五　支	四　纸	五　寘	
六　脂	五　旨	六　至	
七　之	六　止	七　志	
八　微	七　尾	八　未	
九　鱼	八　语	九　御	
十　虞	九　麌	十　遇	
十一模	十　姥	十一暮	
十二齐	十一荠	十二霁	
		十三祭	
		十四泰	
十三佳	十二蟹	十五卦	
十四皆	十三骇	十六怪	
		十七夬	
十五灰	十四贿	十八队	
十六咍	十五海	十九代	
		二十废	
十七真	十六轸	二十一震	五　质

① 与“冬”“宋”“沃”相配的上声《广韵》无韵目，只有“湩”“**䳋**”二音，附入上声“二肿”，但注明“此是冬字上声”。

（续表）

十八谆	十七准	二十二稕	六　术
十九臻	（𧤛）①	（龀）②	七　栉
二十文	十八吻	二十三问	八　物
二十一欣	十九隐	二十四焮	九　迄
二十二元	二十阮	二十五愿	十　月
二十三魂	二十一混	二十六慁	十一没
二十四痕	二十二很	二十七恨	（麧）③
二十五寒	二十三旱	二十八翰	十二曷
二十六桓	二十四缓	二十九换	十三末
二十七删	二十五潸	三十谏	十四辖
二十八山	二十六产	三十一裥	十五黠
下　平　声	上　声	去　声	入　声
一　先	二十七铣	三十二霰	十六屑
二　仙	二十八狝	三十三线	十七薛
三　萧	二十九篠	三十四啸	
四　宵	三十小	三十五笑	
五　肴	三十一巧	三十六效	
六　豪	三十二晧	三十七号	
七　歌	三十三哿	三十八箇	

①②　“臻”韵的上声和去声各列韵字，是从戴震的说法。《广韵》上声“十九隐”有“𧤛，仄谨切”、“龀，初谨切”，戴氏在《声韵考》中考证这两个字是臻韵的上声。又隐韵“龀”字下注：“又初靳切”，“靳”是焮韵字，因而戴氏据《广韵》的“又音”确定“龀”字同时也是臻韵的去声。

③　据早期韵图，与“痕”韵相承的入声字，有“麧、𥝩、纥、龁、淈”。《广韵》附入“十一”没韵。

（续表）

八　戈	三十四果	三十九过	
九　麻	三十五马	四十祃	
十　阳	三十六养	四十一漾	十八药
十一唐	三十七荡	四十二宕	十九铎
十二庚	三十八梗	四十三映	二十陌
十三耕	三十九耿	四十四诤	二十一麦
十四清	四十静	四十五劲	二十二昔
十五青	四十一迥	四十六径	二十三锡
十六蒸	四十二拯	四十七证	二十四职
十七登	四十三等	四十八嶝	二十五德
十八尤	四十四有	四十九宥	
十九侯	四十五厚	五十候	
二十幽	四十六黝	五十一幼	
二十一侵	四十七寝	五十二沁	二十六缉
二十二覃	四十八感	五十三勘	二十七合
二十三谈	四十九敢	五十四阚	二十八盍
二十四盐	五十琰	五十五艳	二十九叶
二十五添	五十一忝	五十六栎	三十帖
二十六咸	五十二豏	五十七陷	三十一洽
二十七衔	五十三槛	五十八监	三十二狎
二十八严	五十四俨	五十九酽	三十三业
二十九凡	五十五范	六十梵	三十四乏

本表采自陈复华《汉语音韵学基础》（中国人民大学出版社），小有改动。

将字分入不同的韵里，这是第一步，下面是第二步：在一个韵里，把反切相同的字排在一起，叫一个小韵。反切相同，就是字音相同。东韵有 34 个小韵[1]：

○东德红切，十七○同徒红切，四十五○中陟弓切，四○虫直弓切，七○终职戎切，十五○忡敕中切，三○崇锄弓切，四○嵩息弓切，九○戎知融切，九○弓居戎切，六○融以戎切，四○雄羽弓切，二○瞢莫中切，六○穹去宫切，七○穷渠弓切，三○冯房戎切，七○风方戎切，七○丰敷空切，八○充昌终切，七○隆力中切，六○空苦红切，十四○公古红切，十三○蒙莫红切，二十六○笼卢红切，二十七○洪户公切，二十二○丛徂红切，五○翁乌红切，八○悤仓红切，十五○通他红切，九○葼子红切，二十一○蓬薄红切，十○烘呼东切，六○岘五东切，一○檧苏公切，三

我们知道，在同一韵里，所有的字其韵相同，它们彼此不同之处在什么地方？首先在声母方面。例如东、同，它们的不同在于"东"的声类属"端"母，"同"的声类属"定"母(端的浊声母)。可见同一韵中，是根据声母的不同来排字的。如果声母相同呢？例如公、弓，它们的声母都是"见"母，剩下的只能是介音不同了。韵图正是把"弓"列在三等里，也就是说，"弓"的韵母里有介音"i"。这样，字的排列就得再加一条标准：介音。

众多的小韵以反切作为标志，不容易直接看出来其间的不同，只有通过分析才能晓得小韵之间的分别：或是声母不同，或是介音不同。

① "东"字等后的释义，以及小韵所带领字，均省略。

至此，我们了解到《广韵》对字的排列，是建立在对字音全面分析的基础上，其办法是：四声韵——声母、介音，落脚点是同音字。现代音序排列是：声母——韵母，构成音节，音节再分四声，最后落脚点也是同音字。后者与汉字字音结构（声母＋韵母）相顺应，因此检字方便。

（四）《广韵》是如何注释单字的

下面我们举上平声江韵四个小韵的字为例，做一些说明。

四○江江海书有九江。《寻阳记》云乌江、蚌江、乌白江、嘉靡江、畎江、沔江、廪江、提江、菌江。亦姓，出陈留，本颛顼玄孙，伯益之后。爵封于江陵，为楚所灭，后以国为氏。古双切。十一。扛举鼎。《说文》云：扛，横关对举也。秦武王与孟说扛龙文之鼎，脱膑而死。杠旌旗饰。一曰床前横。茳茳蓠，香草。釭灯。又音工。矼石矼，石桥也。《尔雅》曰："石杠谓之徛。"字俗从石。豇豇豆，蔓生白色。肛胮，肛胀大。又许江切。玒玉名。又音工。舡举角。谾谾谷，在南郡。○厖厚也，大也。莫江切。十四。駹黑马白面。狵犬多毛，亦作尨。尨同上。浝水名。哤语杂乱曰哤。牻牛白黑杂。娏女神名。黱阴私事也。蛖五蛖，山名，在蜀。蛖蛖蝼，蝼蛄类。眬目不明。痝病困。侎不媚。○囱《说文》曰："在墙曰牖，在屋曰囱。"楚江切。九。窻《说文》作窗。通孔也。《释名》曰："窻，聪也。"于内见外之聪明也。牎上同。窗俗。𥟂种也。𡍩上同。摐打钟鼓也。鏦短矛也。𥟂上同。○邦国也。又姓，出何氏《姓苑》。博江切。四。峀古文。梆木名。垹土精如手，在地中，食之无病。

《广韵》注释体例大体上可概括为以下几点：

1. 每韵开头的地方标数字，表示此韵的次第。江韵是上平声第四，故标“四”。

2. 每个小韵在开头的地方标○，起到间隔小韵的作用。

3. 每字先释义后注音。每小韵的打头字，在释义后注反切，反切后注数目字，表示此小韵的总字数。反切是管以下各字的，因此，小韵中其他的字不再注反切，但如果有另外的音读，则加“又音×”或“又××切”。

4. 字如有异体，将异体字单立字头于后，不再释义，而标注“上同”，或标“俗”“古文”等，表示是俗体或古体等。如“牕”有两个异体字：牎上同，窓俗。

5. 联绵字，连字为解（即以词为对象来注释），如蜣，蜣蜋；蜋，蛣蜣；茳，茳蓠，香草。

6. 释义一般较简单，唯姓氏和地名字较详。

四、反切的用途

（一）反切是了解《广韵》的钥匙

我们阅读《广韵》，凡是古代汉语有一定根基的，对字义注释的内容，可以看懂。然而，对《广韵》的注音——反切，要真正了解就不那么容易了。例如“东”字下注“德红切”，如果不懂反切，就不明白它的含义。而对一本韵书来说，注音是其重要的内容。《广韵》的历史价值，在于它反映中古时期汉语语音系统，而要了解这个系统，需要依靠全面分析《广韵》的 3800 多个反切。有人说，反切是《广韵》的精髓；我们从另一个方面说，反切是了解《广韵》的钥匙。

了解可以分两个层次：一、一般的了解，即知道反切的原理、特点；二、深入全面的了解，懂得反切的规律，了解中古语音系统，进而利用反切来考校字音。对一般读者，只需要达到第一种要求就够了。

（二）在什么情况下需要利用《广韵》

《广韵》的成果，许多已被吸收在现代各种辞书里，例如《辞源》每字下都引了《广韵》的反切，我们想了解这方面的内容，查《辞源》就可以了。因此，在一般情况下我们没有必要直接去利用《广韵》。但当我们遇到某些专门性问题的时候，可以考虑向《广韵》请教。例如《广韵》收字较多，我们常可利用它来考察字的发展变化。“虱”这个字，《说文解字》作蝨，䖵是形符，卂（xùn）是声符，如何变成了“虱”字，《广韵》给了我们帮助。蝨，在《广韵》里俗作蝨，省掉一个“虫”，再一变就成了“虱”。《广韵》中还收了一些简体字、俗字，对我们了解字的简化发展有一定意义，例如豬作“猪”；關收俗体“関”（后进而简作“关”）；憐收俗体“怜”等等。《广韵》在字义注释上也有自己的一些特色，例如，字的姓氏义，在《广韵》中收罗比较多。清钱大昕《十驾斋养新录》说：“古姓氏书今多失传，唯《广韵》所采多唐以前书……征引最为该洽。”其实《切韵》在这方面的内容更丰富，例如古代有将姓与五音相配的习惯，在《切韵》残卷里有记录与五音相搭配。

(三)《广韵》主要的用途在字音方面

清代陈澧利用《广韵》的反切来探讨《广韵》所反映的汉语中古音系。他采用的方法叫作系联法:

一、基本条例:凡是反切上下字有同用、互用、递用的,那么它的声类或韵类必然相同。他说:“切语上字与所切字为双声,则切语上字同用者、互用者、递用者,声必同类。”①他所举的例字用表表示如下:

类别	同用	互用	递用
例字	冬 都宗切 当 都郎切	当 都郎切 都 当孤切	冬 ← 都郎切 都 ← 当孤切
推断	冬当二字同用都字做反切上字,冬当都三字同声	当用都做反切上字,都用当做反切上字,当都二字同声	冬用都做反切上字,都用当做反切上字,冬都当三字同声

二、分析条例:凡是两个不同的切语,如果切语下字同类,那么就可以断定它们上字必不同声类。例如“红,户公切”“烘,呼东切”,《广韵》告诉我们“公”“东”二字韵同类,那么户、呼二字必然不同声类(按:如果同声类就一定合为一个反切,不必列两个反切了)。

三、补充条例:难以直接系联类推的切语,从又音、互见等的反切,去恢复它们间的联系。例如东韵下的冻,“德红切”,又“都

① 陈澧《切韵考》。

贡切”，而在送韵下又遇见了“冻”字，作“多贡切”，可见都贡切、多贡切是一样的，那么可进而确定多、都同声类。

韵类系联的道理是一样的。通过这种方法，就把《广韵》的475个反切上字归纳为40个声类。唐代守温和尚有30个字母，宋代发展为36个字母，是指汉字声母的。两下一比较，中古的声母系统就基本上找到了。有的声类，它们出现的地方是有条件的，如“古”类出现在没有介音i的前面，而“居”类，一定出现在有介音i的前面，从音位学的观点看，古、居二类是一个声母的不同变体，这样就可以从声类出发求出声母了。将206韵中所辖的1190来个反切下字，用同样系联归纳的办法得出311个韵类。对此311类，后来音韵学家有补充。韵类计算声调，韵母不计算声调。唐作藩先生说：“根据归纳韵母的原则，凡介音、主要元音和韵尾相同的韵类，依平上去相承为一类，入声单算一类，这样可以把《广韵》的舒声归纳为91个韵母，加上入声51个，共计142个韵母。”①

掌握了《广韵》的声母和韵母系统，进而可以下推从中古音到北京话的演变，可上推探求上古音声母和韵母。这属于专门知识，这里无法详谈了。但我们仍然想举些例子，增加一点大家看书的兴趣。例如“茄”“伽”，它们在《广韵》属群母字，是浊音平声字，出现在介音i前，应该变为q，所以茄子、伽蓝、伽南香，都读qié。但外来词不受语音演变的影响，意大利天文学家伽利略，一种香烟“雪茄”，伽、茄都读成jiā。又如“械”，现在多误读为jiè，这

① 唐作藩《音韵学教程》第130页。

是受偏旁“戒”的字音影响所致，“械”在《广韵》属匣母字，按语音演变规律当读 xiè。有些字音口语里出现歧读时，需要参照《广韵》，才能找出其原因所在。

《广韵》还可以帮助我们了解方言和古音。如《颜氏家训·音辞篇》：“河北（指河南境内黄河以北地区）切‘攻’为古琮切，与工、公、功三字不同，殊为僻也。”这说明《颜氏家训》的作者，在他的口语里攻与工、公、功已同为一音，没有区别，但当时“河北”地区有分别，因此认为河北的音很怪僻。参照反切，攻，古冬切，在冬韵，而工、公、功三字皆在东韵。《广韵》将冬、东分开，正是照顾了河北等地的方言。这也是符合古音的。在先秦时代，冬韵与东韵不同，像《诗经·周颂·烈文》东部的字邦、崇、功与皇（阳韵）字押韵，而冬部字没有这种情况。王力先生认为在《诗经》时代冬部应归入侵部。

汉语方言复杂，但都是由古汉语发展来的，因此调查方言，就需要利用古音系统来编调查字表，中国科学院语言所编的《方言调查字表》，就是用的《广韵》音系。实践证明这个字表是行之有效的，它可以帮助说明语音的发展变化，也可用来比较方言间语音的异同。例如腻、暱、匿、逆、溺，在北京话里都念 nì，在广州话里有区别，而在《广韵》里它们分属于至韵、质韵、职韵、陌韵、锡韵，利用《广韵》既能说明广州话五个字字音区别有历史的根据，也可根据北京话的变化，说明汉语韵母的韵尾向简化方向发展①。

① 腻、暱、匿、逆、溺五字按《广韵》音系，拟音当为腻[ni]、暱[nĭĕt]、匿[nĭək]、逆[ŋiɐk]、溺[niek]。

五、其他

(一)《广韵》的版本

由于《广韵》成书后得到广泛流传，在流传中不断翻刻，因此，它的版本多而复杂。概括说来，可分为繁本和简本两种：

1. 张氏泽存堂重刊本《广韵》(繁本)
2. 古逸丛书覆宋本《重修广韵》(繁本)
3. 涵芬楼覆印宋刊巾箱本(繁本)
4. 曹刻楝亭五种本(繁本)
5. 古逸丛书覆元泰定本(简本)
6. 小学汇函内府本(简本)

简本是元朝人根据宋代繁本删节而成，所删节的只是字义的注释，韵书的性质、内容并未受到影响。明代流传的多为简本，到清代繁本被不断翻刻，流传日广。《广韵》流传中文字注释、引书等错误不少，周祖谟先生的《广韵校本》，做了全面精审的校改，是供研究者用的最好的本子了。

(二)《广韵》的整理

《广韵声系》，沈兼士主编，1945 年出版，1962 年文字改革出版社翻印出版，1982 年中华书局重印出版。该书的特点是按声符来排列单字。例如功、疘、玒、釭、虹、攻、玒、江、扛、杠、矼、豇、肛、巩、贡、虹，这些字都以“工”做声符，便排在工之后，形成以工为声符的一组字。《说文解字》《玉篇》等按部首排列，实际上是以形符为纲来排字，而《广韵声系》是以声符为纲来排字。这样做不光是一个排字问题，而是将汉字声符做了全面系统的整理，为我们研究汉字提供了方便：一、可以了解汉字形声字是如何发展的。例如以“工”为声符的字可以组成一串汉字，而其中的一些字又可作为声符去组成形声字，如贡/渍、愤、碛、篑、喷；空/箜、椌、硿、椌、悾、倥、涳、鸿、控、腔、猔、羫、崆；巩/碧、蛩、恐、鞏、跫、銎、跫等。二、显示汉字字音的网络关系。例如“江”“豇”读 jiāng，而它的声符是“工”gong；而项读 xiàng，澒字则读 hóng；空 kōng，腔 qiāng。属 ang 韵的前面有介音[i]。这并不是偶然的。我们可以通过汉字声符的网络系统，去揭示汉字声母、韵母的发展。三、进一步了解字音与字义的关系，例如“腔”以“空”为声符，“腔”《说文解字》：“内空也”（即体内有空的地方），“銎”，指斧子有孔的地方，也是有空隙之地，以便装柄。王力先生认为“空”“腔”“銎”都有同源关系（见《同源字典》）。许多同源字是共声符的，但我们不能说，共声符的必然同源。

《广韵声系》基本上保留了《广韵》内容，但编排上的变化，使它具有了特殊的用途。

谈 谈 反 切

反切是我国古代一种传统的注音方法，如：冬，都宗切，即用“都宗”二字给“冬”字注音，按北京话语音系统说，取反切上字“都”的声母 d，下字“宗”的韵母和声调 ōng，连读拼切就得出“冬”（dōng）字的读音。我国古代的字书（《说文解字》的反切是宋时补加的《唐韵》）、韵书，直到近代的《中华大字典》、旧版《辞源》《辞海》等，都是按照这种方法来注音的。今天，我们给汉字注音，采用的是新中国成立后制定的《汉语拼音方案》，这是一套音素化的注音符号，简便、准确。反切作为一种注音手段已被淘汰。但是，用反切记录下来的汉字字音资料有历史的价值；我们阅读古书时常遇到反切注音，因此对反切的知识应该有一个大致的了解。

一、反切的创始

一般认为反切创始于三国时魏的孙炎。孙炎著《尔雅音义》，采用反切给汉字注音。这部书已亡佚，但在唐陆德明的《经典释文》里保存有他的反切材料。隋颜之推《颜氏家训·音辞》说：“孙叔然创《尔雅音义》，是汉末人独知反语；至于魏世此事大行。”陆德明和张守节分别在《经典释文·叙录》和《史记正文·论例》中讲到孙炎创制反切的事。

孙炎创制反切不是偶然的，这与印度梵文的拼音原理在东汉末传入我国有关。东汉初佛教自印度传入我国,僧徒们要用汉语来翻译佛经,这就需要懂得梵文,梵文是拼音文字,习梵文必须学习拼音原理,这样拼音知识也就随着佛教的东来而传入我国。《隋书·经籍志》说:“自后汉佛法行于中国,又得西域胡书,能以十四字贯一切音。”清姚鼐《惜抱轩笔记》:“孙炎所以悟切音之法,原本婆罗门之字母。”有了拼音知识是不难分析出汉字字音的基本结构——声母和韵母的。反切的方法是建立在对汉字字音基本结构的离析和组合的基础上的,懂得离析汉字声母和韵母,也就懂得反切了。

孙炎以前已经有人使用反切。唐慧琳《一切经音义》景审序:“古来音反,多以旁纽而为双声,始自服虔。”《汉书·地理志·广汉郡梓潼》条下应劭注:“潼水所出,南入垫江。垫音徒浃反。”《隋书·经籍志》载“河南服虔撰《通俗文》一卷”。司马贞《史记索隐》、玄应《一切经音义》、李善注《文选》均曾转引了《通俗文》中的某些反切。章炳麟认为东汉末已有反切[①]。但这仅是反切的萌芽,因为就提供的资料看,各家所用的反切资料是很少的,反切用字也比较混乱,不像孙炎在《尔雅音义》中的反切用字比较划一。像反切这样汉字注音上划时代的重大创作,很难是一个人独自完成的,孙炎肯定学习和吸收了前人的成果。

反切的产生根源还可以追溯到先秦时代的合音字。先秦时就有不少合音字,如“不可”为“叵”,“之于”为“诸”等,这些字是按

---

① 章炳麟:《国故论衡·音理论》。

照声韵组合的原则造出来的。因此宋代的沈括说："切韵之学，本出于西域。汉人训字只曰读如某字，未用反切。然古语已有二声合为一字者，如不可为叵……之类，似西域二合之音，盖切字之原也。"[①] 清初的顾炎武则认为这就是反切，他说："按反切之语，自汉以上，即已有之……尝考之经传……蒺藜正切茨字，瓠芦正切壶字……，以此推之，反切不始于汉末矣。"[②] 顾炎武坚持反清复明的立场，在他看来以夏变夷则可，以夷变夏则不可，所以把反切的发明提到佛教东来之前。然而合二字之声韵以成一字，和用切语做标音的手段，是性质不同的两件事，不应混为一谈，虽然合音字的创制反映了古人对切语有一定的认识。

反切的产生在我国文化史上有重要的意义。一千多年来它是汉字主要的注音手段，对推广教育，对审音、正音都有积极作用。至今对汉语研究也有一定价值。我们知道，字词是音义的结合物，研究词义需要结合音，反切则是我们常常要利用的资料。例如"告"今读 gào，《现代汉语词典》①把事情向人陈述……③为了某事而请求：告假、告贷。④表明：告辞、自告奋勇。第③④义古为古沃切，入声，第①义项为古到切。音不相同。了解这种不同，有助于了解字义的差别。《王力古汉语字典》对上述不同给予了说明。有了反切，产生了韵书，进而产生了等韵学。没有反切资料，没有韵书等，中古以来汉语语音将会是一片混沌；不了解中古音，我们也无法对上古语音进行科学推求。至于韵书对我国律

① 沈括：《梦溪笔谈》卷十五。
② 顾炎武：《音学五书·音论下·反切之始》。

诗等韵文学的发展的作用更是不言而喻的。反切的历史作用应充分肯定。

二、反切的原理与反切的缺陷

反切的原理，表面上看简单易明，实际上要复杂得多。所谓上字取声，下字取韵和调，在上面所举"冬"例中，是借助于汉语拼音方案才把声、韵"取"出来的。汉字包括声、韵、调三部分，是三位一体，是封闭的。而反切正是要把字的声、韵、调"切"开，上字只取声，下字只取韵和声调。这本身就是矛盾的。冬，都宗切，"都"字我们只需要"d"，但念时我们念"du"这个音，用"都"拼"冬"时上字必然要带出没有用的韵母"u"；下字"宗"，必然要带出没有用的声母"z"，这两个音素是"多余的成分"。有人说反切难就难在不容易切掉这多余的成分，它常常成为拼切的障碍。下面举例谈谈反切的这一缺陷是如何影响拼切的。

a. 关于反切上字与被切字不同呼的问题，如：

郎　鲁当切（勒昂切）。郎，开口呼；鲁，合口呼。

眬　力董切（鲁孔切）。**眬**，合口呼；力，齐齿呼。

上例，反切上字的韵母与被切字的韵母不同呼（即反切上字不与反切下字同呼）。按反切原则，反切上字只取声母而不管韵母，上字的韵母与被切字的韵母不同呼是被允许的。但这必然影响拼切。"鲁"的韵母是 u，是合口呼；反切下字"当"的韵母 ang，是开口呼，发这两个音时共鸣器官不同，由"lu"过渡到 āng 不顺口。于是在拼读时必须较快地多读几遍，使"鲁"的发音由 lǔ 渐变成 le，才容易使声母附着到 āng 韵母上（其中的困难还由于下字声母的阻碍作用，这后面再谈）。如果反切上字与被切字是同呼的，那么拼切就会顺口得多。明清时的音韵学家已注意到这个问题，像清李光地的《音韵阐微》就把那些与被切字不同呼的反切上字，换成与被切字同呼的字。这是对反切的改进。上例括弧里的反切，就是《音韵阐微》的反切，我们拼读一下便会觉得顺口得多。

b. 关于反切上字有辅音韵尾的问题，如：

遭　张连切（知焉切）　　（张：zhāng）

捃　君运切（据运切）　　（君：jūn）

上例，反切上字分别有辅音韵尾 ng 或 n。按反切原则，上字取声母，不管它的韵母如何，因此带辅音韵尾也是被允许的。但这些辅音韵尾夹在中间会影响上字声母与下字韵母的结合。拼切时需较快地连读，使上字韵尾弱化，把“张”由 zhāng 变成 zhe，进而为[tʂʅ]，这样，上字的声母才容易同下字的韵母结合。如果把反切上字换成开音节的字（即没有韵尾 n、ng），这种障碍就没有了。括弧里的反切也是据《音韵阐微》，它比较容易拼读些。

c. 关于反切下字的声母问题，如：

辇　力展切（里演切）　　（展：zhǎn）

嫂　苏老切（思袄切）　　（老：lǎo）

上例，反切下字分别有声母 zh、l。按反切原则，下字只取韵母，这样，下字的声母夹在中间，在拼读时必影响上字声母同下字韵母的结合。拼切时也只得借助于连读使下字声母弱化，“力展切”的“展”就是使“zh”弱化，使上字的 l 过渡到它的地位上来。如果把反切下字换成零声母的字（即由元音开头的字），这个问题就解决了。按括弧里的反切就顺口得多。

陈澧在《切韵考》卷六中指出，连读二字成一音虽然直捷，但上字必用支、鱼、歌、麻诸韵字（即没有辅音韵尾的开音节字），下字必用喉音字（即零声母字）。支、鱼、歌、麻韵无收音，喉音直出，因而可连成一音。这是对反切原理的修正的说明。但是，上字用支、鱼、歌、麻诸韵字利于拼切，这些韵类中却挑不出那么多反切上字。下字的道理一样。陈澧同时就指出了这种主张难以实行，他说："然必拘此法，或所当用者有音无字，或虽有字而隐僻难识，此亦必穷之术也。而吕新吾《交泰韵》、潘稼堂《音类》必欲为之，于是以埅翁切终字，以竹硧切中字。夫字有不识乃为切语，以'终''中'易识之字而用'埅''硧'难识之字为切，不亦值乎？"反切的缺陷是汉字造成的；反切的改进也受到汉字的限制。

还需要指出：汉字中有一些是元音开头的字，也就是零声母字。这些字只有韵母没有声母，而反切的原则是两字切一字，所以零声母的字尽管没有声母，在反切中仍要安排表示声母的反切上字。如：

宛畹婉　於阮切　　(ü)＋(r)uǎn＝uǎn

在拼切中，反切上字是没有作用的（关于其分清浊的问题这里略而不谈）。被切字既然是没有声母的字，因而反切下字的声母在拼读时其累赘性就更明显了。

在没有新式标音的古代，全凭经验、领悟来掌握反切，其困难是可想而知的。所谓"学士大夫,论及反切,便目瞪无语"[1]。清代小说《镜花缘》,借黑齿国女子之口讲出反切的困难:"每每士大夫论及反切,便瞪目无语,莫不视为绝学。"小说作者李汝珍同时又是音韵学家,他懂反切,知道反切不易掌握。

反切的缺陷还表现在反切的用字太多。根据陈澧的考证和统计,《广韵》的声类是 40 个,按道理讲只需要 40 个反切上字(有人认为《广韵》的声类应是 41 类,或 47 类,或 51 类,那就再增加几个代表字就是了),而《广韵》一书的反切上字是 475 个。《广韵》的韵目(包括声调)为 206 个,而反切下字是 1139 个。反切上下字共 1500 多个。各韵书反切用字,多不一致。这说明反切用字的规范性是不够的,例如"枞"字,颜师古注《汉书》,就用过五个反切:千松反、千庸反、千容反、七容反、七庸反。这是很不经济的。当然,反切是借用汉字,许多字在蒙幼时已经认识,有经济方便的一面,但无论如何用字太多,不便使用,加以反切用字中还有生僻字,如崱、滓等,无异是聋子的耳朵——摆设罢了。

三、反切今读

反切尽管存在着缺点,而它的拼切上的准确性是没有问题的。但是,反切记录的是一定时代的语音,当语音发生了变化,反切的拼切就有了问题。这就是反切今读问题。这个问题古代就

---

① 清张燮承:《翻切简可篇》序。

存在。例如《切韵》以前，轻重唇不分，所以，卑，在《切韵》里作"府移切"，即"府"的声母也读 b。到了宋代，b、f 有了分别，即轻唇重唇有了分别，卑、府二字不再属双声，"府移"切不出"卑"。宋代人还不懂得这是语音变化造成的，把这种反切起了一个特殊的雅号，叫"类隔"；有的（如《集韵》）干脆把这类反切上字改过来，使之与被切字为双声，称作"音和"。这种变化范围较小，采取一点变通办法是可行的。由《切韵》发展到现代的北京话，语音变化大了，反切今读的问题就变得十分复杂。根据北京话语音系统拼切，有一部分字能切得出今读，如：

忙茫芒邙	莫 m(ò)	郎(l)áng	切→máng
奖桨蒋	即 j(í)	两(l)iǎng	切→jiǎng

但是，更多的是不能或不能准确切出被切字的读音，其中可分为：

(a) 反切拼切出来的音不符合北京话语音系统：

鸡稽笄(jī)	古 g(u)	奚(x)ī	切→ˣgi
闯(chuǎng)	初 ch(ū)	两(l)iǎng	切→ˣchiǎng

(b) 反切拼切出来的音与被切字在声、韵、调等方面在北京话语音系统中不相吻合：

宝保葆褓堡鸨(bǎo)	博 b(ó)	抱(b)ào	切→bào
埋霾(mái)	莫 m(ò)	皆(j)iē	切→miē

(c) 同一反切，被切字有两个或两个以上读音。如"以灼切"，有一部分被切字读 yào：药、钥（钥匙）；有一部分被切字读 yuè：跃、籥、钥（锁钥）。这是文白读的不同，yào 为白读，yuè 为文读。

在古代，反切上字与被切字的声母是相同的，反切下字与被切字韵母是相同的，但是，反切上字和反切下字，以及被切字，这三个方面在语言的发展中字音都在变化，如果三个字变化的步调一致，即同步的，拼切就仍能切出被切字。如果三个字中有一字的字音变化与其他的步调不一致，那么就会出现变故，如“鸡，古奚切”，“鸡”“古”的声母属见母，中古属不吐气的舌根破裂音，读如g[k][①]，古代的舌根音发展为现代北京话，在介音i、ü前腭化，g变为j，这是一个规律。“鸡”受这个规律支配，声母变成了j，“古”属合口呼，不受这个规律支配，仍读g。所以用不变的反切上字的声母自然切不出已变的被切字的声母来。又如“宝，博抱切”，“宝”与“抱”在古代均属上声字，因为“抱”的声母属“並”母，是一个浊音字。在北京话语音系统中，全浊上声变去声。“抱”的声调有了变化，以声调有变的“抱”，去拼切声调没有变化的“宝”，声调就不相合了。这是声母不同对声调的影响所致。又如“包，布交切”，“包”与“交”在古代均属肴韵，韵母相同，“交”声母属见母，是一个舌根音，在发展中，声母和韵母之间产生一个“i”，开口呼的字变了齐齿呼，“包”与“交”的韵母就变得不同了。上海话没有这种变化，“交”读[kɔ]，上海人拼上面的反切，就很顺当。

古音今读的变化情况不限于以上几例，归结起来，大体是：1.被切字、反切上字和反切下字，后二字在发展中有一个变化与被切字不同，或被切字与后二字变化不同，都会造成不能顺利拼切被切字的后果[②]。2.在语音的变化中，声、韵、调是互相影响的。

---

① 一般用汉语拼音方案标音，必要时加国际音标，用[ ]号表示。

② 参看昌厚：《〈广韵〉的反切和今音》，载《中国语文》1964年第二期。

3.语音的变化是成系统的，有规律可循的。当然也有少数例外，如“盟”，武兵切，应读如“明”，而北京话读 méng（方言口语中有读同“明”的），变化的条件相同，而读音不同，难用常例来解释。

既然反切今读的问题是语音变化造成的，因此，只有了解中古音到现代北京话语音演变的规律，才能解决反切今读问题，这里就浊音清化、见系字精系字在 i、ü 前腭化、入派三声这三个方面，谈谈语音变化如何影响反切今读。

（一）浊声母清音化。现代北京话只有次浊声母 m、n、l、r 四个，中古时代的全浊声母都变成了相应的清音。其规律是：全浊声母是一个破裂音或破裂摩擦音，那么，平声字变为吐气的清音，仄声字变为不吐气的清音。如果全浊声母是一个摩擦音，则变为相应的清音。这个规律反映在下列各组的反切今读中：

a. $薄_1$ {胡→匍（pú）；庚→彭（péng）}　　$薄_2$ {报→暴（bào）；密→弼（bì）}

“薄”属並母字，为双唇破裂音，浊音[b]。在北京话里$薄_1$（平声）变为吐气的清音 p（[p‘]），$薄_2$（仄声）变为不吐气的清音 b（[p]）。

b. $徒_1$ {红→同（tóng）；哀→台（tái）}　　$徒_2$ {旱→但（dàn）；劲→定（dìng）}

“徒”属定母字，为舌尖中破裂音，浊音[d]，在北京话里$徒_1$（平声）变为吐气的清音 t（[t‘]），$徒_2$（仄声）变为不吐气的清音 d（[t]）。

上例说明，看反切上字时要注意它是否属全浊声母，如是一个全浊声母，再进而看被切字的声调。我们要认识到反切上字代表的是中古某一声类，而不要就字论字，看成是现代语音中某一个声母的代表。明乎此，就懂得“薄”这个反切上字，因它本身属仄声字，所以在仄声字（薄$_2$）前，按本字今读发音，读 b，在平声字（薄$_1$）前，换读 p。“徒”本身是平声字，所以在平声字（徒$_1$）前，按本字今读发音，读 t，在仄声字（徒$_2$）前，换读 d。並母的反切上字如蒲、步、白，定母的反切上字如同、特、度以及别的声类的全浊反切上字，反切今读发音均循此例。

（二）见系字（舌根音）、精系字（舌尖前音）声母在介音 i、ü 前被腭化，在北京话里变为 j（[tɕ]）、q（[tɕʻ]）、x（[ɕ]）。这个规律反映在下列有关的反切今读中：

a. 古$_1$ { 哀→该（gāi）；寒→干（gān）}　　古$_2$ { 奚→鸡（jī）；玄→涓（juān）}

“古”属见母字，为不吐气的舌根破裂音，清音，g（[k]）。古$_1$ 在开口呼、合口呼前北京话仍读 g，古$_2$ 在齐齿呼、撮口呼前北京话读不吐气的舌面前破裂摩擦音 j（[tɕ]）。

b. 苦$_1$ { 哀→开（kāi）；贡→控（kòng）}　　苦$_2$ { 江→腔（qiāng）；穴→阕（què）}

“苦”属溪母字，为吐气的舌根破裂音，清音，k（[kʻ]）。苦$_1$ 在开口呼、合口呼前北京话仍读 k，苦$_2$ 在齐齿呼、撮口呼前北京话读吐气的舌面前破裂摩擦音 q（[tɕʻ]）。

c. 渠$_1$ { 隹→葵（kuí）；王→狂（kuáng）}　　渠$_3$ { 之→其（qí）；金→琴（qín）}

渠$_2$ { 委→跪（guì）；用→共（gòng）}　　渠$_4$ { 季→悸（jì）；运→郡（jùn）}

“渠”属群母字，为舌根破裂音，浊音，[g]。它在北京话里，据浊音清化和腭化规律，变成为四个声母。渠$_1$（平声）变为吐气的舌根破裂音 k（[k‘]），渠$_2$（仄声）变为不吐气的舌根破裂音 g（[k]）。渠$_3$（平声）在齐齿呼、撮口呼前变为吐气的舌面前破裂摩擦音 q（[tɕ‘]），渠$_4$（仄声）变为不吐气的舌面前破裂摩擦音 j（[tɕ]）。

以上例子说明，有些反切上字的读音与韵母的介音有直接的关系；如果同时又是全浊声母，还要把浊音清化的问题结合起来考虑，像“渠”所代表的群母字，因介音、声调不同，同一个“渠”分别读四个声母。掌握了音变的规律，是不难分辨的。

（三）古代汉语的入声在北京话语音系统中已消失，即所谓“入派三声”，因为平声在北京话里分阴平阳平，所以入声实际上分别读为阴平、阳平、上声、去声四个声调，如：

a. 除力→直（zhí）　　常识→寔（shí）

乘力→食（shí）　　渠力→极（jí）

b. 女力→匿（nì）　　良直→力（lì）

莫历→觅（mì）　　五历→鹢（yì）

c. 丑亦→彳（chì）　　昌石→尺（chǐ）

之石→隻（zhī）　　伊昔→益（yì）

变化的规律大致是：在全浊字中主要变为阳平，如 a 组，但也有变为去声的，如柞、酢、怍，在各切，从母入声，读 zuò；術、述，食聿切，船母入声，读 shù。在次浊字中变为去声，如 b 组。在清声字中就无规律可循了，变为阴、阳、上、去的都有，如 c 组。

反切的原理是下字取韵和调，但是，对于已发生语音变化的字来说，就不能从反切下字中获得正确的调类。像上举的例，反切下字在 abc 三组中均为入声，我们要想了解声调，得看被切字（包括反切上字）的声母，属浊音的读阳平，属半浊的读去声。浊音的平声字、上声字都有识别声调的作用。

四、反切的应用

（一）利用反切给古文献中的字定音。辞书中所收的字就其与口语的关系来说，无非分两类：一类是口语中有读音的字，如“天”“人”“美”等，我们根据北京话的实际读音来给这些字注音。另一类是仅存于古文献中的字，我们只有根据反切来注音，如轪，徒盖切，注为 dài；嫪，郎到切，注为 lào。在大型辞书里，这类字的比例更大。其中某些字的反切今读比较特殊，甚至要增加北京话音系的音节。例如北京话没有 rún 这个音节（据《新华字典》），但“瞤”这个字为“如匀切”，反切今读为 rún。《现代汉语词典》试用本没有收这个字，现在收了这个字，特为它单立了 rún 这个音节。《辞海》在这个音节中还收了犉，均属文言用字。有些字因收字的角度不同，注音也不同。如“柈”，《新华字典》《现代汉语词典》均注为 bàn，是作为方言用字收的；《辞海》作为古籍中“槃”的异体字收。《集韵》：“柈，薄官切。”《辞海》注为 pán，显然是根据反切来注音的。

（二）为异读定音提供参考资料。口语中有读音的字其字音同反切的关系有三类：a. 口语中的读音与反切音一致的。包括就反切可以切出今音的（如孩——户来切——hái，田、填——徒年切——tián），以及就字面音切不合今音，但了解了语音发展规律可以切出今音的（如鸡——古奚切，葵——渠隹切等）。这类字是大量的。b.字音的发展不合常规，即北京话的读法与反切对不起来。这占少数，如“打”，北京话读 dǎ，《广韵》：“德冷切”，反切今读应为 děng。这个字宋《六书故》的反切是“都假切”，与北京话读音是吻合的。c.口语中有异读的字，其中一个符合反切，一个不符合反切。如“波”，北京话有 bō、pō 两读，“波”的反切是“博禾切”，应为 bō。我们今将“波”定为 bō，这符合语音发展的规律，也照顾了方言区人的读音。又如“酵”，在“酵母片”一词中，许多人读为 xiào，而这个字在口语中（特别是不识字的人）是读 jiào 的，“酵头”，绝不说“xiào”头，其反切是“古孝切”，正应读 jiào。所以字典将它注为 jiào。又如“解”，有三个反切，佳买切（jiě）、古隘切（jiè）、胡买切（xiè），常用音为 jiě，因此其他两音要结合词义了解，不要误读为 jiě（强势音）。苏三起解，读 jiè；姓氏读 xiè。然而“使出浑身解数”的“解”读什么？《汉语大词典》标 jiě、xiè，皆有据。现在民间所说“跑马卖解（xiè）”，读 xiè 更妥当，故《现代汉语词典》“解数”标 xiè。这个字音似可再研究。

（三）提供古音资料。反切虽不能提供某一字具体的音值，但它能够提供音类系统，从反切资料，我们可以了解中古时期汉语语音的系统，还可以上推古音、下究现代语音的变化。《康熙字典》在每一个字下列出《唐韵》《集韵》《洪武正韵》等反切，对我们研讨字音是很有用的。

但是，有些人误认为反切在今天仍是一种注音手段，想根据反切来读字音。对一般读者来说这是做不到的。反切反映的是中古时代的字音。我们就反切来读今音，那属于汉语语音史的问题，不是一个简单的拼切问题。

后　　记

1976年，我借调到商务印书馆，负责《新华词典》的编纂工作，主要负责语文方面，并通读字音。通过词典的编纂工作，我深深体会到，要想把字音注正确，必须把反切搞清楚。于是开始动手，下死功夫，把《广韵》反切抄在小卡片上，并写了一篇反切方面的文章，参考李荣先生的研究，提出反切上下字同步发展才能切出字音来。反切今读的研究主要参考王力先生的《汉语史稿》。

1988年，李青梅同志读我的研究生，音韵学的课程除了在北大听唐作藩教授的课外，我还专门为她开了一门《广韵》反切课，作业是把《广韵》所有3872个小韵做成卡片，打头字按反切规律注出今读，列出小韵所辖字，标出每个小韵的音韵地位。她很认真地完成了作业。她的毕业论文《海峡两岸字音比较》发表在《语言文字应用》上，香港《语文建设通讯》转载，有很好的反响，《广韵》反切的知识在论文的写作中起了很大作用。后来她把作业整理出来，我审读了全稿，定书名为《〈广韵〉反切今读手册》，2005年7月由语文出版社出版，责任编辑南保顺同志为本书的出版付出了辛苦的劳动，在此深表谢意。

手册出版后，得到了何九盈教授的肯定。裘锡圭教授来信说，此书填补了周祖谟先生《广韵四声韵字今音表》的不足，同时指出了个别疏漏，他还建议出精装本。

1994年退休后，我把研究的重点转移到异读词审音问题上，陆陆续续花了十年时间，写出《谈谈普通话异读词审音》5万字的小册子，对文白异读有比较深入的研究，香港朋友姚德怀先生来信给予了很大的鼓励，说拙著"小而全，十分难得，……不乏高见"。通过研究，深感反切跟审音的关系非常密切。

手册在编写过程中，曾得到唐作藩教授、熊正辉教授、张双棣教授的帮助，谨此致谢。感谢裘锡圭教授来信鼓励并指出本书疏漏。特别感谢何九盈教授为本书写了一篇长序。感谢商务印书馆为本书的出版提供条件。

曹先擢

2012年2月14日